일본어 상용한자 2136 부수별 어원 풀이

한자가 그린 세상의 천태만상

저자 서영식
육군사관학교 명예교수

제이앤씨
Publishing Company

머리말

　1948년 「한글전용법」이 제정된 이래로 한글 전용론과 한자 혼용론을 놓고 논쟁하면서 한국어 문자 정책이 수시로 바뀌었다. 1950년대는 일제 강점기 연장선에서 국민학교(현 초등학교) 때부터 한자 교육을 했다. 그러나 1970년 이후 한자는 문맹 퇴치를 비롯한 근대화 사업의 일환으로 교과서에서 사라졌다. 그리고 1972년에 제정된 「한문 교육용 기초한자 1,800자」도 국어 시간이 아닌 한문 시간에 극히 일부분만 가르칠 뿐이었다. 또한 1980년대 후반부터는 한글 교육 세대가 많아지면서 신문이나 잡지 등에도 한자를 쓰지 않게 되었다.

　이에 반해 일본은 1946년 당용한자(當用漢字) 1,850자, 1981년 상용한자(常用漢字) 1,945자, 그리고 2010년 신상용한자(新常用漢字) 2,136자 순으로 확대 개정하여, 법령과 공용문서는 물론 신문·방송·잡지 등에서 일본어 표기의 기준으로 삼고 있다. 한자 종주국인 중국 또한 필획(筆劃)이 복잡한 번체자(繁體字) 대신, 1964년부터 한자의 약자화 정책에 따라 간체자(簡體字)를 사용하기 시작하여, 1986년부터 간체자 2,253자가 통용되고 있다. 한국의 한자 정책 또는 논쟁이 일본과 중국처럼 한자를 약자화하고 그 개수를 제한하는 방향으로 나가지 못한 것은 내내 아쉽다.

　또한 일본은 가나(かな)라는 표음문자 고유어가 있음에도 표의문자인 한자를 적절하고 편리하게 일상생활에서 활용하고 있다. 이에 비해 한국은 표의문자인 한자가 담당하는 개념 영역을 고유어인 표음문자 한글에 편입시켜, 현재 한국어 전체 어휘의 약 70%를 점하고 있다. 그만큼 한자 본래의 의미가 희석되었다는 것이다. 그 결과로 한국은 한자어에 대한 이해도가 낮아져 정확한 의사 교환이 이루어지지 않은 일종의 언어 공황 상태가 빚어지고 있다.

　한자에 대한 이해도를 높이기 위해, 이 책에서는 다음의 사항에 중점을 두었다. ① 한자를 부수별로 배열했다. 부수는 한자어의 뜻을 대표하는 부분인 만큼, 부수를 알면 한자의 대략적인 뜻을 짐작할 수 있을 뿐만 아닌, 같은 부수를 가진 다른 한자에 대한 이해도도 높일 수 있다. ② 약자(略字)는 한자 원래의 의미를 파악하기 어려운 경우가 종종 있기 때문에 정자(正字)와 함께 비교할 수 있게 했다. ③ 해당 한자의 의미 파악, 나아가 문해력 증진 차원으로 애매한 어휘에 대한 사전적 의미를 제공하기 위해 노력했다.

화랑대에서 저자

목차

한자가 그린 세상의 천태만상

車 수레 차/수레 거: 수레를 본뜬 모습

음 自動車 자동차 戦車 전차 電車 전철 車道 차도 駐車場 주차장
(じどうしゃ) (せんしゃ) (でんしゃ) (しゃどう) (ちゅうしゃじょう)

軍 군사 군: 전차(車)에 위장막을 덮은(冖 덮을 멱) 군사=군대

음 軍隊 군대 軍人 군인 陸軍 육군 海軍 해군 空軍 공군 将軍 장군
(ぐんたい) (ぐんじん) (りくぐん) (かいぐん) (くうぐん) (しょうぐん)

運 옮길 운: 군(軍)이 진지를 옮겨 가다(辶 갈 착)

음 運動 운동 運転 운전 運送 운송 幸運 행운 運命 운명 運行 운행
(うんどう) (うんてん) (うんそう) (こううん) (うんめい) (うんこう)

撃 칠 격: 바퀴(凵)가 2개 달린 전차(車)를 타고 손(手)에 든 창이나 몽둥이(殳 창/몽둥이 수)로 적을 치다=격퇴시키다

撃 칠 격: 전차(車)를 타고 손(手)에 든 창이나 몽둥이(殳 창/몽둥이 수)로 적을 치다= 격퇴시키다

음 撃退 격퇴 撃墜 격추 攻撃 공격 反撃 반격 襲撃 습격 衝撃 충격
(げきたい) (げきつい) (こうげき) (はんげき) (しゅうげき) (しょうげき)

庫 곳집 고: 차(車)를 보관하는 집(广 집 엄)=창고=곳집

음 車庫 차고 金庫 금고 倉庫 창고 文庫 문고 冷蔵庫 냉장고
(しゃこ) (きんこ) (そうこ) (ぶんこ) (れいぞうこ)

連 잇닿을 련: 차(車)가 꼬리에 꼬리를 물고 잇닿아 가다(辶 갈 착)

음 連続 연속 連休 연휴 連結 연결 連絡 연락 関連 관련 国連 국제연합
(れんぞく) (れんきゅう) (れんけつ) (れんらく) (かんれん) (こくれん)

軟 연할 연: 흠(欠)이 있는 차(車)는 연하다=견고하지 못하다

＊欠(하품 흠): 사람(⺈=人)이 다른 사람(人) 앞에서 입이 찌그러질 정도로 벌리고 하품하는 모습

음 軟骨 연골 軟膏 연고 軟禁 연금 柔軟 유연 軟弱 연약
(なんこつ) (なんこう) (なんきん) (じゅうなん) (なんじゃく)

斬 벨 참: 적군 포로 또는 죄수를 수레(車)에 싣고가서 도끼(斤 도끼 근)로 목을 베다= 참수하다

음 斬新 참신   斬首 참수

暫 잠깐 잠: 죄수를 수레(車)에 싣고가서 도끼(斤)로 목을 베는 시간(日)은 잠깐이다
음 暫定 잠정   暫時 잠시

漸 점점 점: 물(氵=水)은 베어도(斬)=퍼내어도 점점 불어난다
음 漸次 점차   漸進 점진   漸增 점증   漸減 증감

軒 집 헌: 햇살이나 비를 피해서 방패(干 방패 간) 역할을 하는 차양막을 차(車)에 덮고 다니는 고관. 또는 차양막처럼 긴 처마가 있는 집
음 一軒 한 채   一軒屋 외딴집

揮 휘두를 휘: 손(扌=手)으로 군(軍)을 휘두르다=지휘하다
음 指揮 지휘   発揮 발휘

光 빛 광: 사람이 불꽃(⺌)을 높이 받들고(兀=廾 두 손으로 받들 공) 있는 모습
음 光景 광경   光学 광학   観光 관광   日光 일광   光線 광선   脚光 각광

輝 빛날 휘: 야영 중인 군(軍) 막사에서 새어 나오는 달빛(光 빛 광)=빛나다
음 光輝 광휘

舟 배 주: 작은 통나무배를 본뜬 모습
훈 舟 배   渡し船 나룻배

丹 붉을 단: 광물을 캐내는 우물(井) 안에 있는, 불(丶)처럼 붉은 모래=단사

* 단사(丹沙): 수은과 황의 화합으로 만들어진 붉은색의 광물

음 丹念 단념＝세심하게 공을 들임　牡丹 모란

舶 배 박: 배(舟)에 흰(白) 돛을 달고 먼바다를 다니는 큰 선박

음 船舶 선박　舶来 박래＝외래　舶来品 외래품

般 일반 반: 배(舟)는 몽둥이 또는 창(殳 몽둥이/창 수)처럼 생긴 노를 저어 가는 것이 일반적이다

음 一般 일반　全般 전반　諸般 제반

盤 소반 반: 음식물을 옮길 때는 소반(皿 그릇 명)을 사용하는 것이 일반적(般)이다

* 소반: 음식을 놓고 먹는 작은 상

음 基盤 기반　地盤 지반　骨盤 골반　羅針盤 나침반

搬 옮길 반: 물건을 옮길 때는 손(扌＝手)을 사용하는 것이 일반적(般)이다

음 搬入 반입　搬出 반출　搬送 반송　運搬 운반

艇 배 정: 업무처리가 신속하게 이루어지는 조정(廷)처럼 빠르게 달리는 배(舟)

* 廷(조정 정): 왕으로부터 임무를 받고(壬 맡길/짊어질 임) 가는(廴 걸을 인) 곳＝조정

음 競艇 경정　艦艇 함정　救命艇 구명정

令 영/하여금 령: 병부(㔾＝卩 병부 절)를 합하다(亼)＝명령을 내리다

* 사람(人)이 무릎(㔾＝卩)을 꿇은 모습. 장수가 군사를 일으키기 위해서는 왕으로부터 허락을 받아야 한다. 만약에 허락을 받지 않고 군사를 움직이면 반란이 일어날 가능성이 커진다. 허락을 받는 방법은 왕과 장수 사이에 미리 나눠 갖고 있던 신표를 왕으로부터 받아 맞춘다. 이 신표가 병부이다. 장수가 임금으로부터 병부를 받을 때는 무릎을 꿇는다

* 亼는 合(합할 합)의 획 줄임

15

🔊 命令 명령　指令 지령　号令 호령　法令 법령　司令部 사령부　令嬢 따님

冷 찰 랭: 장수가 내리는 명령(令)은 얼음(冫 얼음 빙)처럼 차다

🔊 冷凍 냉동　冷却 냉각　冷静 냉정　寒冷 한랭

領 거느릴 령: 우두머리(頁 머리 혈)가 명령(令)을 내려서 부하를 거느리다

* 거느리다: 지휘하며 통솔하다

🔊 領土 영토　領収書 영수증　受領 수령　占領 점령　大統領 대통령

鈴 방울 령: 쇠(金)로 만든 방울로 장수의 명령(令)을 전하다=알리다

🔊 呼び鈴 초인종　風鈴 풍경＝처마 끝에 다는 작은 종

零 떨어질/영 령: 비(雨)와 명령(令)은 위에서 떨어지는 것. 떨어지면 zero

🔊 零 영　零細 영세　零落 몰락　零時 영시　零度 영도

命 목숨 명: 장수의 입(口)으로 내린 명령(令)은 목숨과도 같다

🔊 命令 명령　生命 생명　運命 운명　寿命 수명

齢 나이 령: 병사의 치아(齒)를 보고 나이를 짐작하여 각각의 임무를 명령하다(令)

* 齒(이 치): 벌린 입안(凵 입 벌릴 감)에 뾰족한 치아(人)가 아래위로 머물러(止 그칠 지) 있는 모습
* 止: 엄지발가락이 길게 뻗어 있는 발 모습

齡 나이 령: 병사의 치아(齒)를 보고 나이를 짐작하여 각각의 임무를 명령하다(令)

* 齒: 벌린 입안(凵 입 벌릴 감)에 쌀(米 쌀 미)처럼 희고 작은 치아가 아래위에 머물러 있는(止 그칠 지) 모습

🔊 年齢 연령　高齢 고령　樹齢 수령　適齢 적령

犯 **범할 범**: 개(犭=犬 개 견)가 사람을 범하지 못하게 무릎을 꿇리다(巳)

음 犯罪 범죄 犯人 범인 共犯 공범 侵犯 침범

氾 **넘칠 범**: 물(氵=水)이 무릎(巳)까지 차서 넘치다

음 氾濫 범람

範 **법 범**: 수레(車 수레 거)를 타고 먼 길을 떠나기 전에 죽간(竹 대 죽)에 적힌 절차대로 무릎을 꿇고(巳) 안전을 기원하는 제사를 지내다. 제사의 형식과 절차는 모범=규범=틀=범위를 의미한다.

음 範囲 범위 範疇 범주 規範 규범 模範 모범 師範 사범

服 **옷 복**: 몸(月 육달 월)을 예쁘게 다스리는(𠬝) 옷. 나아가 몸(月)을 다스리는(𠬝) 약

*𠬝(다스릴 복): 손(又)으로 예쁘게 접다(卩)=말다

음 服用 복용 衣服 의복 制服 제복 和服 일본 옷=기모노 克服 극복

印 **도장 인**: 무릎을 꿇고(卩) 앉아서 손(爫=爪 손톱 조)으로 눌러서 찍는 도장

음 印鑑 인감 印象 인상 印刷 인쇄 押印 날인=도장을 찍음

仰 **우러를 앙**: 사람(人)을 높이 우러르다(卬)

*卬(높을 앙): 무릎을 꿇고(卩) 있는 사람이 서 있는 사람(𠂉=人)을 올려다보다= 우러러보다

음 信仰 신앙 仰天 매우 놀람 仰視 우러러봄

抑 **누를 억**: 손(扌=手)을 높이(卬) 올려서 아래로 누르다

음 抑制 억제 抑圧 억압 抑揚 억양 抑止 억지

迎 맞을 영: 높은(卬) 사람을 가서(辶) 맞다=모셔 오다

　음　迎賓 영빈　歡迎 환영　送迎 송영=보내고 맞이함

君 임금 군: 손(彐)에 붓 또는 회초리(丿)를 들고 말(口)로써 백성을 다스리는(尹 다스릴 윤) 임금

　*彐=彐=彑(돼지머리 계): 돼지의 뾰족한 코 앞이 위로 드러나 있는 모습. 돼지의 주둥이는 사람의 손 역할

　음　君主 군주　君子 군자　諸君 제군=여러분　主君 주군　君臨 군림

群 무리 군: 임금(君)의 양(羊 양 양)=백성=군중

　음　群衆 군중　群集 군집　拔群 발군=출중함　症候群 증후군

郡 고을 군: 임금(君)이 직접 다스리는 고을(阝 고을 읍). 읍을 통합한 행정구역=군

　*阝: 글자의 왼쪽에 있을 때는 언덕, 오른쪽에 있을 때는 고을

　음　郡 군=행정구역　郡內 군내

臣 신하 신: 왕 앞에서 신하(臣)가 고개를 숙인 채 눈만 위로 뜨고 있는 모습

　음　臣下 신하　君臣 군신　忠臣 충신　大臣 대신

堅 굳을 견: 일을 많이 하는 신하(臣)의 손(又)이 흙덩이(土)처럼 단단하게 굳다

　*又: 주먹을 쥔 오른손 모습, 오른손은 자주 사용하니 '또 우'

　음　堅固 견고　堅持 견지　堅実 견실　中堅 중견

緊 긴할 긴: 실(糸)이 굳어서(臤 굳을 간) 금방이라도 끊어질 것 같다=긴박하다

　음　緊張 긴장　緊急 긴급　緊密 긴밀　緊迫 긴박

腎 콩팥 신: 몸(月 육달 월) 안에서 굳어있는(臤) 남성의 생식기. 사람을 비롯한 척추동물이 가지고 있는 배설기관 중 하나

音 腎臓 신장

賢 어질 현: 신하(臣)가 재화(貝)의 지출을 엄격하게 긴축시키는(臤) 것은 현명한 일이다= 어질다

音 賢明 현명 賢者 현자 良妻賢母 현모양처

監 볼 감: (거울이 없던 시절) 엎드려서(臥) 대야(皿 그릇 명)에 담긴 물(一)에 비치는 자신의 모습을 보다

*臥(엎드릴 와): 신하가 임금 앞에서 엎드리고 있는 모습

音 監獄 감옥 監禁 감금 監督 감독 監視 감시 監察 감찰 監査 감사

鑑 거울 감: (거울 발명 이후) 쇠(金)를 갈아서 자신의 모습을 비추어 보는(監) 거울

音 鑑賞 감상 鑑定 감정 鑑識 감식 鑑別 감별 図鑑 도감 年鑑 연감

濫 넘칠 람: 물(氵=水)이 넘치는지 계속 보다(監)

音 濫用 남용 氾濫 범람 濫立 난립

藍 쪽 람: 엎드려서(臥) 대야(皿)에 담긴 물(一)에 비친 자신의 모습이 쪽(艹 풀 초) 빛(남색=파란색)으로 보이다

*쪽: 파란색의 한해살이풀

音 伽藍 가람(절의 기와 색깔이 진한 청색인 것에서 유래) 出藍 출람= 제자가 스승보다 나음

覧 볼 람: 엎드려서(臥 엎드릴 와) 뭔가를(一) 보다(見)

音 展覧会 전람회 観覧 관람 博覧会 박람회 閲覧 열람

艦 큰배 함: 작은 배(舟)를 감시(監 볼 감) 감독하는 큰 배=함정

음 艦隊함대 艦船함선 母艦모함 潜水艦잠수함 軍艦군함

臨 임할 림: 엎드려(臥 엎드릴 와) 있는 신하들에게 임금이 임석하여 물품(品 물건 품)을 하사하다

＊임하다: 윗사람이 아랫사람을 대하다

음 臨時 임시 臨機応変 임기응변 臨床 임상 臨席 임석＝참석 君臨 군림

蔵 감출 장: 신하(臣)가 창(戌)을 풀숲(艹)에 숨기다

＊戌(도끼 무): 반달 모양의 도끼(丿)가 달린 창(戈)으로, 주로 베기 용도로 사용

음 蔵書 장서 冷蔵 냉장 所蔵 소장 埋蔵 매장

臓 오장 장: 몸(月) 속에 감추어진(蔵 감출 장) 오장=내장

음 臓器 장기 内蔵 내장 心臓 심장 肝臓 간장

降 내릴 강/항복할 항: 언덕(阝)에서 천천히 내려와[夅내릴 강] 항복하다[항복할 항]

＊夂(뒤쳐올 치)는 止(발/그칠 지)을 거꾸로 한 글자

＊夅(걸을 과): 다리를 꼬고 걸터앉아 있는 모습

음 降雨 강우 降伏 항복 下降 하강 投降 투항 以降 이후

隙 틈 극: 언덕(阝)의 작고 작은(小小 작을 소) 틈 사이로 비치는 햇빛(日)

음 間隙 간극 空隙 공극＝빈틈

隊 무리 대: 풀숲을 헤치며(八) 언덕(阝 언덕 부)을 쏘다니는 멧돼지(豕 돼지 시) 무리처럼, 대오(隊伍)를 갖춰 적군을 향해 돌진하는 아군 병사들의 무리

＊八(여덟 팔): 어떤 물체가 두 쪽으로 대칭되게 나누어진 모습

* 隊伍에서 1개 伍(대오 오)는 사람(人)이 五(다섯 오)

음 軍隊 군대 隊員 대원 隊列 대열 除隊 제대 自衛隊 자위대

墜 **떨어질 추:** 적의 무리(隊)가 흙덩이(土) 속으로 떨어지다

음 墜落 추락 擊墜 격추 失墜 실추

陵 **언덕 릉:** 흙(土)이 편편하게 펼쳐져(八) 있어서 천천히(夂 뒤져서 올 치) 걸어 다닐 수 있는 낮은 언덕

음 陵墓 능묘 丘陵 구릉 王陵 왕릉

隣 **이웃 린:** 언덕(阝)의 마을에서 쌀(米)을 서로서로 빌리기 위해 두 발로 걸어가는(舛) 이웃

* 舛(어그러질 천): 왼발(夕=夂 뒤져서 올 치)과 오른발(ヰ 걸을 과)이 좌우로 교체 하면서 걸어가는 모습

음 隣人 이웃 사람 隣家 이웃집 近隣 근린＝이웃 隣接 인접

陣 **진칠 진:** 언덕(阝)의 진지에 전차(車)를 배치하고 진을 치다

음 陣地 진지 敵陣 적진 報道陣 보도진 陣頭 진두 陣營 진영 背水の陣 배수진

婿 **사위 서:** 딸(女)이 다리(疋) 살(月 육달 월)을 맞대고 사는 사위

* 疋(발 소): 무릎 아래의 발. 足(발 족)은 무릎뼈(冂)를 포함한 발(疋) 전체, 止(발/그칠 지)는 복숭아뼈 아래의 발가락을 그린 모습

훈 婿 사위 花婿 새신랑 婿入り 데릴사위로 들어감

疏 **성길 소:** 발(疋)을 묶으니(束 묶을 속) 움직일 수가 없어 소통이 성기다＝소원하다

음 疏遠 소원 疏開 소개＝산개 疏通 소통 疏外 소외

礎 **주춧돌 초**: 수풀(林 수풀 림)이 우거진 곳을 발(疋)로 다진 후 주춧돌(石)을 놓다

음 礎石 초석　基礎 기초

走 **달릴 주**: 양팔(十)을 흔들면서 발(疋 발 소)로 달려가는 모습

음 走行 주행　走者 주자　逃走 도주　競走 경주　滑走路 활주로　疾走 질주

徒 **무리 도**: 함께 걷거나(彳걸을 척) 달리는(走 달릴 주) 무리

음 徒步 도보　生徒 생도　信徒 신도　徒勞 헛수고　暴徒 폭도

越 **넘을 월**: 도끼창(戊)을 들고 달려가서(走) 적의 국경을 넘다

　*戊=戉(도끼 월): 일반적인 창(戈)의 날(丿)을 특별히(一) 강조한 개량 창

음 越冬 월동　越境 월경　優越 우월　超越 초월　卓越 탁월

足 **발 족**: 무릎뼈=슬개골(口)을 포함한 발(疋 발 소) 전체. 나아가 발(足)로 뛰어가서 적군을 물리치고 많은 재화를 얻게 되었으니 족하다=만족하다

음 不足 부족　滿足 만족　一足 한 켤레　足跡 발자취　遠足 소풍

路 **길 로**: 발(𧾷=足)로 각각(各 각각 각)의 여러 사람이 다닐 수 있는 넓은 길

　*途(길 도): 나(余 나 여)만 다니는(辶 갈 착) 좁은 길. 또는 집(余)으로 가는(辶) 길

　*道(길 도): 사람들이 머리(首 머리 수)를 맞대고 가야(辶) 하는 올바른 길

음 道路 도로　進路 진로　線路 선로　路上 노상　路面 노면

露 **이슬 로**: 빗방울(雨)이 길가(路)에 맺혀서 노출된 이슬

음 露骨 노골　露店 노점　露出 노출　露天 노천　暴露 폭로　披露宴 피로연

踏 밟을 답: 발(足=足)을 활발하게(沓) 움직여 밟다

  * 沓(활발할 답): 물(水)이 햇볕(日)에 활발하게 증발하다

  음 踏襲 답습 踏査 답사 舞踏 무도 雜踏 붐빔=혼잡

捉 잡을 착: 도망가지 못하게 손(扌=手)으로 발(足)을 잡다

  음 捕捉 포착

促 재촉할 촉: 사람(人)이 발걸음(足)을 재촉하다

  음 促進 촉진 促成 촉성=속성 催促 재촉 督促 독촉

止 그칠 지: 멈추어 있는 발 모습

  * 足(발 족)은 무릎뼈=슬개골(口)을 포함한 발(疋) 전체, 疋(발 소)는 무릎 아래의
    발, 止(발/그칠 지)는 복숭아뼈 아래의 발가락을 그린 모습

  음 中止 중지 禁止 금지 停止 정지 止血 지혈 廃止 폐지

肯 즐길 긍: 걸음을 멈추고(止) 몸(月 육달 월)을 쉬게 하니 즐겁다

  음 肯定 긍정 首肯 수긍

企 꾀할 기: 사람(人)이 가던 길을 멈추고(止) 앞날을 꾀하다=도모하다

  * 꾀하다: 어떤 일을 이루려고 뜻을 두거나 힘을 쓰다

  음 企画 기획 企業 기업 企図 기도

渋 떫을 삽: 떫은 음식을 먹으면 침(氵=水)이 여러 방향(+)으로 원활하게 흐르지 못하
고 멈춘다(止)

  음 渋滞 정체 苦渋 쓴 경험

祉 **복지 지**: 제단(ネ=示 보일 시) 앞에 멈춰서서(止) 신에게 행복을 기원하다=복지

음 福祉 복지

従 **쫓을 종**: 발(止)로 사람(人)이 다른 사람(人)을 쫓아가다(彳 걸을 척)

従 **쫓을 종**: 발(止)을 높이 올려서(廾 받들 공) 쫓아가다(彳)

음 従業員 종업원　服従 복종　主従 주종　従来 종래　従事 종사

縱 **세로 종**: 베를 짤 때, 가로로 된 씨실(糸)이 세로로 된 날실을 쫓아가다(從)

음 縱斷 종단　縱橫 종횡　操縱 조종　縱走 종주

歲 **해 세**: 어릴(小) 때부터 창(戈)을 들고 관문을 지키기(戌) 위해 머문(止) 세월

*戌(지킬 수): 사람(人)이 창(戈 창 과)을 들고 국경을 지키다

음 一歲 한 살　歲末 연말　歲入 세입=한 해의 총수입　万歲 만세　歲暮 세모

齒 **이 치**: 입안(凵 입벌릴 감) 아래위(一)에 송곳처럼 뾰족한(人) 치아가 머물러(止) 있는 모습

歯 **이 치**: 쌀(米)처럼 하얀 치아가 입안(凵)에 머물러(止) 있는 모습

음 歯科 치과　歯石 치석　抜歯 발치　知歯 사랑니

步 **걸음 보**: 멈추어(止 그칠 지) 있다가 조금씩(小 작을 소) 걸음을 옮기다

歩 **걸음 보**: 멈추어(止 그칠 지) 있다가 조금씩(少 적을 소) 걸음을 옮기다

음 歩道 보도　徒歩 도보　散歩 산책　進歩 진보

頻 **자주 빈**: 걸음(步)을 옮길 때는 머리(頁 머리 혈)를 자주 흔든다

음 頻度 빈도　頻繁 빈번함　頻発 빈발　頻出 빈출

涉 건널 섭: 물(氵=水)을 건너가서(步) 각지 여러 사람들과 관계하다

음 涉外 섭외 交渉 교섭 干渉 간섭

捗 칠 척: 손(扌=手)으로 쳐서 앞으로 나아가게(步) 하다

음 進捗 진척

延 늘일 연: 발(止)을 끌면서(正 발 끌 연) 천천히 걷다(廴 길게 걸을 인)=늘이다=늦추다 =미루다

음 延長 연장 延期 연기 延滯 연체 遲延 지연

誕 낳을 탄: 부모는 아이가 태어나면 기뻐서 말(言 말씀 언)을 장황하게 늘어놓는다 (延)

음 誕生 탄생 誕生日 생일 聖誕 성탄

正 바를 정: 적군의 성을 향한 외길(一 한 일)에서 잠시 멈추어(止 발/그칠 지) 서서 이 길이 바른지를 살피는 모습. 전쟁을 일으키는 데는 정당한 명분이 있어야 한다. 그 래서 正은 자신들이 적을 정벌하러 가는 것은 정당하다는 의미에서 '바르다'라는 뜻을 갖게 됨

음 正面 정면 正門 정문 正式 정식 不正 부정 正確 정확 正義 정의

政 정사 정: 회초리로 때려서(攵 칠 복) 정사를 바르게(正) 하다

음 政治 정치 政策 정책 政界 정계 政權 정권 財政 재정 行政 행정

征 칠 정: 쳐들어가서(彳 걸을 척) 바로잡다(正)

음 征服 정복 征伐 정벌 遠征 원정 出征 출정

症 증세 증: 병(疒 병질 녁)을 고치기 위해서는 증세를 바르게(正) 알아야 한다

음 症状 증상　重症 중증　炎症 염증

是 옳을 시: 해(日)가 움직이는(疋 발 소) 주기는 올바르다=규칙적이다

음 是非 시비=옳고 그름=반드시=꼭　是認 시인　是正 시정
国是 국시=국민이 모두 지지하는 국가의 이념이나 국정상의 큰 방침

題 제목 제: 내용을 올바르게(是) 짐작할 수 있는 글의 머리(頁 머리 혈)=제목

음 題名 제명　題目 제목　課題 과제　題材 제재

提 끌 제: 손(扌=手)으로 옳게(是) 끌어내다=제시하다

음 提示 제시　提案 제안　提出 제출　前提 전제

堤 둑 제: 흙(土 흙 토)으로 둑을 쌓아 물이 바르게(是) 흐르게 하다

음 堤防 제방=둑　防波堤 방파제

定 정할 정: 의로운 전쟁(正 바를 정)을 끝내고 집(宀 집 면)으로 돌아오니 마음이 안정
되다

* 足(발 족)은 무릎뼈=슬개골(囗)을 포함한 발(疋) 전체, 疋(발 소)는 무릎 아래의
발, 止(발/그칠 지)는 복숭아뼈 아래의 발가락을 그린 모습

음 定員 정원　定期 정기　決定 결정　安定 안정　確定 확정　肯定 긍정

綻 터질 탄: 실(糸)로 기워서 고정된(定) 곳이 터지다=풀리다

음 破綻 파탄

錠 덩이 정: 자물쇠(金)처럼 납작하고 둥근 모양으로 고정한(定) 덩이=알약

음 錠剤 정제=알약　手錠 수갑

基 터 기: 네모난(其) 땅(土)에 터를 잡아 기초를 다지다

* 其(그 기): 네모난 키(其)를 두 손으로 들고(廾 두 손으로 받들 공) 곡식 등을 까불러서 쭉정이나 티끌 등의 불순물을 걸러내는 모습

음 基地 기지　基礎 기초　基本 기본　基準 기준

期 기약할 기: 1달(月)의 순환 주기는 4주(其)(상현→만월→하현→삭망)로 정해져 있다=규칙적이다=기약된 것이다

음 期末 기말　期待 기대　学期 학기　時期 시기　最後 최후=임종

棋 바둑 기: 네모난(其) 판 위에서 나무(木)로 만든 알을 사용하는 바둑=장기

* 초기에는 바둑이나 장기 알을 모두 나무로 만들었음

음 棋士 기사　棋聖 기성　将棋 장기

碁 바둑 기: 네모난(其) 판 위에서 돌(石)로 만든 알을 사용하는 바둑

음 碁 바둑　碁石 바둑돌　囲碁 바둑

欺 속일 기: 네모난(其) 가면을 쓰고 하품하듯(欠 하품 흠) 입을 떠벌려서 남을 속이다

음 欺瞞 기만　詐欺 사기　詐欺師 사기꾼

方 모 방: 쟁기를 그린 모습. 쟁기로 밭을 갈면 쟁기 날에 의해 생긴 모난 흙이 사방으로 흩어진다

음 方法 방법　方向 방향　前方 전방　行方 행방　方言 방언　方針 방침

放 놓을 **방**: 적군을 사방(方)으로 쳐서(攵 칠 복) 놓아주다=쫓아내다

음 放送 방송　解放 해방　追放 추방　放置 방치　放射能 방사능

倣 본뜰 **방**: 사람(人)이 뭔가를 틀에 놓고(放) 본뜨다

음 模倣 모방

坊 동네 **방**: 흙(土)으로 사방(方)에 집을 지은 동네

음 坊っちゃん 도련님　お坊さん 스님　朝寝坊 늦잠쟁이　食いしん坊 식충이

訪 찾을 **방**: 의견(言)을 묻기 위해 사방(方)으로 찾아다니다

음 訪問 방문　訪日 방일　来訪 내방　探訪 탐방

防 막을 **방**: 언덕(阝 언덕 부)을 사방(方)으로 쌓아서 적국의 침입을 막다

음 防止 방지　防災 방재　予防 예방　国防 국방

妨 방해할 **방**: 여자(女)를 사방(方)에서 사귀면 일에 방해가 된다

음 妨害 방해

芳 꽃다울 **방**: 꽃(艹) 향내가 사방(方)으로 퍼지다

음 芳香剤 방향제　芳名録 방명록

肪 살찔 **방**: 몸(月 육달 월)에 기름이 사방(方)으로 퍼져 살찌다

음 脂肪 지방　体脂肪 체지방

紡 길쌈 **방**: 실(糸)을 사방(方)으로 엮어서 짜다=길쌈하다

음 紡績 방적　紡織 방직

傍 곁 방: 여러 사람(人)이 사방(方)에 서서(立) 곁에 있는 사람들과 사귀다(旁 사귈 방)

음 傍聴 방청 傍観 방관 路傍 노방＝길가

激 격할 격: 물(氵＝水)이 하얗게(白) 퍼질 정도로 격하게 사방(方)을 치다(攵 칠 복)

음 激増 격증 激励 격려 感激 감격 過激 과격 激動 격동 刺激 자극

傲 거만할 오: 사람(人)을 땅(土)에 사방(方)으로 치고 다니는 것은 거만한 행동이다. 또는 사람(人)을 땅(土)에 놓고(放 놓을 방) 거만하게 굴다＝행동하다

음 傲慢 오만

旗 기 기: 사방(方 모 방)으로 나부끼는(㫃) 네모난(其) 깃발

* 㫃(깃발 나부낄 언): 사방(方)으로 사람(人)이 깃발을 흔드는 모습

* 其: 네모난 키(곡식 등을 까불러서 쭉정이나 티끌 등의 불순물을 걸러내는 데 쓰는 용구)를 두 손(廾 받들 공)으로 들고 있는 모습

음 国旗 국기 旗手 기수 星条旗 성조기

旅 나그네 려: 나부끼는 깃발(㫃) 아래 전투 또는 여행을 위해 모인 사람들(从)＝나그네

* 1개 여단 병력은 약 500명

음 旅行 여행 旅館 여관 旅費 여비 旅客機 여객기 旅団 여단

旋 돌 선: 깃발을 나부끼고(㫃) 전장에 나간 병사들이 전쟁 승리 후 발(疋 발 소)로 걸어서 집으로 돌아오다

음 旋回 선회 旋風 선풍 凱旋 개선 螺旋 나선

施 베풀 시: 깃발을 나부끼고(㫃) 전장에 나가 전투를 잇달아(也) 베풀다＝펼치다

* 也(잇달을/어조사 야:~이다, 잇달아, 또한 많은 등의 의미가 있음

음 施設 시설 施行 시행 実施 실시

遊 **놀 유**: 아이(子)들이 병정놀이 하듯이 깃발을 나부끼면서(㫃) 놀러 가다(辶 갈 착)

음 遊園地 유원지 遊覽船 유람선 遊牧 유목

族 **겨레 족**: 나부끼는 깃발(㫃) 아래에서 활(矢 화살 시)을 들고 뭉친 공동체=겨레

음 家族 가족 親族 친족 民族 민족 水族館 수족관

戒 **경계할 계**: 창(戈 창 과)을 손에 들고(廾 두 손으로 받들 공) 경계하다

* 戈(창 과): 긴 막대기 끝에 낫이나 갈퀴가 붙어 있는 기본적인 창

음 戒律 계율 警戒 경계 懲戒 징계 訓戒 훈계

械 **기계 계**: 죄수 또는 포로 탈출을 경계(戒)하기 위해 나무(木 나무 목)로 만든 형틀=
기계

음 機械 기계

國 **나라 국**: 혹시(或 혹시 혹)라도 있을 적군의 침입에 대비하여 창(戈)을 들고 성(口 에
워쌀 위) 또는 성보다 큰 나라(囗 에워쌀 위)를 지키다

* 或에서 아래의 一은 성 둘레를 감싸고 있는 목책

国 **나라 국**: 옥(王)으로 둘러싸인(囗 에워쌀 위) 소중한 나라

* 王(임금 왕)는 玉(옥 옥)의 획 줄임

음 国内 국내 国語 국어 外国 외국 入国 입국

邦 **나라 방**: 풀이 예쁘게(丰 예쁠 봉) 자라난 큰 고을(阝)=나라

* 원래는 邦이 나라를 뜻하는 글자로 쓰였으나, 유방이 한나라를 건국하고 황제의
자리에 오르면서 그의 이름인 방(邦)을 사용할 수 없어, 이후 國(나라 국)을 나라
의 의미로 사용했음

＊　邦訳 일본어 역　異邦 이방＝타국　連邦 연방

域 지경 역: 혹시(或)라도 있을 적의 침공에 대비해서 흙(土)을 쌓아서 지경을 지키다

＊ 지경: 땅의 경계

＊　地域 지역　区域 구역　領域 영역　全域 전역

惑 미혹할 혹: 혹시(或)라도 적이 공격할까 봐 마음(心)이 미혹하다

＊ 미혹하다: 무언가에 정신을 차리지 못하고 헷갈려 갈팡질팡하는 것

＊　惑星 혹성　困惑 곤혹　魅惑 미혹　迷惑 폐＝불쾌함

武 호반 무: 창(弋+一=戈) 등의 무기를 굳세고 바르게(止+一=正) 사용하는 무반

＊ 一이 戈와 正 양쪽에 걸쳐있는 모습

＊ 호반: 호반(虎班)은 무관(武官)의 반열(班列)로서, 무반(武班)이 입는 관복의 앞과 뒤에 굳셈과 용맹성을 상징하는 호랑이(虎 범 호) 문양을 수놓았음

＊　武器 무기　武装 무장　武力 무력　文武 문무　武者 무사

賦 부세 부: 호반(武)이 무력으로 세금(貝)을 부과하다

＊　賦役 부역　月賦 월부　割賦 할부　天賦 천부＝선천적으로 타고남

伐 칠 벌: 창(戈)으로 적군(人)의 목을 치다

＊　征伐 정벌　討伐 토벌　殺伐 살벌　伐採 벌채

閥 문벌 벌: 장수가 싸움에서 이기면 공로를 치하했는데, 이때 문(門) 왼쪽에 서 있는 실전(伐 칠 벌) 병사를 벌(閥)이라 하고, 오른쪽 문에서 기뻐하는(兌 기뻐할 열) 사람들을 閱(볼 열)이라 했음

＊　財閥 재벌　派閥 파벌　学閥 학벌

閲 **볼 열**: 문(門) 오른쪽에 늘어서서 기쁘게(兌 기쁠 태) 구경하는 사람들

음 閲覧 열람　閲覧室 열람실　検閲 검열

賊 **도둑 적**: 창(戈)이나 칼(十) 따위의 무기로 협박해서 돈(貝)을 뺏는 도둑

* 十: 칼 모습

음 盗賊 도적　国賊 국적　海賊 해적　山賊 산적

幾 **몇 기**: 창(戈)을 들고 변방을 지키는(戍) 병사가 적군이 몇이나 있는지 작고(幺) 작은(幺) 낌새(기미)에도 귀를 기울이다

* 戍(지킬 수): 사람(人)이 창(戈)을 들고 변방을 지키다

* 絲(실 사)를 반으로 줄인 糸(가는 실 사), 糸를 반으로 줄인 幺(작을 요)

훈 幾つ 몇 개　幾度 몇 번　幾日 며칠

機 **베틀 기**: 몇(幾) 개의 나무(木)로 만든 베틀

음 機会 기회　機関 기관　動機 동기　機能 기능　危機 위기　時機 시기

畿 **경기 기**: 창(戈)으로 땅을 작게(幺 작을 요) 작게(幺) 나눈 수많은 밭(田 밭 전)=경기

* 경기: 왕이 사는 성을 둘러싼 500리(약 200km) 이내의 땅

음 畿内 교토를 중심으로 한 지방

蔑 **업신여길 멸**: 창(戈)을 들고 변방을 지키는(戍) 병사가, 풀숲(艹)에 숨어있다가 거물(罒 거물 망)에 걸린 적군 포로를 업신여기다=멸시하다

음 蔑視 멸시　軽蔑 경멸　侮蔑 모멸

我 **나 아**: 손(手)에 창(戈)을 들고 적으로부터 지켜야 하는 나

음 我慢 참음＝인내　自我 자아　無我 무아

餓 주릴 **아**: 나＝우리(我)가 밥(食)을 먹지 못해 굶주리다

음 餓死 아사　飢餓 기아　餓鬼 아귀＝입이 큰 물고기

義 옳을 **의**: 양(羊 양 양)처럼 착하고 옳은 일만 하는 나(我)

음 義理 의리　義務 의무　主義 주의　講義 강의

議 의논할 **의**: 말(言)로써 옳은(義) 방법을 찾기 위해 의논하다

음 議員 의원　議論 의론　会議 회의　協議 협의

儀 거동 **의**: 사람(人)이 옳게(義) 거동하기 위해서는 법도를 지켜야 한다

음 儀式 의식　葬儀 장의＝장례식　行儀 예의범절

戴 일 **대**: 앞 사람을 자르고(戈 자를 재) 다른(異 다를 이) 사람을 머리에 이다＝추대하다

＊戈(자를 재): 창(戈)에 손잡이가 달린 칼(十)을 붙여서 자르다

＊異(다를 이): 같은 밭(田)에 함께(共 함께 공) 심은 씨앗도 자라는 속도는 서로 다르다

음 戴冠式 대관식　頂戴 '받다'의 겸양어

纖 가늘 **섬**: 실(糸)을 부추(韭 부추 구)처럼 가늘게(섬세하게) 자르다(戈)

음 纖維 섬유　纖細 섬세　纖毛 섬모

裁 마를 **재**: 옷(衣 옷 의)을 만들기 위해 천을 잘라서(戈) 마름질하다

＊마름질: 옷감이나 재목 따위를 치수에 맞도록 재거나 자르다

음 裁判 재판　裁縫 재봉　決裁 결재　体裁 외관＝체면

栽 **심을 재**: 나무(木)를 옮겨 심을 때는 가지를 잘라야(弋) 한다

음　栽培 재배　盆栽 분재

載 **실을 재**: 차(車)에 짐을 실을 때는 부피나 무게를 줄여야(弋) 한다

음　記載 기재　掲載 게재　搭載 탑재

識 **알 식**: 적의 말(言) 소리(音)를 듣고 창끝(戈)으로 진흙에 글을 새겨서(戠 새길/진흙 시) 아군에게 알리다

음　知識 지식　意識 의식　識別 식별　識者 식자＝지식인

職 **직분 직**: 귀(耳)로 들은 첩보를 글로 새겨서(戠) 기록하는 것이 경비병의 직분

음　職業 직업　職種 직종　就職 취직　退職 퇴직

織 **짤 직**: 실(糸)로 만든 천에 무늬를 새겨서(戠) 옷을 짜다

음　織機 직기＝베틀　紡織 방직　組織 조직

殘 **남을 잔**: 잔혹하게 죽은 사람의 뼈(歹 뼈 앙상할 앙)가 작은(戔) 조각으로 남아 있다

　* 戔은 戔(쌓일/적을 전)의 획 줄임: 여러 개의 창을 쌓아놓은 모습. 창끝으로 여러 번 찔러서 작게 만들다

음　殘業 잔업　殘念 유감＝아쉬움　殘酷 잔혹　殘高 잔고＝잔액

棧 **사다리 잔**: 나무(木)를 작게(戔) 잘라 이어서 만든 사다리

음　棧橋 잔교＝계곡을 가로질러 절벽과 절벽 사이에 높이 걸쳐 놓은 다리

錢 **돈 전**: 쇠(金)를 작게(戔) 잘라 만든 돈＝엽전

음 金銭 금전　銅銭 동전　銭湯 대중목욕탕 きんせん　どうせん　せんとう

箋 찌지 전: 대나무(竹)를 얇게(戔 쌓일/적을 전) 깎아서 쌓아 놓은 찌지

* 찌지: 무엇을 표시하거나 적어서 붙이는 쪽지

음 処方箋 처방전 しょほうせん

浅 얕을 천: 물(氵=水)이 적어서(戔) 깊이가 얕다

음 浅学 천학＝학식이 얕음　浅薄 천박 せんがく　せんぱく

踐 밟을 천: 발(足)로 조금씩(戔) 하나하나 밟다=실천하다

음 実践 실천 じっせん

茂 무성할 무: 적군이 도끼창(戊)을 들고 떼를 지어 오듯이 풀(艹)이 무성하다

* 戊(도끼 무): 반달 모양의 도끼(丿)가 달린 창(戈)으로, 주로 베기 용도로 사용

음 繁茂 초목이 무성하게 우거짐 はん も

成 이룰 성: 젊은 병사들(丁 장정 정)이 도끼창(戊)을 들고 승리를 이루다. 또는 병사들이 창(戊)을 들고 고무래(丁 고무래 정)로 곡식이나 흙을 고르듯이 세상을 평정하다

* 고무래: 곡식을 그러모으거나 펴는 데, 또는 밭의 흙을 고르거나 아궁이의 재를 긁어내는 데 쓰는 T자 꼴의 물건

음 成績 성적　成功 성공　賛成 찬성　作成 작성　成就 성취 せいせき　せいこう　さんせい　さくせい　じょうじゅ

盛 성할 성: 전쟁에서 승리를 이룬(成) 장병들에게 그릇(皿 그릇 명)에 음식을 성대하게 담아 대접하다

음 盛大 성대　盛況 성황　全盛 전성　隆盛 융성　繁盛 번성 せいだい　せいきょう　ぜんせい　りゅうせい　はんじょう

城 성 성: 전쟁에서 이기기(成) 위해 흙(土)으로 쌓은 성

> 음   城壁 성벽   城門 성문   宮城 궁성

誠 정성 성: 말(言)을 그 의미대로 이루기(成) 위해 정성을 다하다

> 음   誠実 성실   誠意 성의   誠心 성심   忠誠 충성

感 느낄 감: 도끼(戊 도끼 월)로 처형당하는 포로의 비명(口), 나아가 도끼로 무장한 병사들이 다 함께(咸 다/모두 함) 질러대는 승리의 전율을 오감(心)으로 느끼다

> * 戊=戉(도끼 월): 일반적인 창(戈)의 날(丿)을 특별히(一) 강조한 개량 창

> 음   感覚 감각   感謝 감사   感情 감정   予感 예감

憾 섭섭할 감: 마음(忄=心)이 섭섭한 느낌(感)

> 음   遺憾 유감

減 덜 감: 적군의 성을 공략하기 위해 성 주변 해자의 물(氵=水)을 모두 다(咸 다/모두 함) 덜다=퍼내다

> * 해자: 적의 침입을 막기 위해 성 주위를 둘러서 판 못

> 음   減少 감소   減額 감액   増減 증감   削減 삭감

滅 꺼질/멸할 멸: 홍수(氵=水)와 화재(火 불 화)와 전쟁(戌)이 한꺼번에 터지면 나라가 멸한다=망한다

> 음   滅亡 멸망   滅菌 멸균   撲滅 박멸   壊滅 괴멸

威 위엄 위: 도끼창(戌 도끼 월)을 들고 패전국 여자(女)에게 위엄을 보이다

> * 위엄: 사람을 두렵게 하여 복종시키는 엄한 태도

> 음   威厳 위엄   威嚇 위협   脅威 협의=위협   権威 권위

矛 **창 모**: 긴 막대기에 날카로운 양도를 매단 무기로서, 찌르기와 베기가 모두 가능한 창

음 矛盾 모순

務 **힘쓸 무**: 창(矛)으로 적을 치듯이(攵) 힘쓰다(力 힘 력)

* 攵(칠 복): 막대기(丿)를 손(又)에 들고 마구 치다

* 又: 주먹을 쥔 오른손 모습, 오른손은 자주 사용하니 '또 우'

음 業務 업무 義務 의무 事務 사무 職務 직무

霧 **안개 무**: 비(雨)가 힘차게(務) 내릴 때 생기는 안개

음 霧笛 무적=고동 소리 濃霧 농무=짙은 안개

柔 **부드러울 유**: 창(矛)의 자루로 쓰는 나무(木)는 부러지지 않게 부드러운 것이어야 한다

음 柔道 유도 柔軟 유연 懐柔 회유 柔和 유화=온화

殻 **껍질 각**: 선비(士)가 뭔가를 덮어서(冖) 책상 혹은 의자(几에 올려놓고 몽둥이(殳)로 쳐서 껍질을 벗기다

음 地殻 지각=지구의 껍질 卵殻 알껍데기

穀 **곡식 곡**: 선비(士)가 탈곡 전인 벼(禾)를 뭔가로 덮어놓고(冖) 몽둥이(殳)로 쳐서 벗긴 곡식

음 穀物 곡물 雑穀 잡곡 脱穀 탈곡 穀倉 곡창

股 **넓적다리 고**: 몸(月 육달 월)에서 몽둥이(殳)처럼 생긴 넓적다리=정강이

음 股間 사타구니 股関節 고관절

毆 **때릴 구**: 감춰놓은(匸 감출 혜) 물품(品 물건 품)을 창이나 몽둥이(殳 창/몽둥이 수)로 때리다

殹 **때릴 구**: 감춰놓은(匸 감출 혜) 창(殳)으로 목을 베다(乂 벨 예)=때리다

　　* 乂(벨 예): 엉켜있는 풀, 또는 가위 모양의 도구로 교차시켜서 베다=자르다

　　음　殴打 구타 _{おうだ}

段 **층계 단**: 바위(厂 굴바위 엄)를 창(殳 창/몽둥이 수)으로 부수어서 일정한 간격으로 층계(三)를 만들다

　　음　階段 계단　段階 단계　手段 수단

鍛 **쇠 불릴 단**: 쇠(金)를 단단하게 만들기 위해 여러 번 단계별(段)로 불리다

　　* 불리다: 쇠를 불에 달구어 단련하다

　　음　鍛鍊 단련

沒 **빠질 몰**: 물(氵=水)에 빠진 사람(冖=人)이 허우적대며 손(又)을 내밀고 있는 모습

没 **빠질 몰**: 물(氵=水)에서 몽둥이(殳)로 때리듯이 팔을 휘젓다가 깊이 빠지다

　　음　没頭 몰두　没年 몰년=죽은 때의 나이　沈没 침몰　日没 일몰

殺 **죽일 살/덜 쇄**: 죄수나 적군 포로를 나무(木)에 달아놓고 창(殳)으로 목(丶)을 베어(乂 벨 예) 죽여서[죽일 살] 없애다[덜 쇄]

　　* 덜다: 더 작은 상태로 되게 하다

殺 **죽일 살/덜 쇄**: 죄수나 적군 포로를 나무(木)에 달아놓고 창(殳)으로 베어(乂 벨 예) 죽여서[죽일 살] 없애다[덜 쇄]

　　음　殺人 살인　殺害 살해　自殺 자살　暗殺 암살　相殺 상쇄　殺生 살생

設 **베풀 설**: 장수의 명령(言)대로 병사들이 적군을 향해 창(殳)을 휘두르다=베풀다

　　음　設備 설비　設計 설계　建設 건설　開設 개설

聲 **소리 성**: 경쇠(声)를 때려서(殳) 나는 소리를 귀(耳 귀 이)로 듣다.

* 경쇠: ① 옥 따위로 만든 아악기 ② 판수가 경을 읽을 때 흔드는 방울 ③ 부처 앞에 절할 때 흔드는 작은 종

声 **소리 성**: 경쇠(声) 소리

음 声楽 성악   音声 음성   発声 발성
声明 성명 = 어떤 일에 대한 입장이나 태도를 여러 사람에게 밝히는 것

役 **부릴 역**: 몽둥이(殳)을 들고 적군 포로를 여기저기 끌고 다니면서(彳 걸을 척) 힘든 노역을 시키다 = 부리다

음 役者 배우   役割 역할   市役所 시청   主役 주역   兵役 병역

投 **던질 투**: 손(扌=手)으로 몽둥이나 창(殳)을 던지다

음 投票 투표   投手 투수   投資 투자   投入 투입

刀 **칼 도**: 칼(乛)과 칼날(丿)을 그린 모습

음 短刀 단도   日本刀 일본도   名刀 명도   木刀 목도   竹刀 죽도

潔 **깨끗할 결**: 삼나무 껍질을 칼(刀)로 깎아 이어서 실(糸)을 뽑는 과정에서 수북이(絜 삼 다발 결) 쌓인(丰 풀 무성할 개) 부스러기를 물(氵=水)로 깨끗이 씻다

* 丰: 풀이 무성하게 자란 모습[풀 무성할 개]. 그 모습이 예쁘다[예쁠 봉]

음 潔癖 결벽   潔白 결백   清潔 청결   簡潔 간결

拐 **후릴 괴**: 사람(⺅=人)을 말(口)로 유혹하여 손(扌=手)으로 후리다

拐 **후릴 괴**: 손(扌=手)으로 입(口)을 막고 칼(刀)로 협박해서 후리다

* 후리다: 휘몰아 채거나 쫓다

음 誘拐 유괴

39

契 **맺을 계**: 사람(大)이 칼(刂=刀)로 예쁘게(丰) 무늬를 새기다. 뭔가를 새긴다는 것은 서로 간의 굳은 약속 또는 결의=맺음

  * 大: 사람이 사지를 벌리고 서 있는 모습

  음 契機 _{けいき} 계기 契約 _{けいやく} 계약 契約書 _{けいやくしょ} 계약서

喫 **먹을 끽**: 입(口)과의 맺음(契)을 통해 먹거나 마시거나 담배를 피우다

  음 喫煙 _{きつえん} 끽연=흡연 喫茶 _{きっさ} 끽차=차를 마심 喫茶店 _{きっさてん} 찻집 満喫 _{まんきつ} 만끽

邊 **가 변**: 코(自) 앞의 가까운 곳에 참호(穴 구멍 혈)를 사방(方 모 방)으로 만들어 적군의 왕래(辶 갈 착)를 경계하는 변방=국경을 막아 지키는 곳

  * 自(스스로 자): 鼻(코 비)의 원래 글자. 자기 스스로를 가리킬 때 습관적으로 코 부분을 가리키는 것에서 유래

辺 **가 변**: 길(辶 갈 착)을 칼(刀)로 자르듯이 잘라낸 길가=가장자리=노변

  음 辺境 _{へんきょう} 변경 周辺 _{しゅうへん} 주변 底辺 _{ていへん} 저변 身辺 _{しんぺん} 신변

切 **끊을 절/모두 체**: 칼(刀)로 여러(七 일곱 칠) 번 쳐서 모두 [모두 체] 다 끊다[끊을 절]

  음 切実 _{せつじつ} 절실 親切 _{しんせつ} 친절 大切 _{たいせつ} 매우 중요함 一切 _{いっさい} 일체=일절

七 **일곱 칠**: 十(열 십)의 변형

  음 七人 _{しちにん} 7인 七時 _{しちじ} 7시 七月 _{しちがつ} 7월

八 **여덟 팔**: 물체가 두 쪽으로 대칭되게 나누어진 모습(八)

  음 八人 _{はちにん} 여덟 명 八月 _{はちがつ} 8월

竊 **훔칠 절**: 뚜껑(宀)을 닫아 놓은 쌀(米)을 쌀벌레(禼)가 구멍(穴 구멍 혈)을 파고 들어가 몰래 훔쳐 먹다

窃 **훔칠 절**: 굴(穴 구멍 혈)을 파고(切 끊을 절) 들어가 훔치다

음 窃盗 절도 窃盗罪 절도죄 剽窃 표절

初 처음 초: 옷(衤=衣)을 만들 때 처음으로 할 일은 칼(刀)로 옷감을 자르는 것이다

음 初級 초급 初日 첫날 最初 최초

分 나눌 분: 칼(刀)로 절반으로 나누다(八)

* 八(여덟 팔): 어떤 물체가 두 쪽으로 대칭되게 나누어진 모습

음 分担 분담 分類 분류 充分 충분 身分 신분 分別 분별

頒 나눌 반: 위(頁 머리 혈)에서 아래로 나누어(分) 내려 주다

음 頒布 반포 = 널리 퍼뜨려서 모두 알게 하다

粉 가루 분: 쌀(米)을 여러 번 찧어서(分) 만든 가루

음 粉末 분말 粉砕 분쇄 花粉 화분 = 꽃가루

盆 동이 분: 아가리가 넓게 갈라진(分) 그릇(皿 그릇 명) = 동이

* 皿: 받침이 있는 그릇 모습

음 お盆 쟁반 盆栽 분재 盆地 분지 盆踊り 백중에 추는 춤

紛 어지러울 분: 실(糸)을 여러 갈래로 나누면(分) 어지럽게 엉킨다

음 紛糾 분규 紛失 분실 紛争 분쟁

貧 가난할 빈: 재산(貝)을 나누면(分) 가난해진다

음 貧困 빈곤 貧血 빈혈 清貧 청빈 極貧 극빈 貧乏 가난

召 **부를 소**: 칼(刀)을 들고 입(口)으로 부르다

음　召喚 소환＝법원 출두 명령　召還 소환＝파견한 사람을 소환함　招集 소집

昭 **밝을 소**: 해(日)를 부르니(召) 밝다

음　昭和 쇼와 천황(1926~989)

紹 **이을 소**: 사람을 불러서(召) 실(糸)로 이어 주다

음　紹介 소개　自己紹介 자기소개

沼 **못 소**: 물(氵＝水)을 불러서(召) 모아둔 못＝늪

음　湖沼 호소＝호수와 늪

詔 **조서 조**: 임금의 말씀(言)을 불러(召) 모아서 적은 조서

음　詔書 조서　詔勅 조칙

照 **비칠 조**: 불(灬＝火)을 밝게(昭) 비추다

음　照明 조명　照会 조회　参照 참조　対照 대조

招 **부를 초**: 손짓(扌＝手)으로 부르다(召)＝초청하다

음　招待 초대　招請 초청　招集 소집　招来 초래

超 **뛰어넘을 초**: 임금의 부름(召)에 응하기 위해 장애물을 뛰어넘으면서 달려가다(走 달릴 주)

＊走(달릴 주): 팔(十)을 힘차게 흔들면서 발(疋)로 빠른 걸음으로 달려가는 모습

음　超過 초과　超越 초월

刃 칼날 인: 칼(刀)의 날(ヽ)을 그린 모습

음 自刃 자인＝칼로 자결함   凶刃 흉인＝살상에 사용하는 칼

忍 참을 인: 칼날(刃)이 심장(心) 위에 놓여 있으니 움직이지 말고 참아야 한다

음 忍耐 인내   堪忍 참음＝견딤   残忍 잔인

認 알 인: 말(言)이 칼날(刃)처럼 마음(心)에 박히니 알게 된다

음 認証 인증   認知 인지   確認 확인   誤認 오인

列 벌일 렬: 뼈에 붙은 살(歹 살 바른 뼈 알)을 칼(刂)로 발라내어서 벌이다

* 列은 고대 혹독한 형벌의 중의 하나

* 벌이다: 옆으로 하나씩 하나씩 놓아서 모두 다 잘 보이게 하다

음 列車 열차   列島 열도   行列 행렬   整列 정렬

烈 매울 렬: 列의 형벌을 받은 죄수는 혹독한 화형(灬＝火)에 처해진다

음 烈火 열화   強烈 강렬   激烈 격렬   熾烈 치열

例 법식 례: 일반 사람(人)들에게 列의 형벌을 받은 죄수를 본보기로 보이다

음 例示 예시   例年 예년   実例 실례   通例 통례

裂 찢을 렬: 옷(衣)을 심하게 벌리면(列) 찢어진다

* 상반신에 입는 옷 衣(옷 의)+하반신에 입는 옷 裳(치마 상)＝衣裳(의상)

음 分裂 분열   決裂 결렬   破裂 파열   支離滅裂 지리멸렬

死 죽을 사: 뼈만 앙상한(歹 뼈 앙상할 알) 사람(匕)=죽은 사람

* 匕(비수 비): 사람(匕)이 비수(丿)를 맞고 몸을 웅크리고 있는 모습

> 死亡 사망 死体 사체 病死 병사 安楽死 안락사

葬 장사지낼 장: 풀(艹)로 죽은(死) 사람을 덮어 두 손(廾 받들 공)으로 들고 가서 장사 지내다

* 풀숲에 시체를 버린 장례 풍속

> 葬式 장례식 葬列 장례 행렬 埋葬 매장 火葬 화장

旬 열흘 순: 날(日)을 열흘씩 묶어서 싼(勹 쌀 포) 단위

> 上旬 상순 中旬 중순 下旬 하순

殉 따라죽을 순: 뼈만 앙상하게 남아(歹) 열흘(旬) 내에 다른 사람을 따라서 죽다

> 殉職 순직 殉死 순사 殉教 순교

罰 벌할 벌: 법망(罒 그물 망)에 걸린 죄인을 말(言)로 꾸짖고 칼(刂)로 벌하다

> 罰則 벌칙 罰金 벌금 天罰 천벌 処罰 처벌

別 나눌 별: 사람(宀=人)이 입(口)으로 먹기 위해 음식을 칼(刂)로 나누다

* 宀는 人의 변형

> 別名 별명 別紙 별지 特別 특별 区別 구별

刈 벨 예: 예리한 칼(刂)로 베다(乂 벨 예)

* 乂는 풀을 깎거나 다듬는 데 쓰는 예리한 가위 모습

> 刈る 베다=깍다 稲刈り 벼베기 丸刈り 머리를 짧게 바싹 깎음

制 절제할 제: (값비싼) 소(牛 소 우) 가죽으로 만든 천(巾 수건 건)을 칼(刂)로 자를 때는

절제해야 한다

훈 **制度** 제도　**制限** 제한　**規制** 규제　**統制** 통제

製 **지을 제:** 절제해서(制) 옷(衣)을 짓다

훈 **製本** 제본　**製薬** 제약　**日本製** 일제＝일본산　**作製** 제작＝작성

倉 **곳집 창:** 지붕(人)+창문(戶)+출입문(口)으로 이루어진 곳집＝창고

＊戶(집/문 호): 집의 외닫이 문을 그린 모습. 門은 두짝문

훈 **倉庫** 창고　**穀倉** 곡창＝곡식 저장 창고　**船倉** 선창＝선박 안의 짐 쌓는 칸

創 **비롯할 창:** 곳집(倉)을 칼(刂)로 새로 짓다＝만들다＝창조하다

훈 **創設** 창설　**創業** 창업　**創立** 창립　**独創** 독창

則 **법칙 칙:** 재물(貝)을 칼(刂=刀)로 자르는 것 같은 엄정한 법칙

훈 **規則** 규칙　**原則** 원칙　**校則** 교칙　**反則** 반칙

側 **곁 측:** 사람(人)은 지켜야 할 법칙(則)을 곁에 두고 살아야 한다

훈 **側面** 측면　**側近** 측근

測 **헤아릴 측:** 물(氵=水)의 양을 일정한 법칙(則)에 따라 헤아리다＝재다

훈 **測量** 측량　**測定** 측정　**計測** 계측　**推測** 추측

弓 **활 궁:** 등이 굽은 활 모습

훈 **弓道** 궁도　**洋弓** 양궁　**弓矢** 궁시＝활과 화살

強 **강할 강**: 활줄을 누에고치(虫)의 입(口)에서 나온 질긴 명주실로 만든 활(弓)은 강하다

強 **강할 강**: 누에고치(虫)의 입에서 나온 질긴 명주실을 손(厶 사사 사)으로 강하게 당겨서 쏜 활(弓)은 강하다

* 厶(사사 사): 사람이 팔을 몸 안쪽으로 굽혀서 끌어당기는 모습

음 強力 강력　強制 강제　勉強 공부　強引 억지로 = 강행함

窮 **다할/궁할 궁**: 쫓기던 적군 병사가 굴속(穴 구멍 혈) 끝까지[다 함] 들어가 몸(身)을 활(弓)처럼 웅크리고 있으니 궁하다 = 궁색하다[궁할 궁]

음 窮地 궁지　困窮 곤궁　貧窮 빈궁　窮屈 비좁아 갑갑함

灣 **물굽이 만**: 물(氵=水)이 잇달아(織 말 이을 련) 활(弓)처럼 굽어(彎 굽을 만) 흐르는 만곡

* 만곡: 휘거나 굽은 상태

湾 **물굽이 만**: 물(氵=水)이 잇달아(亦 또 역) 활(弓)처럼 굽어 흐르는 만곡

음 湾曲 만곡 = 활처럼 굽음　港湾 항만　台湾 대만

弱 **약할 약**: 깃털(羽 깃 우)처럼 부드러운 활(弓)은 약하다

음 強弱 강약　弱点 약점　弱者 약자　貧弱 빈약

溺 **빠질 익**: 물(氵=水)에서 힘이 약해져서(弱) 물속으로 빠지다

음 溺死 익사　溺愛 익애 = 몹시 사랑함

引 **끌 인**: 활(弓)에 시위 = 활줄(|)을 매달아서 손으로 끌다 = 당기다

음 引用 인용　引力 인력　引退 은퇴　索引 색인

弔 **조상할 조**: 전쟁터에서 전우가 죽으면 활(弓)을 막대기(|)에 걸어놓고 조상하다 = 애도한다

음 弔辞 조사　弔問 조문

弧 활 호: 활(弓)이나 오이(瓜)는 (괄호)처럼 등이 굽었다

* 瓜(오이 과): 말라버린 줄기에 오이 하나만 앙상하게 달린 모습

음 括弧 괄호

孤 외로울 고: 부모를 여의고 배가 오이(瓜)처럼 홀쭉한 외로운 아이(子)=고아

음 孤独 고독　孤立 고립　孤児 고아　孤島 고도

爪 손톱 조: 손(手 손 수)을 뒤집은 모습. 또는 손가락을 벌리고 있는 모습

훈 爪 손톱　爪切り 손톱깎이　爪先 발끝

矢 화살 시: 하늘(天)을 뚫고(丿 뚫을 곤) 날아가는 화살

훈 矢 화살　矢印 화살표

醫 의원 의: 화살(矢)이나 창 또는 몽둥이(殳 창/몽둥이 수)에 찔려서 몸을 숨기고(匸 감출 혜) 있는 병사에게 술(酉)로 소독하는 의원=위생병

* 酉: 뚜껑이 있는 술병에 술이 담겨 있는 모습

医 의원 의: 전장에서 가방(匸 상자 방)에 화살(矢)처럼 뾰족한 침구를 넣고 다니는 의원=위생병

음 医者 의사　医学 의학　医療 의료　医薬品 의약품

知 알 지: 화살(矢)처럼 빠르게 입(口)으로 사물의 본질을 알아맞히다

음 知人 지인　知識 지식　通知 통지　告知 고지

疑 의심할 의: 비수(匕 비수 비)와 화살(矢 화살 시)과 창(マ)을 든 사람의 발걸음(疋 발 소)이 어디로 향할지 의심스럽다

* マ는 矛(창 모)의 획 줄임

음 疑問 의문 疑惑 의혹 質疑 질의 容疑 용의＝마음을 먹음

擬 비길 의: 의심나는(疑) 것을 손(扌＝手)으로 가리켜서 비슷하게 흉내 내다＝비기다

* 비기다: 서로 비슷비슷해서 승부를 가리지 못하다

음 擬声語 의성어 擬態語 의태어 擬人法 의인법

凝 응길 응: 얼음(冫 얼음 빙)인지 물(氵＝水)인지 의심돼는(疑) 상태＝응기다

음 凝視 응시 凝縮 응축 凝固 응고 凝結 응결

侯 제후 후: 일반적인 과녁이 나무판자에 ○을 그린 것과 달리, 제후(人)가 사용하는 과녁은 작위에 따른 동물 문양(그)을 새긴 천으로 만들고 화살(矢)의 촉도 제거했는데, 그것을 '후'라 했다. 화살촉을 제거한 것은 무과 시험이나 군사 훈련에 임석한 왕의 신변 보호 때문

음 諸侯 제후

候 기후 후: 사람(人)과 과녁(侯) 사이에 장애물(丨)이 있을 기후(징후)를 살피다

* 기후: 한 지역의 장기간에 걸쳐 나타나는 대기의 평균적인 상태. 짧은 시간 동안의 날씨(기상)와는 다른 개념

음 気候 기후 症候 증후＝증상 立候補 입후보 兆候 징후

喉 목구멍 후: 입(口＝○)에 있는 둥근 과녁(侯)＝목구멍

음 咽喉 인후

修 **닦을 수**: 목욕재계(攸)한 후 젖은 머리털(彡 터럭 삼)을 닦다

* 攸(바 유): 사람(人)이 등에서 흘러내리는 물(|)을 나뭇가지로 치면서(攵 칠 복) 목욕재계하는 모습. 제사를 지낼 때 목욕재계는 당연히 해야 할 '바'

음　修正 수정　修了 수료　改修 개수＝수리　必修 필수

悠 **멀 유**: 목욕재계(攸)를 하니 마음(心)이 느긋하고 유유하다

* 유유하다: 깊고 그윽하다.

음　悠然 유연＝여유가 있음　悠々 유유＝느긋함

斤 **도끼 근**: 도끼 또는 저울 모습. 1근은 약 600g

음　一斤 한 근　二斤 두 근　三斤 세 근

近 **가까울 근**: ① (저울에 물건을 달 때) 저울(斤)의 눈금이 좌우로 옮겨 가는(辶 갈 착) 거리는 가깝다. ② 적군이 무거운 도끼(斤)를 들었으니 멀리 가지(辶) 못하고 가까이에 숨어있을 것이다

음　近所 근소＝근처　近代 근대　付近 부근　最近 최근

祈 **빌 기**: 출정에 앞서 제단(礻＝示)에 제사상을 차리고 결의의 표시로 도끼(斤)를 높이 들고 신에게 승리를 빌다

* 示＝礻(보일 시): 세 발 달린 제단(丌) 위에 차려놓은 음식(一)을 먹기 위해 신이 나타나다＝보이다

음　祈願 기원　祈念 기념

丘 **언덕 구**: 도끼날(斤 도끼 근)처럼 땅(一)에서 위로 솟은 언덕

음　丘陵 구릉＝언덕　砂丘 사구＝모래언덕

兵 **병사 병**: 도끼(斤)를 손(卄 두손으로 받들 공)에 들고 있는 병사. 또는 언덕(丘)에 주둔하는 1개 분대(八) 병사 8명

음　兵役 병역　兵士 병사　歩兵 보병　核兵器 핵무기　兵糧 군량

賓 **손 빈**: 집(宀 집 면)에 머물면서(止 발/그칠 지) 돈(貝)을 지불하는 손님

　＊賓에서 宀과 貝 사이에 있는 것은 止를 뒤집어 놓은 것

음　賓客 빈객＝손님　来賓 내빈　国賓 국빈　正賓 정빈＝주빈

浜 **물가 빈**: 병사(兵)들이 지키는 바다(氵＝水)의 가장자리＝물가

음　海浜 해변　京浜 도쿄＋요코하마

折 **꺾을 절**: 손(扌＝手)에 든 도끼(斤)로 적군의 목을 찍어서 꺾다

음　折半 절반　折衷 절충　挫折 좌절　骨折 골절

逝 **갈 서**: 몸이나 기운이 꺾여서(折) 가다(辶 갈 착)＝죽다

음　逝去 서거　急逝 급서　夭逝 요절

誓 **맹세할 서**: 말(言)을 마디마디 꺾어서(折) 단호하게 맹세하다

음　誓約 서약　誓約書 서약서　宣誓 선서

哲 **밝을 철**: 물건을 자르듯(折) 말(口)로써 분명히 밝히다

음　哲学 철학　哲人 철인＝어질고 사리에 밝은 사람

析 **쪼갤 석**: 나무(木)를 도끼(斤)로 쪼개다

음　分析 분석　解析 해석

所 바 소: 신속한 전장 출동을 위해 도끼(斤)를 문(戸 집/문 호) 앞의 가까운 장소에 두다

　음　所属 소속　所持 소지　近所 근처　市役所 시청

岳 큰 산 악: 언덕(丘 언덕 구)보다 큰 산(山)=산악

　음　岳父 장인　山岳 산악　山岳隊 산악대

匠 장인 장: 상자(匚 상자 방)에 도끼(斤)를 넣어 다니는 장인

　음　師匠 스승　巨匠 거장　名匠 명장

質 바탕 질: 모탕(所)이 도끼(斤)로 장작을 팰 때 밑바탕이 되듯이, 돈(貝)은 경제생활의 바탕. 바탕을 알기 위해 질문하고, 저당하는 재물을 바탕으로 돈을 빌리다

＊모탕: 나무를 패거나 자를 때, 또는 물건을 쌓을 때 밑에 괴는 나무

　음　質問 질문　質量 질량　品質 품질　性質 성질　質屋 전당포　人質 인질

斥 물리칠 척: 불똥(丶 불똥 주)이 튀기듯 도끼(斤)로 내려쳐서 물리치다

　음　排斥 배척　斥候 척후＝정찰 및 감시 임무를 수행하는 소규모 부대

訴 호소할 소: 말(言)로 호소해서 물리치다(斥)

　음　訴訟 소송　訴状 소장＝소송장　起訴 기소　勝訴 승소

士 선비 사: 사(士)는 도끼를 들고 전투를 하면서 대부를 섬기는 무사. 이후 사회가 안정되면서 글을 익힌 士가 지배층이 되는 문인 사회로 편입. 이렇게 하여 대부와 무사는 통합되는데, 양반을 일컫는 사대부는 사(士)와 대부(大夫)를 합한 표현

　음　士官 사관　消防士 소방관　弁護士 변호사　紳士 신사

仕 섬길 사: 선비(士)가 대부(人)를 섬기다. 또는 사람(人)이 선비(士)를 섬기다

　음　仕事 일＝업무　奉仕 봉사　仕組み 방법＝장치　仕入れ 구입＝매입

志 뜻 지: 선비(士)의 마음(心)에는 깊은 뜻이 있다

음 志願 지원 志望 지망 意志 의지 同志 동지

誌 기록할 지: 뜻(志)이 담긴 말(言)을 글로써 기록하다

음 紙上 지상=기사면 雜誌 잡지 日誌 일지 週刊誌 주간지

任 맡길 임: 사람(人)에게 일을 맡기다(壬)

* 壬(짊어질 임): 사람이 허리를 굽히고 등에 뭔가를 짊어지고 있는 모습

음 任命 임명 任務 임무 責任 책임 兼任 겸임

妊 아이밸 임: 출산은 여자(女)가 맡는다(壬)

음 妊娠 임신 妊婦 임부=임산부 懷妊 회임 不妊 불임

賃 품삯 임: 맡은(壬) 일을 하고 받는 돈(貝)=품삯

음 賃貸 임대 賃借 임차 運賃 운임 家賃 집세

廷 조정 정: 왕으로부터 임무를 맡아서(壬) 가는(廴 걸을 인) 곳=조정

음 法廷 법정 開廷 개정 宮廷 궁정 朝廷 조정

庭 뜰 정: 조정(廷)의 넓은 뜰에 지은 부속 건물(广 집 엄)

음 庭園 정원 家庭 가정 校庭 교정

淫 음란할 음: 누워있는 사람(壬)을 손(爫=爪)으로 당겨서 나온 물(氵=水)=음란하다

* 壬: 사람이 누워있는 모습. 丿(머리)+(丨)몸통+(一)팔+(一)다리

음 淫乱 음란 淫行 음행=음탕한 행동

呈 드릴 정: 왕(王)에게 말씀(口) 드리다. 또는 왕(王)에게 입(口)에 맞는 음식을 드리다

음　贈呈 증정　進呈 진정＝드림　露呈 노정＝드러남

聖 성인 성: 남의 말(口)을 귀(耳 귀 이)에 담아 듣는 왕(王)은 성인이다

음　聖書 성서　聖堂 성당　聖火 성화　神聖 신성

程 한도/길 정: 왕에게 벼(禾 벼 화)를 세금으로 드릴(呈) 때는 그 한도와 방법이 정해져 있다

음　程度 정도　日程 일정　課程 과정　旅程 여정

吉 길할 길: 선비(士)의 말(口)은 길하다

* 길하다: 운이 좋거나 일이 상서롭다

음　吉日 길일　大吉 대길　吉兆 길조　不吉 불길

詰 꾸짖을 힐: 말(言)로써 잘되라고(吉) 꾸짖다

음　詰問 힐문＝추궁　詰責 힐책

結 맺을 결: 실(糸)로 길하게＝예쁘게(吉) 맺다

음　結婚 결혼　結果 결과　団結 단결　終結 종결

鼓 북 고: 받침대(廾 받들 공)가 달린 북(吉)을 나뭇가지(支 지탱할 지)로 만든 북채로 두드리다

음　鼓舞 고무＝격려　鼓動 고동　太鼓 큰북　鼓膜 고막

喜 기쁠 희: 받침대(丷=廾 두 손으로 받들 공)가 달린 북(吉)을 치면서 입(口)으로 노래하니 기쁘다

음 喜劇 희극　歓喜 환희

樹 나무 수: 북(壴)을 세우듯이 손(寸)으로 나무(木) 묘목을 세우다

　*寸(마디 촌): 손끝에서 맥박이 뛰는 손목까지의 길이=손

　음 樹木 수목＝살아있는 나무　樹立 수립　果樹 과수　街路樹 가로수

膨 부풀 팽: 진군의 북소리(壴)가 바람을 타고 머리카락(彡 터럭 삼)처럼 널리 퍼지듯이, 부패해서 부풀어진 전사자의 몸(月 육달 월)에서 나온 냄새가 온 전장에 퍼지다

　음 膨張 팽창　膨大 팽대＝방대

賣 팔 매: 선비(士)가 망태기(罒 그물 망)에 넣어서 가져온 물건을 돈(貝)을 받고 팔다

売 팔 매: 선비(士)가 보자기에 싸서(冖 덮을 멱) 온 물건을 다른 사람(儿 사람 인)에게 팔다

　음 売店 매점　発売 발매　商売 장사　売却 매각

読 읽을 독: 말(言)을 물건 팔(売) 때처럼 크게 소리 내어 읽다

　음 読書 독서　読者 독자　読本 독본　句読点 구두점

続 이을 속: 실(糸)을 물건 팔(売) 듯이 계속 이어 나가다

　음 続出 속출　続行 속행　連続 연속　接続 접속

壽 목숨 수: 노인(士)이 장수하는 방법 하나(一)는 장인(工 장인 공)처럼 열심히 일하는 것, 또 하나(一)는 식사(口)를 규칙적(寸 마디 촌)으로 하는 것

　*士: 老(늙을 로)의 획 줄임

寿 목숨 수: 손(寸)으로 심은 풀이 오랫동안 예쁘게(丰) 우거져 있다

　*丰(예쁠 봉): 풀이 예쁘게 우거져 있는 모습

음 寿命 수명　長寿 장수　米寿 미수＝88세　白寿 백수＝99세

鋳 쇠불릴 주: 주물을 만들기 위해 쇠(金)를 오래(寿) 불리다

* 불리다: 불에 달구어 단련하다

음 鋳造 주조　鋳鉄 주철

可 옳을 가: 장정들이 고무래(丁 고무래/장정 정)를 들고 농사 일을 하면서 입(口)으로 노동요를 부르니 힘든 일도 좋게 느껴진다＝옳다＝가능하다

음 可能 가능　可決 가결　許可 허가　不可 불가

歌 노래 가: 좋다(可) 좋다(可) 하면서 하품하듯(欠 하품 흠) 입을 크게 벌리고 노래하다

음 歌手 가수　歌詞 가사　国歌 국가　校歌 교가

苛 가혹할 가: 농사일(可)은 쓰디쓴 풀(艹)을 씹는 것처럼 가혹하다

음 苛酷 가혹

何 어찌 하: 다른 사람(人)에게 어찌하면 옳을지(可) 묻다

훈 何者 어떤 것　何事 무슨 일　何時 몇 시　何個 몇 개

荷 멜 하: 낫으로 벤 풀(艹)을 어찌하면(何) 옳게(可) 등에 멜 수 있는지 다른 사람(人)에게 묻다

음 荷重 하중　出荷 출하　入荷 입하

河 물 하: 물(氵＝水)이 (범람하지 않고) 옳은(可) 방향으로 흐르다. 원래의 의미는 중국의 황하. 황하는 상류에서 쓸려오는 퇴적물이 많아 정기적으로 범람이 발생. 이에 동원된 장정들도 가래로 힘들게 둑을 쌓으면서 노동요(可)를 불렸을 것이다

음 河川 하천　河口 하구　運河 운하　銀河 은하

奇 기특할 기: 사람(大)이 옳은(可) 일만 하니 기특하다

음　奇跡 기적　奇抜 기발　怪奇 괴기　猟奇 엽기

寄 부칠 기: 기특하게도(奇) 남의 집(宀 집 면)으로 뭔가를 부치다=보내다=맡기다

음　寄付 기부　寄贈 기증　寄生 기생　寄与 기여

埼 갑 기: 땅(土)이 기특하게(奇) 생긴 갑

* 갑: 바다나 호수 쪽으로 뾰족하게 내민 육지의 끝

음　埼玉県 사이타마현

崎 험할 기: 산(山)이 기특하게(奇) 험하다

음　宮崎市 미야자키시　宮崎県 미야자키현　川崎市 가와사키시

騎 말탈 기: 말(馬)을 기특하게(奇) 잘 타다

음　騎馬 기마　騎士 기사　騎手 기수

椅 의자 의: 나무(木)로 기특하게(奇) 만든 의자

음　椅子 의자　車椅子 휠체어

司 맡을 사: 司는 后(임금/왕후/뒤 후)가 거울에 비친 모습. 따라서 司는 그림자처럼 임금 뒤에 따라다니면서 일을 맡아서 처리하다

음　司会 사회　司法 사법　上司 상사

后 임금/왕후 후: 임금의 몸(尸 몸 시) 뒤쪽=똥구멍=꽁무니(口=○)에 서 있는 왕후

* 厂는 尸의 변형

음　后妃 왕비　皇后 황후　皇太后 황태후

飼 **기를 사**: 먹이(食) 주는 일을 맡아서(司) 동물을 기르다

음　飼育 사육　飼料 사료

詞 **말 사**: 말(言)과 관계되는 일을 맡아서(司) 글로 남기다

음　歌詞 가사　作詞 작사　名詞 명사　動詞 동사

伺 **엿볼 사**: 사람(人)이 어떤 일을 맡아(司) 관리하면서 상태를 엿보다

훈　伺う 여쭤보다

嗣 **이을 사**: 조상이 입(口)으로 한 말을 책(冊 책 책)으로 적어서 계속 이어지도록 하는 일을 맡다(司)

음　後嗣 후사＝대를 잇는 사람

佳 **아름다울 가**: 사람(人)이 서옥(圭)처럼 아름답다

＊圭(서옥/영토 규): 서옥은 상스로운 구슬. ① 천자가 제후를 봉할 때 주는 신표를 서옥으로 만들었으니[서옥 규]. ② 그 신표의 모습이 흙(土)이 중첩된 圭였으니 [영토 규]

음　佳作 가작

街 **거리 가**: 서옥(圭)처럼 깨끗한 거리(行 갈 행)=신작로

＊신작로: 차가 다닐 수 있을 정도로 넓게 새로 만든 길

음　街路樹 가로수　街灯 가로등　商店街 상점가　繁華街 번화가

掛 **걸 괘**: 서옥(圭)처럼 좋은 점괘(卜점 복)를 종이에 적어서 손(扌=手)으로 벽에 걸다

훈　掛け算 곱산　掛け値 에누리　掛ける 걸다　掛る 걸리다

封 **봉할 봉**: 영토(圭)를 침범하지 못하게 손(寸)으로 막다=봉하다

　　* 寸(마디 촌): 손끝에서 맥박이 뛰는 손목까지의 길이=손

　　음　封印 봉인　開封 개봉　封建制度 봉건제도

涯 **물가 애**: 물(氵=水)이 언덕(厓)과 만나는 가장자리=물가=땅의 끝. 나아가 인생의 끝
　　=생애

　　* 厓(언덕 애): 흙덩이(圭)로 만들어진 기슭(厂 기슭 엄)

　　* 기슭: 바다나 강 등의 물과 맞닿아 있는 땅의 부분. 또는 산이나 처마 등의 비탈진
　　　곳의 아랫부분

　　음　生涯 생애　天涯 천애＝하늘과 땅 사이＝세상 끝　境涯 처지나 환경

崖 **언덕/벼랑 애**: 산(山) 아래에 있는 언덕(厓)=벼랑=낭떠러지

　　음　斷崖 단애＝깎아 세운 듯한 낭떠러지

行 **갈 행**: 彳(걸을 척)은 왼발로 걷는 모습. 亍(자축거릴 촉)은 오른발로 걷는 모습.
　　彳+亍=行 양발로 걸어서 가다

　　* 자축거리다: 다리에 힘이 없어 가볍게 다리를 절면서 걷다

　　음　銀行 은행　行動 행동　行事 행사　行列 행렬

衡 **저울대 형**: 길을 갈(行) 때 소가 뿔(角 뿔 각)로 사람(人)을 들이받지 못하게 뿔에 긴
　　막대기(一)를 가로로 묶어놓은 모습이 마치 저울대 같다

　　음　均衡 균형　平行 평형

桁 **도리 형**: 서까래가 움직이지(行) 않게 받치고 있는 기다란 나무(木)=도리. 나아가
　　도리를 위아래로 움직이면 자릿수가 달라지는 주판

　　훈　桁 자릿수　桁外れ 표준과 엄청나게 다름　桁違い 수의 차이가 매우 다름

陸 뭍 륙: 언덕(阝 언덕 부)과 언덕(坴)이 이어지는 뭍=육지

* 坴(언덕 륙): 갈라진(八) 흙(土)과 흙(土)이 겹겹이 쌓인 흙덩이=뭍=육지
* 八(여덟 팔): 어떤 물체가 두 쪽으로 대칭되게 나누어진 모습

_{りくち} 陸地 육지　_{りくじょう} 陸上 육상　_{ちゃくりく} 着陸 착륙　_{たいりく} 大陸 대륙

睦 화목할 목: 눈(目)을 맞추고 한 덩어리(坴)가 되어 화목하게 살다

_{しんぼく} 親睦 친목　_{わぼく} 和睦 화목

勢 형세 세: 흙덩이(坴)에 둥근(丸 둥글 환) 씨앗을 심으니(埶 심을 예) 자라는 형세가 힘차다(力)

_{せいりょく} 勢力 세력　_{うんせい} 運勢 운세　_{しせい} 姿勢 자세　_{じょうせい} 情勢 정세

熱 더울 열: 흙덩이(坴)에 둥근(丸 둥글 환) 씨앗을 심어(埶) 발아가 잘 되게 불(灬=火)을 지피니 덥다

_{ねっしん} 熱心 열심　_{ねっとう} 熱湯 열탕　_{げねつ} 解熱 해열　_{かねつ} 加熱 가열

藝 재주 예: 흙덩이(坴)에 둥근(丸) 씨앗을 심어(埶 심을 예), 온갖 식물(艹 풀 초)을 구름(云)이 일듯 예쁘고 풍성하게 키우는 재주

* 云은 雲(구름 운)의 획 줄임

芸 재주 예: 식물(艹 풀 초)을 구름(云)이 일듯 예쁘고 풍성하게 키우는 재주

_{げいじゅつ} 芸術 예술　_{えんげい} 演芸 연예　_{げいのう} 芸能 예능　_{こうげい} 工芸 공예

家 집 가: 집(宀 집 면) 안에서 돼지(豕)를 기르다. 집(宀) 아래에 돼지(豕)를 키워 뱀의 접근을 막았던 고대의 집

* 豕(돼지 시): 돼지의 머리, 네 다리, 꼬리 본뜬 모습

_{かぞく} 家族 가족　_{かじ} 家事 가사　_{かけい} 家計 가계　_{さっか} 作家 작가　_{こっか} 国家 국가

嫁 **시집갈 가**: 여자(女)가 시집을 가서 가정(家)을 이루다

음 転嫁 전가 = 남에게 덮어씌움

稼 **심을 가**: 가계(家)를 유지하기 위해 벼(禾 벼 화)를 심어 농사를 짓다 = 돈을 벌다

음 稼業 가업 = 생업 稼動 가동

豚 **돼지 돈**: 살(月 육달 월)이 찐 돼지(豕)

음 豚舍 돈사 = 돼지우리 養豚 양돈 豚カツ 돈가스

象 **코끼리 상**: 코끼리를 본뜬 모습. 뿔(角)이 달린 돼지(豕) = 코끼리

* 象의 윗부분은 角(뿔 각)의 획 줄임

음 象徴 상징 印象 인상 対象 대상 現象 현상 象牙 상아

像 **모양 상**: 사람(人)이 코끼리(象)의 모양을 본떠서 그리다

음 映像 영상 肖像 초상 画像 화상 想像 상상

逐 **쫓을 축**: 돼지(豕) 무리를 쫓아내다(辶 갈 착)

음 駆逐艦 구축함 逐一 하나하나 차례로, 낱낱이 상세하게

遂 **드디어 수**: 풀숲을 헤치며(八) 쏘다니는 멧돼지(豕) 무리를 뒤쫓아 가서(辶 갈 착) 드디어(마침내) 잡으니, 원하던 목표를 드디어 이루다 = 완수하다

* 八(여덟 팔): 어떤 물체가 두 쪽으로 대칭되게 나누어진 모습

음 遂行 수행 未遂 미수 完遂 완수

緣 **인연 연**: 돼지(彖)가 주둥이(彑 = ⺕ 돼지머리 계)로 물어뜯어 끊어진(彖 끊을 단) 곳을 실(糸)로 잇다 = 인연

* ⺕ = 彐 = 彑(돼지머리 계): 돼지의 뾰족한 코 앞이 위로 드러나 있는 모습. 돼지의

주둥이는 사람의 손 역할

음　縁側 툇마루　縁談 혼담　絶縁 절연　因縁 인연

塚 **무덤 총**: 제물로 바친 돼지(豕)의 다리를 묶어서(豖 발 얽은 돼지 축) 흙(土)으로 덮은(冖 덮을 멱) 큰 무덤

塚 **무덤 총**: 제물로 바친 돼지(豕)를 흙(土)으로 덮은(冖) 큰 무덤

음　塚 무덤

加 **더할 가**: 쟁기질(力)을 하는 사람을 보고 더욱 열심히 하라고 말하다(口)

＊力(힘 력): 쟁기를 그린 모습. 또는 팔에 힘줄이 드러난 모습

음　加入 가입　加工 가공　参加 참가　追加 추가

架 **시렁 가**: 나무(木)를 여러 개 더해서(加) 만든 시렁

＊시렁: 긴 나무를 가로질러 선반처럼 만든 것

음　架橋 가교　書架 서가　担架 들것　架設 가설

賀 **하례할 하**: 좋은 일이 있을 때는 재물(貝)을 더(加) 주어서 하례하다

＊하례하다: 새해를 맞아 축하하는 의례

음　祝賀 축하　謹賀 근하＝삼가 축하함　年賀状 연하장　謹賀新年 근하신년

各 **각각 각**: 뒤져서(夂 뒤져서 올 치) 가다가 목적지를 물으니(口) 나오는 말이 각각 다르다

음　各自 각자　各地 각지　各種 각종　各国 각국

客 **손 객**: 집(宀 집 면)으로 들어온 각각(各) 다른 사람들＝손님

음　客席 객석　客観 객관　乗客 승객　観客 관객　旅客機 여객기

格 **격식 격**: 나무(木)는 품종에 따라 각각(各) 자라는 격식이 다르다

  🔲 格差 _{かくさ} 격차 格好 _{かっこう} 모양=모습 性格 _{せいかく} 성격 合格 _{ごうかく} 합격

落 **떨어질 락**: 물(氵=水)에 젖은 풀잎(艹)이 각각(各) 하나하나 아래로 떨어지다

  🔲 落下 _{らっか} 낙하 落第 _{らくだい} 낙제 落書き _{らくが} 낙서 下落 _{げらく} 하락

絡 **이을/얽을 락**: 실(糸)로써 서로 다른 각각(各)을 하나로 잇다

  🔲 連絡 _{れんらく} 연락 短絡 _{たんらく} 단락 脈絡 _{みゃくらく} 맥락

酪 **쇠젖 락**: 쇠젖을 술(酉)로 발효시켜 각각(各) 잔에 담아 마시다

  * 酉: 뚜껑이 있는 술병에 술이 들어있는 모습

  🔲 酪農 _{らくのう} 낙농 酪農家 _{らくのうか} 낙농가 乳酪 _{にゅうらく} 버터나 치즈 등의 낙농품

略 **간략할 략**: 주인이 각각(各) 다른 남의 밭(田 밭 전)에 들어가 약탈하다[약탈할 략].
약탈할 때는 경황이 없어 중요한 물건만 간략하게 챙겨서 간다[간략할 략]

  🔲 略図 _{りゃくず} 약도 略歴 _{りゃくれき} 약력 省略 _{しょうりゃく} 생략 侵略 _{しんりゃく} 침략

賂 **뇌물 뢰**: 재물(貝)을 각각(各)의 사람에게 뇌물로 바치다

  🔲 賄賂 _{わいろ} 뇌물

額 **이마 액**: 손님(客 손 객)의 머리(頁 머리 혈)를 헤아려 금액을 정하다. 손님의 이마처
럼 드러나게 걸어놓은 액자

  🔲 額縁 _{がくぶち} 액자 金額 _{きんがく} 금액 残額 _{ざんがく} 잔액 差額 _{さがく} 차액

月 **달 월**: 초승달을 그린 모습

  🔲 月末 _{げつまつ} 월말 月曜日 _{げつようび} 월요일 一月 _{いちがつ} 1월 生年月日 _{せいねんがっぴ} 생년월일

明 **밝을 명**: 해(日)와 달(月)이 바뀌면서 밝은 아침이 오다

　음　明暗 명암　明白 명백　自明 자명　発明 발명

夕 **저녁 석**: 달(月)이 반쯤(夕) 떠 있는 모습. 또는 초승달이 구름에 가린 모습＝저녁

　음　一朝一夕 일조일석＝하루아침

名 **이름 명**: 저녁(夕)에는 얼굴이 보이지 않아 입(口)으로 이름을 부른다

　음　人名 인명　有名 유명　地名 지명　姓名 성명　名字 성

銘 **새길 명**: 쇠(金)에 이름(名)을 새기다. 또는 쇠(金)로 이름(名)을 새기다

　음　銘柄 상품의 상표　感銘 감명　座右の銘 좌우명

夢 **꿈 몽**: 풀밭(艹)에서 눈(罒=目)을 감고(冖 덮을 멱) 저녁(夕)에 꾸는 꿈

　음　夢中 열중＝몰두　夢想 몽상　悪夢 악몽

外 **바깥 외**: 저녁(夕)에 점(卜 점 복)을 치는 것은 예상 밖이다

　*매일 아침에 그날 운수를 점치는 것이 일반적

　음　外国 외국　海外 해외　外食 외식　以外 이외　外部 외부　外科 외과

宛 **완연할/굽을 완**: 집(宀 집 면)에서 저녁(夕)에 잠을 못 이루고 몸을 굽혀서(㔾 병부절) 데굴데굴 뒹굴듯이(宛 누워 뒹굴 원), 편지 따위를 둥글게 말아서 보내다

　훈　宛名 수신인 이름　宛先 수신인 주소

腕 **팔뚝 완**: 몸(月 육달 월)에서 둥글고 잘 굽어지는(宛) 팔뚝

　음　腕力 완력　腕白 어린 장난꾸러기　手腕 수완

63

怨 **원망할 원**: 밤에 잠 못 이루고 데굴데굴 뒹굴(夗 누워 뒹굴 원) 정도의 마음(心)=원망

음 怨恨 원한

多 **많을 다**: 저녁(夕)이 거듭되니(多) 날의 수가 많아진다.

음 多少 다소 多分 다분=아마 多数 다수 多様 다양

移 **옮길 이**: 모판에 밀집되게 많이(多) 키운 벼(禾 벼 화)를 논에 옮겨서 심다

＊모판: 모(벼, 채소 등 농작물의 어린싹)를 기르는 장소 또는 도구

음 移住 이주 移民 이민 推移 추이 転移 전이

夜 **밤 야**: 저녁(夕)이 더욱(亦) 깊어지면 밤이다

＊夕+亦(또 역)의 획 줄임=夜

음 夜食 야식 夜景 야경 今夜 오늘밤 深夜 심야

液 **진 액**: 물(氵=水)이 어두운 밤(夜)처럼 진하다

음 液体 액체 液状 액상 血液 혈액

干 **방패 간**: 손잡이가 있는 방패 모습

음 干潮 간조 干渉 간섭 干拓 간척 若干 약간

刊 **새길 간**: 방패(干)처럼 평평한 널빤지에 칼(刂=刀)로 글자나 무늬를 새기다

음 刊行 간행 週刊誌 주간지 朝刊 조간 新刊 신간

肝 **간 간**: 몸(月 육달 월)에서 방패(干)처럼 독소 침입을 막아주는 간

음 肝臓 간장 肝心 중요함 肝要 매우 중요함

幹 줄기 간: 이른 아침(卓)에 사람(人)이 식물을 심으면서 줄기가 넘어지지 않게 방패(干) 역할을 하는 지지대(干)를 세우다. 줄기 또는 줄기를 세워서 지탱하는 사람

* 卓: 아침 햇살(日)이 수목(艹) 사이로 비치는 모습

음 幹部 간부　語幹 어간　根幹 근간　幹線 간선

岸 언덕 안: 산(山)의 가파른 바위(厂 기슭 엄)가 방패(干)처럼 깎인 언덕=산과 물의 접점 부분

음 岸壁 안벽=벼랑　海岸 해안　沿岸 연안

汗 땀 한: 체온이 오르는 것을 막기(干) 위해 몸에서 흐르는 물(氵=水)=땀

음 汗腺 땀샘　発汗 발한

平 평평할 평: 흙(土)을 양쪽으로 펼쳐서(八) 방패(干)처럼 평평하게 고르다

* 八(여덟 팔): 어떤 물체가 두 쪽으로 대칭되게 나누어진 모습

음 平和 평화　平均 평균　平日 평일　平等 평등

評 평할 평: 평을 할 때는 말(言)을 치우치지 않고 공평하게(平) 해야 한다

음 評判 평판　講評 강평　批評 비평　好評 호평

坪 들 평: 흙(土)을 평평하게(平) 고른 들판

훈 坪 평=면적의 단위　一坪 한 평

研 갈 연: 돌(石)을 두 개의 방패(开 평평할 견)를 이은 것처럼 평평하게 갈다=연마하다

음 研究 연구　研修 연수　研磨 연마

刑 형벌 형: 죄인을 평평한(开) 형틀에 묶어놓고 칼(刂=刀)로 목을 베는 형벌

음 刑罰 형벌 刑務所 형무소 実刑 실형 死刑 사형

形 모양 형: 죄수가 형틀(刑)에 앉아 머리카락(彡 터럭 삼)을 늘어뜨리고 있는 모양

음 形式 형식 形容詞 형용사 図形 도형 形相 형상 人形 인형

型 모형 형: 처형장(土)에서 형벌(刑)의 본보기(모형=틀)를 보이다

음 典型 전형 模型 모형 体型 체형 原型 원형

日 날 일: 둥근 해(口=○)가 지구를 한(一) 바퀴 돌면 하루

＊ 한자에서 ○은 口으로 표기

음 一日 하루 毎日 매일 平日 평일 休日 휴일 本日 오늘

旦 아침 단: 해(日)가 지평선(一) 위로 떠오르는 아침

음 元旦 설날 一旦 일단=한 번 旦那 남편

但 다만 단: 사람(人)이 아침 해(旦)가 떠올라 기온이 높아지니 상의를 벗고 다만 하의만 입고 있다

＊ 但=袒(웃통 벗을 단)

음 但し 단=단지

壇 단 단: 아침 해(旦)가 높이 떠오르듯이, 흙(土)으로 만든 창고(亶 곳집 름)에 쌓아둔 음식을 제단 위에 듬뿍 올려놓고 제사를 지내는 단

＊ 亶: 창고의 지붕(亠)과 몸채(回) 모습

음 壇上 단상 祭壇 제단 仏壇 불단 教壇 교단 土壇場 막판

担 멜 담: 아침 해(旦)가 높이 떠오르듯이, 손(扌=手)으로 들어 올려서 어깨에 메다

음 担当 담당　担任 담임　分担 분담　負担 부담

胆 쓸개 담: 세상에서 해(旦)가 으뜸이듯이, 몸(月 육달 월)에서 가장 중요한 쓸개

음 胆石 담석　落胆 낙담　大胆 대담

量 헤아릴 량: 아침 해(旦)가 높이 떠오르듯이, 곡물 따위를 높이 들어 올려 무게(里)를 헤아리다

* 里: 앉은뱅이저울을 그린 모습

음 量産 양산＝대량생산　質量 질량　測量 측량　用量 용량

糧 양식 량: 무게를 헤아려서(量) 저장해둔 쌀(米 쌀 미)=양식

음 食糧 식량　兵糧 군량

早 이를 조: 햇살(日)이 사방(十)으로 비치기 시작하는 이른 아침

음 早朝 조조　早退 조퇴　早速 조속＝즉시

草 풀 초: 이른(早) 봄에 돋아나는 풀(艹)

음 草原 초원　海草 해초　草木 초목　草書 초서

卓 높을 탁: 이른 해(早)가 떠오르듯이, 사람(卜=人)이 높은 자리에 오르다

음 卓球 탁구　卓上 탁상　食卓 식탁　卓越 탁월

悼 슬퍼할 도: 일찍(早) 죽은 사람(卜=人)에 대한 심정(忄=心)=슬프다

음 哀悼 애도　追悼 추도

宣 베풀 선: 집(宀 집 면)에 있는 물건을 펼쳐서 베풀다(亘 베풀 선)

* 亘(베풀 선): 햇살(日)이 하늘(一)과 땅(一)에 널리 퍼져 나가다(亘)=베풀다

_음 宣言^{せんげん} 선언 宣伝^{せんでん} 선전 宣誓^{せんせい} 선서 宣告^{せんこく} 선고

垣 담 원: 흙(土)을 펼쳐서(亘) 쌓은 담

_훈 垣^{かき} 울타리 垣根^{かきね} 울타리 竹垣^{たけがき} 대나무 울타리 石垣^{いしがき} 돌담

恒 항상 항: 하늘과 땅에 펼쳐진(亘) 햇살처럼 변함이 없는 마음(忄=心)=항상심

_음 恒例^{こうれい} 항례=정기적인 의식이나 행사 恒星^{こうせい} 항성 恒久^{こうきゅう} 항구=영구

朝 아침 조: 해(日)가 수풀(艹) 사이로 돌아 올랐으나(卓 해 돋을 간) 달(月)은 아직 지지 않은 아침

_음 朝食^{ちょうしょく} 조식 朝刊^{ちょうかん} 조간 早朝^{そうちょう} 조조

潮 밀물/조수 조: 아침(朝) 햇살이 밀려오듯이, 바닷물(氵=水)이 주기적으로 밀려오는 밀물

_음 潮流^{ちょうりゅう} 조류 満潮^{まんちょう} 만조 干潮^{かんちょう} 간조

嘲 비웃을 조: 아침(朝) 해가 비웃듯이(口) 풀숲 사이에서 모습을 나타내다

_음 嘲笑^{ちょうしょう} 조소 嘲弄^{ちょうろう} 조롱 自嘲^{じちょう} 자조

乾 마를 건: 아침 햇살이 돋으니(卓) 사람(人)도 새(乙)도 목이 마르다

_음 乾杯^{かんぱい} 건배 乾燥^{かんそう} 건조 乾電池^{かんでんち} 건전지 乾季^{かんき} 건기

傑 뛰어날 걸: 사람(人)이 횃대(桀)처럼 높은 자리에 올라서니 뛰어나다

* 桀(홰 걸): 새장이나 닭장에 새나 닭이 올라앉게(舛) 가로질러 놓은 나무(木) 막대

＊舛(어그러질 천): 왼발(夂=夊 뒤져서 올 치)과 오른발(ヰ 걸을 과)이 좌우로 교차해서 걸어가는 모습

음 傑作 걸작

瞬 눈 깜짝할 순: 손(爪)이 눈(目)을 향해서 가면(舛) 순간적으로 깜박인다

음 瞬間 순간　瞬時 짧은 순간　瞬発力 순발력　一瞬 일순간

無 없을 무: 무당 두 사람(人)이 양손에 깃털(丿)을 들고 발(灬)로 뛰면서 춤을 추는 모습. 무당이 춤을 출 때는 무념무상으로 아무런 생각이 없다

＊無는 舞(춤출 무)의 원래 글자

음 無理 무리　無料 무료　有無 유무　皆無 전무=전혀 없음　無事 무사

舞 춤출 무: 무념무상(無) 상태로 두 발(舛)로 뛰면서 춤추다

음 舞台 무대　舞踊 무용　鼓舞 고무　演舞 연무=춤 연습

衛 지킬 위: 성(口 에운담 위)을 에워싸고(韋 에워쌀 위) 발(舛)로 다니면서(行 다닐 행) 지키다

＊舛: 왼발(夂=夊 뒤져서 올 치)과 오른발(ヰ 걸을 과)이 좌우로 교차해서 걸어가는 모습

음 衛生 위생　衛星 위성　防衛 방위　護衛 호위

偉 클 위: 성(口)을 에워싸서(韋) 지켜낸 큰 사람(人)=위인

음 偉人 위인　偉人伝 위인전　偉大 위대　偉業 위업

違 어긋날 위: 성(口)을 에워싸고(韋) 지키는 병사가 무단으로 가버리니(辶 갈 착) 법에 어긋나다

違 **을** 違反 위반　違法 위법　違約 위약　相違 상위

緯 **위도/씨 위**: 베틀에서 베를 짤 때 실(糸)을 북으로 에워싸서(韋) 좌우로 움직이는 씨줄

* 북: 씨줄을 감아놓은 에워싼 길쭉한 도구

을 緯度 위도　北緯 북위　経緯 경위

韓 **나라 한**: 아침 햇살(卓 해돋을 간)이 에워싼(韋) 아름다운 나라

을 韓国 한국　韓国語 한국어　訪韓 방한

囲 **에워쌀 위**: 둥글게(○=口) 에워싸다(韋)

* 한자에서 ○은 口으로 표기

囲 **에워쌀 위**: 우물(井 우물 정)처럼 둥글게 에워싸다(○=口 에운담 위)

을 囲碁 바둑　周囲 주위　範囲 범위　包囲 포위

井 **우물 정**: 나무를 네모로 겹쳐놓은 우물의 난간 모습

을 市井 시정＝거리　天井 천정

丼 **우물 정**: 우물(井)에 두레박(丶)이 달린 모습. 우물에 두레박을 내리면 '통'하는 소리가 난다. 또는 우물처럼 아래가 움푹 들어간 밥그릇 중앙에 고기 등의 반찬을 올려놓은 모습

을 牛丼 소고기덮밥　天丼 튀김덮밥　親子丼 닭고기 계란덮밥

目 **눈 목**: 눈(目=罒)을 그린 모습

을 目的 목적　注目 주목　面目 면목

眉 눈썹 미: 눈(目) 위에 있는 문짝(尸) 모양의 눈썹

> 음 白眉 백미＝가장 뛰어난 것 眉間 미간

相 서로 상: 필요한 목재를 얻기 위해 나무(木)와 서로 마주보다(目)

> 음 相場 상장 相対 상대 真相 진상 首相 수상 相撲 일본 씨름

想 생각 상: 나무(木)와 서로 마주 보고 서서(目), 어느 나무를 자를지 마음(心)으로 생각하다

> 음 想像 상상 予想 예상 空想 공상 思想 사상 愛想 붙임성

箱 상자 상: 대나무(竹 대 죽)를 서로(相) 교차해서 만든 상자

> 훈 箱 상자 ごみ箱 쓰레기통 重箱 찬합 筆箱 필통

霜 서리 상: 비(雨)가 서로(相) 얼어붙어 만들어진 서리

> 음 霜害 서리 피해

見 볼 견: 눈(目)으로 사람(儿 사람 인)이 보다

> 음 意見 의견 見学 견학 発見 발견 見物 구경

寬 너그러울 관: 집(宀 집 면)에서 초목(艹)을 보면서(見) 여유롭게 지내는 사람＝너그럽다

> 음 寬大 관대 寬容 관용

視 볼 시: 신(ネ＝示 보일 시)을 보다(見)

> *示(보일 시): 신에게 제물을 바치는 제단(示). 여기에 신이 나타나 모습을 보이다
>
> 음 視力 시력 視野 시야 重視 중시 近視 근시

現 **나타날 현**: 옥(王)을 갈면 무늬가 눈에 보이게(見) 나타난다

    * 王(임금 왕)은 玉(구슬 옥)의 획 줄임

    음   現代 현대   現在 현재   表現 표현   再現 재현

匂 **향내 내**: 비수(匕)에 맞아 관으로 둘러싸인(勹 쌀 포) 고인의 명복을 빌기 위해서 피운 향냄새

    * 匕(비수 비): 사람(人)이 비수에 맞아 몸을 웅크리고 있는 모습

    훈   匂う 냄새나다   匂い 냄새

渴 **목마를 갈**: 목소리를 높이니(曷) 침(氵=水)이 마르다

    * 曷(어찌 갈): 어찌해서 사람이 죽었는지(匃) 납득할 수가 없어 말소리를 해(日)처럼 높이다

    * 匃=匂: 사람(人)이 관(勹) 속에 덮여있는 모습

    * 匕(비수 비): 사람(匕=人)이 비수를 맞고 몸을 웅크리고 있는 모습

    음   渴望 갈망   枯渴 고갈   渴水 물이 마름   飢渴 기갈=굶주림과 목마름

喝 **꾸짖을 갈**: 목소리(口)를 높여서(曷) 꾸짖다

    음   喝采 갈채   恐喝 공갈   一喝 일갈=큰소리로 꾸짖음

葛 **칡 갈**: 높이(曷) 올라가면서 다른 나무를 말려 죽이는 풀(艹)=칡

    음   葛藤 갈등

褐 **갈색 갈**: 흰옷(衤=衣 옷 의)을 높이(曷) 올려서 말리면 갈색으로 변한다

    음   褐色 갈색   褐炭 갈탄

揭 **걸 게**: 손(扌=手)으로 높이(曷) 올려서 걸다

음 掲載 게재 掲示 게시

謁 뵐 알: 윗사람을 뵐 때는 말(言)을 높인다(曷)

음 謁見 알현＝높은 사람을 찾아가 뵘 拝謁 배알＝높은 사람을 찾아가 뵘

甘 달 감: 감초(艹)를 입(口)에 넣으면 단맛이 난다

* 甘草(감초): 콩과에 속하는 여러해살이풀로, 뿌리는 말려서 한약재로 사용하는데, 그 맛이 달기 때문에 감초라 한다

음 甘受 감수＝달게 받음 甘味料 감미료

紺 감색 감: 감초(艹) 꽃으로 물들인 실(糸)의 색은 감색＝연보라색＝하늘색이다

음 紺 감색 紺色 감색

某 아무 모: 나무(木)에 열린 과실이 언제 달게(甘) 익을지 아무도 모른다. 또는 나무(木)에 열린 과실이 달게(甘) 익으면 아무라도 따먹는다

음 某所 모처 某氏 모씨 某国 모국 某地 모지＝어느 곳

媒 중매 매: 여자(女)를 아무개(某)에게 중매하다

음 媒介 매개 媒体 매체 触媒 촉매 媒酌 중매

謀 꾀 모: 말(言)로써 아무도(某) 모르게 일을 꾀하다

* 꾀하다: 어떤 일을 이루려고 뜻을 두거나 힘을 쓰다

음 謀略 모략 陰謀 음모 首謀 수모 謀反 모반

甲 갑옷 갑: 밭(田 밭 전)에서 씨앗이 단단한 껍질을 뒤집어쓰고 뚫고(ㅣ 뚫을 곤) 나오는 모습. 또는 거북(甲)처럼 단단한 갑옷(甲)을 입은 모습

음 甲乙 갑을　甲板 갑판　甲羅 등딱지　亀甲 거북의 등딱지

岬 곶 갑: 산(山)이 거북(甲)의 꼬리(ㅣ)처럼 바다 쪽으로 뾰족하게 뻗은 곳

훈 岬 곶＝바다나 호수로 가늘게 뻗어있는 육지의 끝부분

押 누를 압: 손(扌＝手)으로 밭(田)에서 씨앗을 눌려서(ㅣ 뚫을 곤) 심다

음 押収 압수　押印 압인＝날인

由 말미암을 유: 밭(田)이 있음으로 말미암아 싹이 땅을 뚫고(ㅣ 뚫을 곤) 나온다

* 말미암다: 어떤 현상이나 사물 따위가 원인이나 이유가 되다

음 由来 유래　経由 경유　自由 자유　理由 이유　由緒 유서＝유래

袖 소매 수: 옷(礻＝衣 옷 의)으로 말미암은(由) 소매

음 領袖 영수＝우두머리

油 기름 유: 물(氵＝水)로 말미암은(由) 기름

음 油田 유전　油断 방심＝부주의　石油 석유　醤油 간장

笛 피리 적: 대나무(竹)로 말미암아(由) 소리를 내는 피리

음 汽笛 기적＝고동　警笛 경적　鼓笛 고적＝북과 피리

抽 뽑을 추: 손(扌＝手)으로 말미암아(由) 뽑다

음 抽選 추첨　抽象 추상　抽出 추출

軸 굴대 축: 차(車)는 굴대로 말미암아(由) 굴러간다

* 굴대: 수레바퀴의 한가운데에 뚫린 구멍에 끼우는 나무 막대나 쇠막대=축

음 縱軸 종축＝세로축　橫軸 횡축＝가로축　地軸 지축　車軸 차축

康 편안할 강: 집(宀 집 면)에 미치니(隶) 마음이 편안하다

* 隶(미칠 이): 손(ㅋ=彑 돼지머리 계)이 물(氺=水)에 닿다＝미치다

음 健康 건강　小康 소강＝소란이 그치고 잠잠한 상태

逮 잡을 체: 닿아(隶) 가서(辶 갈 착) 잡다

음 逮捕 체포

隸 종 례: 선비(士 선비 사)의 시선(示 보일 시)이 미치는(隶) 곳에 있는 종

음 隸屬 예속　隸書 예서　奴隸 노예

款 항목 관: 선비(士)가 서류의 각 항목에 흠(欠 하품 흠)이 보이는지(示 보일 시) 정성을 다해 확인하다

* 관(款)은 회계 분류의 가장 큰 단위로, 재무제표의 주요 항목. 예를 들면 자산, 부채, 자본, 수익, 비용 등이 관에 해당

음 約款 약관　借款 차관　定款 정관　落款 낙관

丁 고무래/장정 정: 곡식이나 아궁이의 재를 긁어모으고 펴거나, 밭의 흙을 고르는 데 쓰는 丁자 모양의 긴 농기구. 나아가 노동의 주체인 건장한 장정

음 一丁目 1번지=1번가　丁寧 정중＝공손　裝丁 장정＝책을 제본하고 겉모습을 꾸미는 작업

寧 편안할 녕: 집(宀 집 면)에서 탁자(丁) 위에 그릇(皿 그릇 명)을 올려놓고 밥을 먹으니 마음(心)이 편안하다

* 皿는 皿의 획 줄임

음 安寧^{あんねい} 안녕　丁寧^{ていねい} 정중함

貯 **쌓을 저**: 집(宀 집 면)에 재물(貝)을 고무래(丁)처럼 높이 쌓다=저장하다

음 貯金^{ちょきん} 저금　貯蓄^{ちょちく} 저축　貯蔵^{ちょぞう} 저장　貯水池^{ちょすいち} 저수지

町 **밭두둑 정**: 밭(田 밭 전)에 고랑을 만들기 위해 고무래(丁)로 쌓아 올린 밭두둑. 나아가 경계선 또는 그 경계선의 길이 단위. 1町=약 110m

음 町長^{ちょうちょう} 마을의 장　五丁目^{ごちょうめ} 5정목＝5번가

頂 **정수리 정**: 고무래(丁)의 머리(頁 머리 혈)=정수리

음 頂点^{ちょうてん} 정점　頂上^{ちょうじょう} 정상　絶頂^{ぜっちょう} 절정　山頂^{さんちょう} 산꼭대기

訂 **바로잡을 정**: 고무래(丁)로 곡식이나 흙을 평평하게 고르듯이, 말(言)을 다듬어서 바로잡다

음 訂正^{ていせい} 정정　改訂^{かいてい} 개정　校訂^{こうてい} 교정＝글귀를 바르게 고침

亭 **정자 정**: 고무래(丁)처럼 높이(高 높을 고) 지은 집=정자

* 亠+口+冖는 高(높을 고)의 획 줄임

음 亭主^{ていしゅ} 남편=집주인　料亭^{りょうてい} 요정

停 **머무를 정**: 사람(人)이 정자(亭)에 머무르다

음 停止^{ていし} 정지　停留所^{ていりゅうじょ} 정류소　停電^{ていでん} 정전　停戦^{ていせん} 정전

打 **칠 타**: 손(扌=手)에 고무래(丁)를 들고 치다=타격하다

음 打者^{だしゃ} 타자　打破^{だは} 타파　安打^{あんだ} 안타　乱打^{らんだ} 난타

岡 **언덕 강**: 언덕의 광산(山)에서 철광석을 퍼 올리는(⺍=廾 두 손으로 받들 공) 입구 (冂) 모습

〔훈〕 岡山県 오카야마현 岡持ち 요리 배달용 통

鋼 **강철 강**: 언덕의 광산(岡)에서 퍼 올린(⺍=廾) 강한 쇠(金)=강철

〔음〕 鋼鉄 강철 製鋼 제강 鉄鋼 철강

金 **쇠 금**: 쇠를 녹일 때 사용하는 화로 모습

〔음〕 金曜日 금요일 税金 세금 金庫 금고

綱 **벼리 강**: 광산(岡)처럼 강한 실(糸)=벼리

* 벼리: 물고기를 잡는 그물을 잡아당길 수 있게 한 동아줄. 또는 일이나 글에서 뼈대가 되는 줄거리

〔음〕 大綱 대강=근본적인 사항 要綱 요강

剛 **굳셀 강**: 광산(岡)도 벨 수 있는 굳센 칼(刂=刀)=굳세다

〔음〕 剛球 강속구 金剛 금강

介 **끼일 개**: 사람(人)과 사람(儿 사람 인) 사이에 끼이다

〔음〕 介護 간호 介入 개입 紹介 소개 媒介 매개

界 **지경 계**: 밭(田)과 밭 사이에 끼어있는(介) 경계선=지경

〔음〕 世界 세계 業界 업계 境界 경계 他界 타계

去 **갈 거**: 남의 땅(土)을 사사로이(厶) 지나가다

* 厶(사사 사): 팔을 몸 안쪽으로 굽혀서 끌어당기는 모습=사사롭다

음 去年 작년　除去 제거　退去 퇴거　過去 과거

却 물리칠 각: 무릎을 꿇리고(卩 병부 절) 물리치다(去)=쫓아내다

음 却下 각하=기각=신청을 물리침　返却 반환=반납　売却 매각　焼却 소각

脚 다리 각: 무릎을 굽혀서(卩) 몸(月 육달 월)을 가게(去) 하는 다리

음 脚本 각본　脚色 각색　立脚 입각　三脚 삼각

蓋 덮을 개: 그릇(皿) 속의 물건이 사라지지(去) 않도록 풀(艹)로 덮다

음 蓋然 개연　口蓋 구개=입천장

法 법 법: 물(氵=水)이 흘러가듯(去 갈 거) 순리에 맞아야 하는 법

음 法律 법률　法則 법칙　方法 방법

建 세울 건: 붓(聿 붓 율)으로 글을 써 내려갈(廴 길게 걸을 인) 때는 붓을 직각으로 세운다

* 聿: 손(⺕)으로 붓을 쥐고 있는 모습. 또는 붓대를 수직으로 세우고(丨) 다섯 손가락 중 세(三) 개의 손가락으로 붓대를 쥐고 있는 모습
* ⺕(돼지머리 계): 돼지의 머리는 사람의 손 역할

음 建設 건설　建築 건축　再建 재건　建立 건립

健 굳셀 건: 사람(人)은 몸을 똑바로 세워야(建) 굳세고 건강하다

음 健康 건강　健全 건전　健闘 건투　保健 보건

鍵 열쇠 건: 자물쇠(金)에 수직으로 세워(建) 넣어서 여는 열쇠

훈 鍵 열쇠　合鍵 여벌 열쇠　鍵穴 열쇠 구멍

律 법칙 **률**: 나아갈(彳걸을 척) 바를 붓(聿)으로 적어놓은 법칙

> 律令 율령　規律 규율　一律 일률＝한결같음　調律 조율

書 글 **서**: 붓(聿)으로 말(曰 가로 왈)을 글로 쓰다

> 書店 서점　図書館 도서관　遺書 유서　書類 서류

肅 엄숙할 **숙**: 적막한 연못(𣶒못 연) 주변에서 엄숙한 마음으로 붓(肀)으로 글을 쓰다

* 𣶒(못 연): 정체된 물이 고여(一) 있는 모습
* 肀: 聿(붓 율)의 획 줄임

粛 엄숙할 **숙**: 물(氺=水)이 고인(一) 적막한 연못 주변(丿丨)에서 엄숙한 마음으로 붓(肀)으로 글을 쓰다

> 粛清 숙청　厳粛 엄숙　自粛 자숙　静粛 정숙

津 나루 **진**: 물(氵=水)에서 붓(聿)의 움직임처럼 배들이 매끄럽게 드나드는 나루

* 나루: 강이나 바닷가에서 배가 건너다니는 곳. 津(진)＜浦(포)＜港(항)
> 津波 쓰나미＝해일　津々浦々 방방곡곡

筆 붓 **필**: 대나무(竹)로 만든 붓(聿)

> 筆者 필자　万年筆 만년필　鉛筆 연필　筆順 필순

竹 대 **죽**: 댓잎이 아래로 드리워진 모습

> 竹 대나무　竹細工 죽세공　竹刀 죽도

畵 그림 화/그을 **획**: 붓(聿 붓 율)으로 밭(田)의 경계선(凵)을 그림으로 그리다

画 그림 화/그을 **획**: 붓(丁)으로 밭(田)의 경계선(凵)을 그림으로 그리다

* 丁: 聿(붓 율)의 획 줄임

음　画家 화가　映画 영화　漫画 만화　計画 계획　企画 기획

巾　**수건 건:** 옷걸이 또는 빨랫줄에 걸어둔 수건 모습

　음　巾着 주머니　布巾 행주　雑巾 걸레

市　**저자 시:** 머리(亠 머리부분 두)에 수건(巾)을 쓰고 물건을 사고파는 저자=시장

　음　市内 시내　市外 시외　市民 시민　都市 도시

姉　**손윗누이 자:** 시장(市)에 갈 정도로 성숙한 여자(女)=손윗누이

　음　姉妹 자매

柿　**감나무 시:** 나무(木)에 달린 감을 시장(市)에 나가 팔기 위해 숙성시키다

　음　熟柿 홍시

肺　**허파 폐:** 몸(月 육달 월)에서 시장(市)처럼 바쁘게 움직이는 허파

　음　肺 폐　肺炎 폐렴　肺癌 폐암　肺活量 폐활량

刷　**인쇄할 쇄:** 칼(刂=刀)로 새긴 글이나 문양을 천(巾)에 찍어내는 집(尸)=인쇄소

　* 尸: ①사람이 죽어서 누워있는 모습[주검 시]. ②집의 지붕과 처마 모습[집 시]

　음　刷新 쇄신　印刷 인쇄　縮刷 축쇄판　増刷 증쇄

飾　**꾸밀 식:** 밥(食)을 먹기 위해 사람(人)이 수건(巾)으로 식탁을 꾸미다

　음　装飾 장식　修飾 수식　服飾 복식　粉飾 분식＝겉치레

帯　**띠 대:** 천(巾)을 겹겹이 덮어(冖 덮을 멱) 씌운, 왕이나 고급관료의 띠에 붙어있는 장
식물(丗) 모습

음 携帯 휴대   地帯 지대   一帯 일대

滞 **막힐 체**: 물(氵=水)에 띠(帯)를 두르면 흐름이 막힌다

음 滞在 체재=체류   滞納 체납   渋滞 정체   停滞 정체

布 **베/펼 포**: 손(ナ)으로 수건(巾)을 펴다

* ナ: 又(또 우)의 변형으로, 손바닥을 펴고 있는 모습

음 布団 이불   布教 포교   毛布 모포   財布 지갑

希 **바랄 희**: 찢어진(乂 벨 예) 베(布) 옷을 바꾸길 바라다

* 乂: 가위 모양으로 풀 따위를 베는 예리한 도구

음 希望 희망   希少 희소   希薄 희박   希求 희구

怖 **두려워할 포**: 죽어서 삼베옷(布)을 입어야 하는 생각을 하니 마음(忄=心)이 두렵다

음 恐怖 공포   畏怖 두려움

席 **자리 석**: 집(广 집 엄)에서 여러(廿) 사람이 둘러앉을 수 있도록 수건(巾)을 깔아둔 자리

* 廿(스물 입): 두 개의 열(十十 열 십)을 끈(一)으로 묶어서 합한 스물

음 席次 석차   着席 착석   出席 출석   主席 주석=최고 책임자

度 **법도 도**: 집(广)에 여러(廿) 물건들을 모아놓고 법도에 따라 손(又)으로 길이나 무게를 재다

음 温度 온도   今度 이번=금번   度胸 담력=배짱   法度 법도   支度 준비=채비

渡 **건널 도**: 법도(度)에 따라 물(氵=水)의 깊이를 재면서 건너다

81

渡航 도항　渡米 도미＝미국으로 감　渡来 도래　讓渡 양도

庶 **여러 서**: 집(广)에서 여러(卄) 사람들이 불(灬=火)을 피워놓고 둘러앉아 있는 모습＝서민

음 庶民 서민　庶民的 서민적　庶務 서무

遮 **가릴 차**: 여러(庶) 사람이 한꺼번에 길을 가면(辶 갈 착) 막힌다＝가린다

＊가리다: 보이지 않게 무엇으로 막거나 덮다

음 遮断 차단　遮光 차광　遮音 방음　遮二無二 무턱대고

歸 **돌아갈 귀**: 언덕(阜=阝 언덕 부)의 전장에 있는 남편이 돌아오기를(止 발 지), 아내가 빗자루(帚)로 집 청소를 깨끗이 해놓고 손 모아 빌다

＊帚(비 추): 손(⺕ 돼지머리 계)으로 수건(巾)을 덮어서(冖 덮을 멱) 만든 빗자루

帰 **돌아갈 귀**: 칼(刂=刀)을 차고 전장에 나간 남편이 돌아오기를, 아내가 빗자루(帚)를 들고 깨끗이 집 청소를 해놓고 손 모아 빌다

음 帰国 귀국　帰宅 귀가　帰化 귀화　復帰 복귀

婦 **며느리 부**: 비(帚)를 들고 청소를 하는 여자(女)＝며느리

음 婦人 부인　主婦 주부　夫婦 부부　妊婦 임부

掃 **쓸 소**: 손(扌=手)에 비(帚)를 들고 쓸다

음 掃除 청소　清掃 청소　一掃 일소＝한꺼번에 싹 제거함

寝 **잘 침**: 집(宀 집 면)의 침상(爿=丬 나무조각 장)을 비(帚)로 청소한 후에 자다

음 寝室 침실　寝台 침대　寝具 침구　就寝 취침

侵 침노할 침: 남의 물건을 침노하는 인간(人)을 빗자루(彐)를 휘둘러 쫓아내다

* 침노하다: 침략해서 노략질하다

음 侵入 침입 侵犯 침범 侵略 침략 侵攻 침공
（しんにゅう）（しんぱん）（しんりゃく）（しんこう）

浸 잠길 침: 홍수로 잠긴 물(氵=水)을 비(彐)로 쓸어내다

음 浸水 침수 浸透 침투 侵食 침식
（しんすい）（しんとう）（しんしょく）

受 받을 수: 왼손(爫=爪)으로 위를 덮고 오른손(又)으로 밑을 받쳐서 받다

음 受験 수험 受診 진찰을 받음 受信 수신 授受 수수＝주고 받음
（じゅけん）（じゅしん）（じゅしん）（じゅじゅ）

授 줄 수: 손(扌=手)으로 받은(受) 것을 다시 돌려주다

음 授業 수업 授乳 수유 教授 교수 伝授 전수
（じゅぎょう）（じゅにゅう）（きょうじゅ）（でんじゅ）

幕 장막 막: 막사에 장수가 없는(莫) 것처럼 위장하기 위해 천(巾 수건 건)으로 장막을 치다

* 莫(없을 막): 풀숲(艹) 사이로 해(日)가 져서 다니는 사람(大)이 없다
* 大: 사람이 사지를 벌리고 서 있는 모습

음 開幕 개막 閉幕 폐막 序幕 서막 幕府 막부 幕僚 막료
（かいまく）（へいまく）（じょまく）（ばくふ）（ばくりょう）

漠 넓을/사막 막: 물(氵=水)이 없으니(莫) 사막

음 漠然 막연 砂漠 사막
（ばくぜん）（さばく）

膜 꺼플/막 막: 몸(月 육달 월) 내부 기관이 보이지 않게(莫) 둘러싼 꺼풀＝막

음 膜 막 粘膜 점막 角膜 각막 鼓膜 고막
（まく）（ねんまく）（かくまく）（こまく）

83

暮 저물 모: 해(日)가 없어지니(莫) 날이 저물다

　음　歳暮 세모＝연말　暮色 모색

募 모을/뽑을 모: 없는(莫) 인력(力)을 보충하기 위해 사람을 뽑아서 모으다

　음　募集 모집　募金 모금　公募 공모　応募 응모

慕 그릴 모: 없는(莫) 사람을 마음(㣺＝心)으로 그리다＝그리워하다

　음　慕情 모정＝사모하는 마음　恋慕 연모　思慕 사모

模 본뜰 모: 나무(木)로 없어진(莫) 물건의 모형을 본떠서 대량으로 생산하다

　음　模様 무늬　模擬 모의　模範 모범　規模 규모

墓 무덤 묘: 흙(土)으로 시체가 보이지 않게(莫) 만든 무덤

　음　墓地 묘지　墓碑 묘비　墳墓 분묘＝무덤

帝 임금 제: 천(巾)으로 덮어서(冖 덮을 멱) 세운(立 설 립) 면류관을 그린 모습＝임금＝황제

* 면류관: 임금의 정복에 갖추어 쓰는 관

　음　帝国 제국　帝政 제정　皇帝 황제　女帝 여제

締 맺을 체: 임금(帝)이 신하들을 묶어서 통치하듯이, 실(糸)을 묶어서 매듭을 맺다

　음　締結 체결　締約 체약

諦 살필 체: 임금(帝) 앞에서는 말(言)을 살핀다＝삼가다

　음　諦念 체념　諦観 체관＝체념

福 복 복: 신(ネ=示 보일 시)에게 항아리(畐)에 들어있는 음식을 올려 복을 빌다

* 畐(가득할 복): 밭(田)에서 키운 음식(口) 자료를 가득 넣어서 뚜껑(一)을 씌운 항아리 모습

음   福祉 복지   祝福 축복   裕福 유복   福利 복리＝행복과 이익
     ふくし   しゅくふく   ゆうふく   ふくり

副 버금 부: 항아리(畐)에 들어있는 물건을 칼(刂=刀)로 절반으로 나누니 첫째가 아닌 둘째＝버금

음   副作用 부작용   副会長 부회장   副業 부업   副詞 부사
     ふくさよう   ふくかいちょう   ふくぎょう   ふくし

富 부유할 부: 집(宀 집 면)에 있는 항아리(畐) 속에 재물이 가득하니 부유하다

음   富豪 부호   富裕 부유   貧富 빈부   豊富 풍부   富貴 부귀
     ふごう   ふゆう   ひんぷ   ほうふ   ふうき

幅 폭 폭: 천(巾 수건 건)으로 항아리(畐) 둘레를 감싼 폭＝너비

음   増幅 증폭   振幅 진폭   恰幅 풍채
     ぞうふく   しんぷく   かっぷく

幣 화폐 폐: (많이 사용해서) 해진(敝) 비단 천(巾)＝화폐

* 敝(해질 폐): 몽둥이로 친(攵 칠 복) 천(巾)이 갈기(八 여덟 팔) 갈기(八) 해진 모습

* 해지다: 옷이나 천 등이 닳거나 낡아서 구멍이 나거나 떨어져 나가는 상태

* 八: 물체가 두 쪽으로 대칭되게 나누어진 모습

* 비단이 비싸고 귀한 물건이었기에 화폐로 사용

음   貨幣 화폐   紙幣 지폐   造幣 조폐
     かへい   しへい   ぞうへい

弊 폐단/해질 폐: 해진(敝) 옷은 손(廾 두 손으로 받들 공)으로 들고 꿰매야 하는 폐단이 있다

음   弊害 폐해   弊社 폐사＝저희 회사   疲弊 피폐   語弊 어폐＝말의 결점
     へいがい   へいしゃ   ひへい   ごへい

蔽 덮을 폐: 해진(敝) 옷을 풀(艹)로 덮어서 몸을 숨기다

> 음   遮蔽 차폐＝가리고 덮음   隱蔽 은폐
> しゃへい   いんぺい

檢 검사할 검: 나무(木)를 모두 다(僉) 모아서 어느 것이 좋은지 검사하다

  * 僉(다 첨): 사람(人)이 모두 다 함께 모여서(合 합할 합) 입(口)으로 함성을 지르는
  모습

検 검사할 검: 사람(人)이 나무(木)를 모아서(合 합할 합) 어느 것이 좋은지 검사하다

> 음   檢査 검사   檢察 검찰   檢問 검문   点検 점검
> けん さ   けんさつ   けんもん   てんけん

儉 검소할 검: 사람(人)이 물건이나 돈을 모아서(僉) 검소하게 쓰다

> 음   儉約 검약   儉素 검소
> けんやく   けん そ

劍 칼 검: 칼(刂=刀)의 날이 양쪽에 모여(僉) 있는 '검'

  * 刀(칼 도): 칼의 날이 한쪽에만 있는 '도'

> 음   劍道 검도   劍術 검술   刀劍 도검   真劍 진검＝진지함
> けんどう   けんじゅつ   とうけん   しんけん

險 험할 험: 높은 언덕(阝 언덕 부)이 모여(僉) 있으니 험하다

> 음   險悪 험악   保険 보험   冒険 모험   危険 위험
> けんあく   ほ けん   ぼうけん   き けん

驗 시험 험: 말(馬)을 모아(僉) 어느 말이 우수한지 시험하다

> 음   受験 수험   経験 경험   実験 실험   試験 시험
> じゅけん   けいけん   じっけん   し けん

隔 사이 뜰 격: 언덕(阝 언덕 부)에 불이 나지 않도록 사이가 뜬 곳에 솥(鬲)을 놓고 요리
하다＝격리하다

  * 鬲(솥 력): 발이 3개인 솥(冂)에 불(八)을 지펴 음식(口)을 넣고 뚜껑(一)을 닫은 모습

隔 을 隔離 격리　隔年 격년　間隔 간격　遠隔 원격

融 녹을 융: 솥(鬲) 안에 들어간 벌레(虫)는 끓는 물에 녹아버린다
을 融合 융합　融資 융자　金融 금융　溶融 용융

獻 드릴 헌: 제사에서 임금을 상징하는 호랑이(虍=虎 범 호) 무늬를 새긴 솥(鬲 솥 정)에 개(犬)를 삶아 제물로 바치다

献 드릴 헌: 제사에서 남쪽(南) 지방에서 만든 타악기를 치면서 개(犬)를 삶아 제물로 바치다
을 献血 헌혈　献身 헌신　貢献 공헌　文献 문헌　献立 식단＝메뉴

南 남녘 남: 남쪽 지방에서 만든 타악기(南 남녘 남)를 양손(廾 두 손으로 받들 공)에 채(十十)를 들고 악기(冂)를 치는 모습
을 東南 동남　南極 남극　南部 남부　南国 남국

犬 개 견: 개가 귀를 쫑긋 세운 모습. 또는 개를 위에서 본 모습
을 愛犬 애견　名犬 명견

伏 엎드릴 복: 사람(人) 앞에서 개(犬)가 바짝 엎드려 있는 모습＝복종하다
을 伏線 복선　降伏 항복　起伏 기복　潜伏 잠복

然 그럴 연: 개(犬)를 통구이 할 때는 몸(月 육달 월)에 있는 털을 불(灬=火)로 그슬다. 그렇게 하는 것이 당연하다

* 그슬다: 불에 쬐어 거죽만 살짝 타게 하다
을 自然 자연　当然 당연　全然 전연　天然 천연

燃 탈 연: 그렇게(然) 그슬린 개를 불(灬=火)로 태워서 먹다

음 燃料 연료 燃焼 연소 可燃 가연 不燃 불연

狂 미칠 광: 개(犭)가 왕(王)이 된 것처럼 미친 듯이 발광하다

* 犭(개 견): 개가 앞발을 들고 있는 모습. 또는 개를 옆에서 본 모습

음 狂喜 광희 狂乱 광란 熱狂 열광

獵 사냥 렵: 개(犭)를 풀어 물(巛=川 내 천) 건너편에서 예리한(乂 벨 예) 이빨로 굴(口)을 파서 곡식 따위를 훔쳐먹는 쥐(鼠 쥐 서)를 사냥하다. 여기서 쥐는 임금 측근에서 해독을 끼치는 간신의 비유

猟 사냥 렵: 개(犭)가 눈에 불(丷)을 켜고 먹잇감으로 쓸(用 쓸 용) 짐승을 사냥하다

음 猟師 엽사=사냥꾼 猟犬 사냥개 狩猟 수렵 密猟 밀렵

獄 옥 옥: 법정에서 개들(犭+犬)처럼 말싸움(言)을 하다가 진 쪽이 가는 곳=감옥

음 獄中 옥중 獄死 옥사 地獄 지옥 牢獄 뇌옥=감옥

寸 마디 촌: 손끝에서 맥박이 뛰는 손목 마디까지의 짧은 길이=1촌. 길이의 기준은 반드시 지켜야 하는 규칙 또는 법도

음 寸前 직전 寸劇 촌극=토막극 寸断 토막토막 자름 一寸 잠시=잠깐

得 얻을 득: 아침(旦)부터 걸어(彳 걸을 척) 다니면서 손(寸)으로 열심히 일하면 뭐든지 얻을 수 있다.

* 旦(아침 단): 아침 해(日)가 지평선(一) 위로 떠오르는 모습

음 得意 득의=흐뭇함 得点 득점 説得 설득 納得 납득

肘 팔꿈치 주: 몸(月 육달 월)의 마디(寸)=팔꿈치

음 　肘 팔꿈치　肘掛け 팔걸이

村 마을 촌: 나무(木)를 심어 경계로 삼은 손바닥(寸) 만한 작은 마을

음 　村長 촌장　村落 촌락　農村 농촌　漁村 어촌

討 칠 토: 잘못한 사람을 손(寸)으로 잡아 그 잘못을 말(言)로 따지다=치다. 또는 전쟁의 당위성을 말(言)로써 알린 후에 손(寸)으로 치다

음 　討論 토론　討議 토의　檢討 검토　征討 정벌=토벌

守 지킬 수: 집(宀 집 면)에 들어오지 못하게 손(寸)으로 막다=지키다

음 　守備 수비　守衛 수위　保守 보수　嚴守 엄수　留守 부재중

狩 사냥할 수: 개(犭)가 길목을 지키고(守) 있다가 지나가는 짐승을 사냥하다

음 　狩獵 수렵

寺 절 사: 원래는 토지(土)를 법도(寸)에 따라 관리하는 관청. 이후 불교가 유입되면서 승려들이 관청 건물을 빌려 법회를 열면서 그 각각의 건물을 ○○寺라고 부르게 됨

음 　寺院 사원　東大寺 일본 나라에 있는 절

刹 절 찰: 예리한(乂 벨 예) 칼(刂=刀)로 나무(木)를 쪼개는 시간은 찰나. 찰나는 산스크리트어 ksana에서 유래. 여기서 시간은 계속 흘러가는 것이 아니라 연속적인 순간들의 연결로 이루어져 있다는 인식

음 　古刹 고찰　名刹 명찰　刹那 찰나

那 어찌 나: 나=내가 칼(刀) 두 자루(二)로 어찌 이 고을(阝 고을 읍)을 지킬 수 있겠는가?

待 **기다릴 대:** 절(寺)에 가서(彳 걸을 척) 불공드릴 시간을 기다리다. 또는 관청(寺)에 가서(彳) 차례를 기다리다

　　음 待機 대기　待遇 대우　招待 초대　接待 접대

等 **무리 등:** 절(寺)에서 불경을 적은 죽간(竹) 무리를 가지런히 정돈하다=같다=동등하다. 또는 관청(寺)에서 죽간에 적은 서류 따위를 가지런히 정돈하다

　　음 等級 등급　特等席 특등석　一等 일등　同等 동등

侍 **모실 시:** 사람(人)이 절(寺)이나 관청(寺)에서 높은 분을 모시다

　　음 侍従 시종　侍医 어의　侍 사무라이

時 **때 시:** 해(日)의 위치에 따라 절(寺)이나 관청(寺)에서 종을 쳐서 시각을 알리다

　　음 時間 시간　時刻表 시각표　時代 시대　時計 시계

詩 **시 시:** 절(寺)에서 불경을 읽듯이(言) 운율에 맞춰 시를 읊다

　　음 詩集 시집　詩人 시인　漢詩 한시　自由詩 자유시

持 **가질 지:** 손(扌=手)에 공물을 들고 절(寺)에 가다. 또는 관청(寺)에 서류 따위를 가지고(扌) 가다

　　음 持参 지참　持病 지병　所持 소지　維持 유지

特 **특별할 특:** 관청(寺)에서 관리하는 종우(牛)는 특별히 몸이 크고 힘이 세다

　　＊牛(소 우): 머리에 뿔이 있는 소 모습

　　＊종우(種牛): 씨받이 소

　　음 特別 특별　特急 특급　特徴 특징　独特 독특

文 문 문: 머리(亠 머리 두)에 갓을 쓰고 양반다리(乂 벨 예)로 앉아 붓으로 글이나 무늬를 그리는 모습

음 文化 문화　作文 작문　文学 문학　文句 문구, 불평　文字 문자

對 대할 대: 촛대(丵+一)에 불을 밝혀 누군가와 손(寸)을 잡다=마주 대하다. 또는 풀이 무성하듯(丵 풀무성할 착) 많은 사람이 한자리(一)에 모여 앉아 손(寸)을 잡다

対 대할 대: 손(寸)으로 글이나 그림을 그리면서(文) 대하다=마주보다

음 対応 대응　対立 대립　絶対 절대　相対 상대　対する 대하다

紋 무늬 문: 실(糸)로 수놓은 무늬(文)

음 紋章 문장=가문 등을 표시하는 무늬　波紋 파문　家紋 가문　指紋 지문

蚊 모기 문: 몸에 쏘이면 무늬(文) 모양의 반점을 남기는 곤충(虫)=모기

훈 蚊 모기　蚊帳 모기장

班 나눌 반: 옥(王)을 칼(刂)로 나누다

* 王(임금 왕)은 玉(구슬 옥)의 획 줄임

음 班長 반장　班員 반원　取材班 취재반　救護班 구호반

斑 얼룩 반: 둘로 나누어진 옥(王+王) 속의 무늬(文)=얼룩

음 斑点 반점　蒙古斑 몽고반점

付 줄 부: 사람(人)이 다른 사람에게 가까이 가서 손(寸)으로 뭔가를 주다. 또는 사람(人)은 촌수(寸)가 가까운 친척끼리 붙어서 살면서 주고받고 한다.

* 寸: 손끝에서 맥박이 뛰는 손목까지의 길이=손

음 付近 부근　付与 기여　寄付 기부　添付 첨부

府 **마을 부**: 관청(广 집 엄)에 붙어있는(付) 창고. 관청의 창고에는 서류 따위가 잔뜩 들어있다. 나아가 관청이 있는 마을

　음 府庁 부청　政府 정부　総理府 총리부　京都府 교토부

附 **붙을 부**: 큰 산에 붙어있는(付) 작은 산=언덕(阝 언덕 부)

　음 付属 부속　附随 부수=주되는 것에 따라감　寄付 기부

符 **부호 부**: 항상 몸에 붙이고(付) 다니는, 대(竹)로 만든 부절=부호

　* 부절: 왕과 장수가 둘로 나누어 가지고 있다가 나중에 함께 맞추는 일종의 증표

　음 符号 부호　符合 부합　終止符 종지부

肉 **고기 육**: 고깃덩어리(冂)에 칼집(仌)을 낸 모습

　음 肉 고기　牛肉 쇠고기　豚肉 돼지고기　肉食 육식　肉体 육체

腐 **썩을 부**: 창고(府)에 쌓여있는 고기(肉)가 썩다

　* 府: 집(广 집 엄)에 붙어있는(付) 창고

　음 腐敗 부패　腐食 부식　陳腐 진부　豆腐 두부

博 **넓을 박**: 다방면(十 열 십)에 걸쳐 널리 펼치다(尃)

　* 尃(펼 부): 손(寸)을 크게(甫 클 보) 펴다=넓다

　음 博士=はかせ 박사　博物館 박물관　博識 박식　博覧会 박람회

縛 **얽을 박**: 실(糸)을 펼쳐서(尃) 얽어매다

　음 束縛 속박　自縄自縛 자승자박

薄 **엷을 박**: 물(氵=水) 위에 풀잎(艹)이 엷게 퍼져있는(尃) 모습

음 薄情 박정=야박 薄命 박명 希薄 희박 軽薄 경박
(はくじょう) (はくめい) (きはく) (けいはく)

簿 **문서 부**: 죽간(竹)을 넓게 펼쳐서(尃) 먹물(氵=水)로 적은 문서

음 簿記 부기 名簿 명부 出席簿 출석부 家計簿 가계부
(ぼき) (めいぼ) (しゅっせきぼ) (かけいぼ)

補 **기울 보**: 옷(衤=衣)에 난 큰(甫 클 보) 구멍을 기우다=깁다

음 補強 보강 補助 보조 補足 보충 候補 후보
(ほきょう) (ほじょ) (ほそく) (こうほ)

敷 **펼 부**: 크게(甫) 여러 방향(方 모 방)으로 쳐서(攵 칠 복) 펴다

음 敷設 부설 敷衍 부연
(ふせつ) (ふえん)

捕 **잡을 포**: 손(扌=手)을 크게(甫) 벌려서 잡다

음 捕獲 포획 逮捕 체포 拿捕 나포
(ほかく) (たいほ) (だほ)

哺 **먹일 포**: 입(口)을 크게(甫) 벌리고 젖을 먹다

음 哺乳類 포유류 哺乳瓶 젖병
(ほにゅうるい) (ほにゅうびん)

浦 **개 포**: 물(氵=水)이 넓게(甫) 펼쳐져 있는 포구

훈 浦 포구=해변 津々浦々 방방곡곡
(うら) (つつうらうら)

舗 **펼/가게 포**: 집(舎)에 물건을 넓게(甫) 펼쳐놓은 가게

* 舍(집 사): 지붕(人)+흙벽(土)+주춧돌(口)=집. 또는 집(亼 삼합 집)에 많은(十) 식객(口)이 있는 객사

음 舗装 포장 店舗 점포 老舗 전통이 있는 오래된 점포
(ほそう) (てんぽ) (しにせ)

専 오로지 전: 물레를 손(寸)으로 돌리고 있는 모습. 물레는 오로지 한쪽으로만 돈다

　　*물레: 十(물렛가락)+田(감겨있는 실)+寸(실이 빠져나오지 않게 하는 고정핀)

　　*물렛가락: 물레로 실을 자아낼 때 실이 감기는 쇠꼬챙이

専 오로지 전: 물레는 오로지 한쪽으로만 돈다

　음　専門 전문　専攻 전공　専用 전용　専属 전속

伝 전할 전: 사람(人)을 구름(云)처럼 많이 모아서 말을 전하다

　　*云는 雲(구름 운)의 획 줄임

　음　伝説 전설　伝言 전언　遺伝 유전　宣伝 선전

転 구를 전: 차(車)가 구름(云)이 흘러가듯 구르다

　음　転校 전학　転職 전직　運転 운전　自転車 자전거

恵 은혜 혜: 물레(叀)로 실을 풀 듯이, 남에게 베푸는 선한 마음(心)=은혜

　　*叀는 専의 획 줄임

恵 은혜 혜: 물레(由+一)로 실을 풀 듯이, 남에게 베푸는 선한 마음(心)=은혜

　음　恩恵 은혜　知恵 지혜

穂 이삭 수: 벼(禾 벼 화)에서 은혜로운(恵) 부분은 이삭=알갱이

　훈　穂 이삭　稲穂 벼 이삭

身 몸 신: 여자가 임신해서 배가 불룩한 모습=임산부

　음　身体 신체　身長 신장　出身 출신　全身 전신

射 쏠 사: 임산부(身)를 손(寸)으로 끌어당겨 사정을 하다=강탈하다

音 射撃 사격　射程 사정　発射 발사　注射 주사

謝 사례할 사: 임산부(身)를 강탈해서 사정을 하고(射), 말(言)로써 사죄하다=謝る 용서를 빌다=사과하다

音 謝罪 사죄　謝礼 사례　感謝 감사　陳謝 까닭을 밝히며 사과함

自 스스로 자: 코(自)를 그린 모습

* 자신을 가리킬 때 습관적으로 코 부분을 가리키는 것에서 유래

* 원래 글자는 鼻(코 비)

音 自由 자유　自動 자동　自己 자기　自宅 자택　自信 자신　自然 자연

鼻 코 비: 코(自) 구멍(田)으로 공기를 빨아올리는(廾 두 손으로 받들 공) 모습

* 田(밭 전): 콧구멍에 난 털을 밭에 난 풀에 비유한 것

音 鼻炎 비염　耳鼻科 이비인후과

息 쉴 식: 심장(心)에서 시작된 바람이 코(自)를 통해 나오다=숨을 쉬다

音 休息 휴식　消息 소식　利息 이자　終息 종식

憩 쉴 게: 혀(舌)로 이야기하거나 음식물을 먹으면서 쉬다(息)

* 舌(혀 설): 입(口)에서 천(千) 가지 맛을 느끼는 혀

音 休憩 휴게

嗅 냄새 취: 개(犬)가 코(自)로 냄새를 맡다

臭 냄새 취: 사람(大)이 코(自)로 냄새를 맡다

音 脱臭 탈취　悪臭 악취

嗅 **맡을 후**: 개(犬)가 코(自) 구멍(口=○)으로 냄새를 맡다

* 臭는 냄새 그 자체, 嗅는 냄새를 맡는 행위

음 嗅覚 후각

首 **머리 수**: 머리털이 나 있는 동물의 머리를 옆에서 본 모습

음 首都 수도　首相 수상　自首 자유　部首 부수

道 **길 도**: 전쟁에 승리하여 적군의 머리(首)를 들고 가는(辶 갈 착) 의로운 길

* 途(길 도)는 집(余)으로 가는 길(辶), 路(길 로)는 발(足 발 족)로 각각(各 각각 각)
의 사람들이 다니는 길(辶)

음 鉄道 철도　水道 수도　柔道 유도　報道 보도　神道 신도

導 **인도할 도**: 길(道)을 손(寸)으로 인도하다

음 導入 도입　半導体 반도체　指導 지도　誘導 유도

頃 **잠깐 경**: 머리(頁)에 비수(匕)를 맞고 넘어지는 시간은 잠깐이다

* 頁(머리 혈): 사람의 이마(一), 코(自), 목(八)을 본뜬 모습=머리

* 匕(비수 비): 사람이 비수를 맞고 몸을 웅크리고 있는 모습

훈 頃 쯤=무렵　近頃 최근=요즘　年頃 적령기　手頃 알맞음

傾 **기울 경**: 사람(人)이 잠깐(頃) 사이에 기울어지다=넘어지다

음 傾向 경향　傾斜 경사　傾倒 경도　傾聴 경청

煩 **번거로울 번**: 불(火)이 타오를 정도로 머리(頁)가 번거롭다

음 煩雑 번잡　煩悩 번뇌

須 모름지기 수: 머리(頁)에는 모름지기(반드시) 털(彡 터럭 삼)이 있어야 한다

음 必須 필수　急須 조그만 주전자

顔 낯 안: 선비(彦 선비 언)의 머리(頁) 부분에서 기질이 가장 잘 나타나는 낯=얼굴

음 顔面 안면　童顔 동안　洗顔 세안

項 항목 항: 머리(頁) 아래의 목(工)을 그린 모습. 어떤 목록이나 명세서 등에서 각각 독립된 부분

음 項目 항목　事項 사항　要項 요강　条項 조항

夏 여름 하: 무녀가 머리(頁 머리 혈)에서 발(夊 뒤져올 치)까지 온몸을 흔들면서 기우제를 지내는 여름

＊頁에서 八이 생략된 모습

＊夊는 止(발 지)를 거꾸로 그린 모습

음 夏季 하계　初夏 초여름　夏至 하지

寡 적을 과: 집(宀 집 면)의 재산을 머릿수(頁)대로 자르면(刀) 각자의 몫이 적어진다

음 寡黙 과묵　寡占 과점　寡聞 과문=견문이 좁음

憂 근심 우: 얼굴(頁)에 수심(心)이 가득한 채 천천히 걸어가다(夊 뒤져올 치)=근심

＊頁(머리 혈): 一(머리)+自(코)+八(목)=얼굴

음 憂鬱 우울　憂慮 우려　杞憂 기우=쓸데없는 걱정　一喜一憂 일희일비

優 넉넉할 우: 다른 사람(人)의 근심(憂)까지 살피니 마음이 넉넉하다

음 優勝 우승　優秀 우수　優先 우선　俳優 배우

豫 **미리 예**: 명물인 코끼리(象 코끼리 상)는 죽기 전에 자신[豫 나 여]이 미리[豫 미리 예]) 정해 둔 곳에서 죽음을 기다린다

予 **미리 예**: 내가 미리(予) 생각하고 행동하다

음 予想 예상　予約 예약　予定 예정　予習 예습

預 **맡길/미리 예**: 미리(予) 머리(頁 머리 혈)로 판단하여 맡기다

음 預金 예금　預託 예탁

序 **차례 서**: 집 또는 관공서(广 집 엄)에 미리(予) 와서 차례를 기다리다

음 序文 서문　序論 서론　順序 순서　秩序 질서

水 **물 수**: 물이 흘러가는 모습. 중앙은 깊은 곳, 양쪽은 얕은 곳

음 水曜日 수요일　水泳 수영　香水 향수　水道 수도

氷 **얼음 빙**: 물(水) 위에 떠 있는 얼음 조각(丶)

음 氷河 빙하　氷山 빙산　氷点 빙점　流氷 유빙

川 **내 천**: 물이 흘러가는 모습

음 河川 하천

順 **순할 순**: 냇물(川)이 위에서 아래로 흐르듯이, 우두머리(頁 머리 혈)의 명령에 순하게 따르다

음 順番 순번=순서　順調 순조　順位 순위　語順 어순

訓 **가르칠 훈**: 냇물(川)이 위에서 아래로 흐르듯이, 윗사람이 아랫사람을 말로써(言) 가르치다=훈계하다

음 訓読 훈독　訓練 훈련　教訓 교훈　家訓 가훈

州 **고을 주**: 냇물(川)에 둘러싸인 삼각주(ヽヽヽ)처럼 독립된 행정구역

* 삼각주: 하천이 바다나 호수로 흘러드는 하구 부분에 퇴적물이 쌓여 형성되는 지형

음 州知事 주지사　州立 주립　九州 규슈　欧州 구주　三角州 삼각주

巡 **돌/순행할 순**: 냇물(巛)이 여기저기 부딪치면서 흘러가듯이, 여기저기 돌아다니면서(辶) 순행하다

* 순행하다: 차례대로 나아가다. 또는 돌아다니며 살피다

음 巡査 순사　巡回 순회　巡礼 순례

災 **재앙 재**: 홍수(巛)와 화재(火)가 동시에 닥치니 재앙

음 災害 재해　災難 재난　火災 화재　震災 지진 재해

挨 **밀칠 애**: 선종의 수행승들이 서로 마주 보고 밀치고(挨 밀칠 애) 질타하면서(拶 핍박할 찰) 하는 선문답에서 유래

음 挨拶 인사

拶 **핍박할 찰**: 선종의 수행승들이 서로 마주 보고 밀치고(挨) 질타하면서(拶) 하는 선문답에서 유래

음 挨拶 인사

盾 **방패 순**: 일반적인 방패(干 방패 간)를 보완하여(丿) 눈(目)까지 보호할 수 있게 만든 방패

음 矛盾 모순

循 돌 순: 방패(盾)를 들고 순찰 구역을 빙빙 돌아다니다(彳 걸을 척)

 ＊循는 둥글게 돌다. 巡(돌/순행할 순)은 여기저기 돌다

음 循環 순환　循環器 순환기

片 조각 편: 가지가 붙어있는 통나무를 반쪽으로 쪼갠 조각

음 片鱗 편린　破片 파편　斷片 단편

狀 형상 상/문서 장: 나무 조각(片)에 새긴 개(犬)의 형상[형상 상], 나아가 나무 조각(片)에 새긴 글=문서[문서 장]

状 형상 상/문서 장: 나무 조각(爿)에 새긴 개(犬)의 형상[형상 상], 나아가 나무 조각(爿)에 새긴 글=문서[문서 장]

음 状態 상태　状況 상황　症状 증상　現状 현상　賞状 상장

將 장수 장: (전투 승리를 기원하면서) 제사에 쓸 고기(月 육달 월)를 손(寸)으로 나뭇조각(爿)으로 만든 제기에 담아 바치는 장수

将 장수 장: 나뭇조각(爿)으로 만든 제사상을 두 손(爪+寸)으로 받들어 공물을 바치는 장수

음 将来 장래　将軍 장군　主将 주장　名将 명장

奬 장려할 장: 장수(將)가 장병들에게 개고기(犬)를 먹여 장려하다

奨 장려할 장: 장수(將)가 장병들을 크게(大 큰 대) 장려하다

음 奨学 장학　奨励 장려　勧奨 권장　推奨 추장＝추천하여 장려함

壯 장할 장: 나무토막(爿)처럼 굽힘이 없는 장한 선비(士 선비 사)

 ＊장하다: 기상이 씩씩하고 건장하다

음 壮大 장대　壮絶 장렬

荘 별장 장: 풀(艹)이 무성한(壯) 곳에 지은 별장=농막

음 荘厳 장엄 別荘 별장 山荘 산장
（そうごん）（べっそう）（さんそう）

装 꾸밀 장: 화려한 옷(衣)을 입고 장대하게(壯) 꾸미다

음 装備 장비 改装 개장 包装 포장 衣装 의상
（そうび）（かいそう）（ほうそう）（いしょう）

丙 남녘 병: 십간(十干)의 셋째. 사물의 등급이나 차례에 있어서 甲(갑)과 乙(을) 다음
의 3번째. 훈이 '남녘'인 것은 丙의 방위가 남쪽이기 때문

＊방위: 민속에서 방향에 따라 길흉을 판단하는 것

음 甲乙丙 갑을병
（こうおつへい）

柄 자루 병: 자루는 ①물건을 담는 크고 긴 주머니나 가방. ②연장의 손잡이나 칼 또는
연필 등의 개수를 나타내는 접미사. ①의 내용물을 ②의 자루(막대기)에 달아서 옮
기다. 즉 ②의 나무(木) 자루로 ①의 자루를 옮기다

훈 柄 손잡이 柄 무늬 人柄 인품 家柄 가문
（え）（がら）（ひとがら）（いえがら）

病 병 병: 병(疒)이 든 사람을 들것에 태워서 옮기다(丙)

＊疒(병들 녁): 나무로 만든 침상(爿)에 사람이 누워있는(亠 머리부분 두) 모습

＊丙: 들것(冂) 위에 사람(人)이 누워있는(一) 모습

음 病気 병 病院 병원 仮病 꾀병 持病 지병 疾病 질병
（びょうき）（びょういん）（けびょう）（じびょう）（しっぺい）

痘 역질 두: 콩알(豆 콩 두) 크기의 종기가 생기는 병(疒)=천연두

음 天然痘 천연두
（てんねんとう）

疫 전염병 역: 전염병 환자(疒)가 누워있는 곳은 창이나 몽둥이(殳 창/몽둥이 수)를 들
고 출입을 금지한다

음 疫病 역병　疫学 역학　檢疫 검역　免疫 면역

疾 병 질: 화살(矢 화살 시)에 맞아서 생긴 병(疒)

*疾은 골절 등 외부의 충격으로 인한 병, 病(병 병)은 신체 내부에서 발생한 병, 疫(염병 역)은 돌림병=전염병

음 疾病 질병　疾患 질환　疾走 질주　疾風 질풍

嫉 미워할 질: 여자(女)의 고질병(疾)은 질투=미워하다

음 嫉妬 질투

痴 어리석을 치: 앎(知 알 지)에 병(疒)이 났으니 알지 못해 어리석다

음 痴呆 치매　痴漢 치한　愚痴 우치　音痴 음치

疲 피곤할 피: 피곤하면 피부(皮 가죽 피)가 병들어(疒) 꺼칠꺼칠해진다

음 疲労 피로　疲弊 피폐

新 새 신: 서(立) 있는 나무(木)를 도끼(斤 도끼 근)로 베면 새순이 나온다

음 新聞 신문　新鮮 신선　新年 신년　最新 최신

薪 섶 신: 풀(艹)과 서(立) 있는 나무(木)를 도끼(斤)로 베어서 섶으로 쓰다

*섶나무: 땔감으로 쓰이는 잎이 무성한 나무나 풀 등의 땔나무

음 薪炭 장작과 숯=땔감

親 친할 친: 서(立) 있는 나무(木)처럼 항상 가까이서 보는(見) 친한 사람

음 親戚 친척　親切 친절　両親 양친　親友 친구　親交 친교

缶 **두레박 관:** 두(二) 사람(人)이 두레박 줄(丨)을 마주 잡고 두레박(凵)으로 물을 퍼 올리는 모습. 개화기에 서구로부터 금속 용기가 유입되면서 절구나 두레박 등의 용기를 can(깡통)으로 지칭

음 缶 캔 空き缶 빈 깡통 缶ビール 캔맥주 缶詰 통조림

陶 **질그릇 도:** 흙을 언덕(阝 언덕 부)처럼 높이 쌓아 올린 가마로 둘러싸서(勹 쌀 포) 구운 장군(缶)=질그릇=can

* 질그릇: 진흙으로 빚어 구운 그릇

음 陶磁器 도자기 陶器 도기 陶芸 도예 陶酔 도취

搖 **흔들 요:** 장군=질그릇(缶)=can에 들어있는 고기(月 육달 월)를 꺼내기 위해 손(扌=手)으로 can을 흔들다

揺 **흔들 요:** 두 손(扌+爪)으로 장군(缶)을 흔들다

음 動揺 동요

謠 **노래 요:** 말(言)을 흔들어서(爫+缶) 리듬을 맞추다=노래

* 爫+缶: 손(爫=爪 손톱 조)으로 장군(缶)을 흔들다

음 童謡 동요 歌謡 가요 民謡 민요

缺 **이지러질 결:** 장군(缶)이 이지러지니(夬 터놓을 쾌) 내용물이 모자라다

* 夬: 막혀 있는 중앙(央)을 터놓으니 상쾌하다

* 이지러지다: 한 귀퉁이가 떨어지거나 찌그러지다

欠 **이지러질 결/하품 흠:** 사람(𠂉=人 사람 인)이 입을 벌리고 하품하는 모습을 옆에서 그린 모습=왠지 흠이 있는 사람

음 欠場 결장 欠席 결석 欠点 결점 不可欠 불가결

吹 불 취: 입(口)으로 하품하듯(欠) 불다

　음 吹奏楽 취주악

炊 불 땔 취: 하품하듯(欠) 불(火)을 불어서 밥을 짓다=취사

　음 炊事 취사　自炊 자취

次 버금 차: 하품하듯(欠 하품 흠) 입을 벌리고 침(冫)까지 튀기면서 남을 비방하는 사람은 예의에 어긋나는 2류 인간

＊冫: 침을 튀기는 모습

　음 次男 차남　次回 다음번　目次 목차　次第 순서

盜 도둑 도: 하품하듯(欠) 입을 벌리고 침(冫)까지 흘리면서 그릇(皿 그릇 명)에 담긴 음식을 훔쳐 먹는 도둑

　음 盜難 도난　盜用 도용　強盜 강도　竊盜 절도　盜作 도작=표절

資 재물 자: (여행이나 사업 등을 하기 위해서는) 사람 버금(다음)으로(次) 재물(貝)이 있어야 한다

　음 資金 자금　資料 자료　投資 투자　融資 융자

姿 모양 자: 남자에 버금(次)가는 여자(女)의 모양=자태

　음 姿勢 자세　姿態 자태

恣 방자할 자: 하품하듯(欠) 입을 벌리고 침(冫)까지 튀기면서 마음(心)대로 남을 비방하는 것은 방자한 행동이다

　음 恣意 자의＝제멋대로

諮 물을 자: 하품하듯(欠) 입(口)을 벌리고 침(冫)까지 튀기면서 말(言)로써 묻다. 또는 다음(次)은 어떻게 하면 좋을지 입(口)으로 말해서(言) 묻다

음 諮問 자문

茨 가시나무 자: 가시가 차례(次)로 줄줄이 늘려있는 식물(艹)=가시나무

훈 茨 가시나무 　茨城県 이바라기현

兼 겸할 겸: 벼(禾 벼 화) 두 포기(秝)를 한 손(彐=彐)에 움켜쥐고 있는 모습=겸하다

* 彐=彐(돼지머리 계): 오른손을 벌리고 있는 모습. 돼지머리의 코는 사람의 손 역할

음 兼業 겸업 　兼用 겸용 　兼任 겸임 　兼備 겸비

謙 겸손할 겸: 여러 가지 재능을 겸하고(兼) 있지만 말로는(言) 아는 것이 없다고 하는 겸손

음 謙虚 겸허 　謙遜 겸손 　謙譲 겸양 　謙譲語 겸양어

鎌 낫 겸: 벼를 움켜지고(兼) 베는 쇠(金)=낫

음 鎌 낫 　鎌倉 가마쿠라

廉 청렴할 렴: 집(广 집 엄)의 살림을 움켜쥐고(兼) 올곧게 관리하니 청렴하다

음 廉価 염가 　廉価版 염가판 　廉売品 염가 판매품 　破廉恥 파렴치

嫌 싫어할 혐: 여자(女) 둘을 한꺼번에 움켜쥐고(兼) 있는 사람은 싫다

음 嫌悪 혐오 　嫌疑 혐의 　機嫌 기분=심기 　不機嫌 기분이 안 좋음

京 서울 경: 땅이 조금(小 작을 소) 높은(高 높을 고) 곳에 있는 서울

* 亠+口는 高(높을 고)의 획 줄임

* 왕이 머무는 서울(京)은 홍수를 피해 주변보다 높은 곳에 자리를 잡는다

음 　東京 도쿄　京都 교토　上京 상경　京浜 도쿄＋요코하마

鯨 고래 경: 서울(京)처럼 큰 물고기(魚 물고기 어)=고래

음 　鯨肉 고래고기　捕鯨 포경＝고래잡이

涼 서늘할 량: 높은 곳에 있는 서울(京)은 바람이 잘 통해서 물(氵=水)이 서늘하다=차다

음 　涼風 산들바람　納涼 납량＝더위를 식힘　清涼 청량　荒涼 황량

就 나아갈 취: 서울(京)처럼 더욱(尤) 높은 곳으로 나아가다

　* 尤(더욱 우): 사람(大)의 목에 혹(ヽ)이 난 모습. 원래는 신체의 결함을 의미했으나, 이후 '특히' 또는 '더욱' 의미로 전환

　* 大: 사람이 사지를 벌리고 있는 모습

음 　就職 취직　就寝 취침　就航 취항　成就 성취

蹴 찰 축: 발(足=足 발 족)로 앞으로 나아가게(就) 차다

음 　一蹴 일축＝단번에 거절함

景 볕 경: 해(日)가 높은(京) 곳으로부터 비칠 때의 환한 햇볕. 나아가 그 햇살 아래로 비치는 풍경=경치

음 　景気 경기　景品 경품　風景 풍경　夜景 야경　景色 경치

憬 깨달을 경: 지방에 파견된 관료가 서울(京)의 풍경(景)을 새삼 깨닫고 동경하는 마음(忄=心)

음 　憧憬 동경

影 그림자 영: 햇볕(景)에 머릿결(彡 터럭 삼)처럼 아른거리는 그림자

음 　影 그림자　影響 영향　幻影 환영　撮影 촬영　投影 투영

茎 줄기 경: 풀(艹)에서 물줄기(巠)처럼 곧바로 뻗어가는 줄기

* 巠(물줄기 경): 장인(工 장인 공)이 파낸 지하수(巛=川 내 천)가 위로(一)로 분출하는 물줄기. 또는 날줄(세로방향)이 위로 걸려있는 베틀 모습

茎 줄기 경: 풀(艹)에서 손(又)으로 흙(土)을 위로 던진 것처럼 뻗어가는 줄기

음 地下茎 ^{ちかけい} 땅속줄기

径 지름길/길 경: 손(又)으로 던진 흙(土)이 곧바로 뻗어가다(彳 걸을 척)=지름길

음 経路 ^{けいろ} 경로 直径 ^{ちょっけい} 직경 半径 ^{はんけい} 반경 口径 ^{こうけい} 구경=총이나 카메라 구경

軽 가벼울 경: 차(車)가 손(又)으로 흙(土)을 허공으로 뿌린 것처럼 가볍게 달리다

음 軽視 ^{けいし} 경시 軽快 ^{けいかい} 경쾌 軽蔑 ^{けいべつ} 경멸 軽自動車 ^{けいじどうしゃ} 경차

経 지날/글 경: ① 베를 짤 때 아래위(巠)로 움직이는 날줄(糸) 사이를 좌우로 움직이는 씨줄이 지나간다[지날 경]. ② 이렇게 해서 만들어진 천에 경전 따위의 글을 적는다 [글 경]

음 経済 ^{けいざい} 경제 経営 ^{けいえい} 경영 経歴 ^{けいれき} 경력 神経 ^{しんけい} 신경 経典 ^{きょうてん} 경전

怪 괴이할 괴: 마음(忄=心)이 손(又)으로 흙(土)을 허공으로 던진 것처럼 울렁거리다= 괴이하다=이상하다

음 怪奇 ^{かいき} 괴기 怪談 ^{かいだん} 괴담 怪文書 ^{かいぶんしょ} 괴문서 怪物 ^{かいぶつ} 괴물 怪我 ^{けが} 부상=상처

古 옛 고: 여러(十) 세대에 걸쳐 구전되는(口) 오래된 옛이야기

음 古代 ^{こだい} 고대 古書 ^{こしょ} 고서 古文 ^{こぶん} 고문 古典 ^{こてん} 고전 古本 ^{ふるほん} 고서=헌책

苦 쓸 고: 풀(艹)이 오래되면(古) 쇠어서 쓰다

음 苦労 ^{くろう} 고생=수고 苦痛 ^{くつう} 고통 苦情 ^{くじょう} 불평=불만 苦戦 ^{くせん} 고전

故 **연고 고**: 오래(古) 전으로 되돌아가라고 회초리로 때리니(攵 칠 복) 그 연고(까닭, 이유)가 궁금하다

음 故障 고장　故鄕 고향　故人 고인　事故 사고

枯 **마를 고**: 나무(木)가 오래되면(古) 마르기 마련이다

음 枯渴 고갈　榮枯 영고=성함과 쇠함　榮枯盛衰 영고성쇠

克 **이길 극**: 오래(古) 버티는 사람이(儿 사람 인) 이긴다

음 克服 극복　克明 극명　克己 극기　超克 초극=고난을 극복함

湖 **호수 호**: 오래(古) 산 늙은이의 턱밑 살(月 육달 월)처럼 물(氵=水)이 주름져 출렁이는 호수

음 湖岸 호숫가　湖畔 호반=호숫가　淡水湖 담수호

固 **굳을 고**: 에워싸서(口 에운담 위) 오랜(古 옛 고) 동안 두면 굳는다

음 固有 고유　固体 고체　強固 강고　堅固 견고

個 **낱 개**: 사람(人)이 굳게(固) 독립해서 낱낱이 따로 행동하다

음 個性 개성　個人 개인　個別 개별　別個 별개

箇 **낱 개**: 자라서 굳은(固) 대나무(竹)를 하나하나 낱낱이 세다

음 個所 개소=곳　箇条 조항=항목

錮 **막을 고**: 쇠(金)로써 굳게(固) 막다

음 禁錮 금고=방안에 가두어 둠　禁錮刑 금고형

適 맞을 적: 식물은 밑동(商)이 튼튼해야 알맞게 뻗어나간다(辶 갈 착)

*商(밑동 적): 식물이 오래(古) 서(立) 있게 땅속에서 떠받치는 뿌리=밑동

음 適切 <ruby>てきせつ</ruby> 적절　適応 <ruby>てきおう</ruby> 적응　快適 <ruby>かいてき</ruby> 쾌적　匹敵 <ruby>ひってき</ruby> 필적

敵 대적할 적: 뿌리(商)가 뽑힐 때까지 쳐서(攵 칠 복) 제거해야 하는 적

음 敵国 <ruby>てきこく</ruby> 적국　敵視 <ruby>てきし</ruby> 적시　強敵 <ruby>きょうてき</ruby> 강적　無敵 <ruby>むてき</ruby> 무적

滴 물방울 적: 물(氵=水)의 밑동(商)은 물방울

음 水滴 <ruby>すいてき</ruby> 물방울　点滴 <ruby>てんてき</ruby> 링겔

摘 딸 적: 손(扌=手)으로 밑동(商)을 따다=뽑다

음 摘出 <ruby>てきしゅつ</ruby> 적출=빼냄　摘発 <ruby>てきはつ</ruby> 적발　指摘 <ruby>してき</ruby> 지적

嫡 정실 적: 여자(女) 중의 밑동(商)은 정실=본처

음 嫡子 <ruby>ちゃくし</ruby> 적자=대를 이을 아들　嫡出 <ruby>ちゃくしゅつ</ruby> 적출=본처 소생

居 살 거: 집(尸 집 시)에 오래(古 옛 고) 머물러 살다.

*尸: ①사람이 죽어서 누워있는 모습[주검 시]. ②집의 지붕과 처마 모습[집 시]

음 居住 <ruby>きょじゅう</ruby> 거주　同居 <ruby>どうきょ</ruby> 동거　別居 <ruby>べっきょ</ruby> 별거　転居 <ruby>てんきょ</ruby> 전거=이사

据 일할 거: 손(扌=手)으로 살아갈 집(居)을 짓기 위해 일하다

훈 据える <ruby>す</ruby> 설치하다　据え付ける <ruby>す</ruby> 설치하다

裾 옷자락 거: 옷(衤=衣)에서 사람의 몸(尸)과 가장 오래(古) 많이 닿는 부분은 옷자락

훈 裾 <ruby>すそ</ruby> 옷자락　裾幅 <ruby>すそはば</ruby> 옷자락 폭

戸 **집/문 호**: 집(尸)의 외닫이 문(一)을 그린 모습

음 戸籍 호적 戸主 호주 一戸建て 단독주택 下戸 술을 못 먹는 사람

肩 **어깨 견**: 몸(月 육달 월)에서 문짝(戸)처럼 넓은 어깨

음 肩章 견장

啓 **열 계**: 문(戸)을 두드려서(攵 칠 복) 열어달라고 입(口)으로 알리다

음 啓発 계발 啓蒙 계몽 拝啓 편지 첫머리에 쓰는 '삼가 아룀' 謹啓 편지 첫머리 인사말

爐 **화로 로**: 불(火)을 담는 그릇(盧)=화로

* 盧(그릇 로): 호랑이(虍) 무늬가 새겨져 있는 화로(皿 그릇 명)에 밭(田 밭 전)에서 키운 음식을 올려놓은 모습

* 虍는 虎(범 호)의 획 줄임

炉 **화로 로**: 집(戸)에서 피우는 불(火)=화로

음 暖炉 난로 炉端 화롯가 高炉 고로＝용광로 原子炉 원자로

房 **방 방**: 외짝문(戸)이 달린 네모난(方 모 방) 방

음 厨房 주방 女房 마누라 暖房 난방 冷房 냉방

扇 **부채 선**: 깃털(羽 깃 우)을 여닫이문(戸)처럼 접고 펴고 하는 부채

음 扇子 접는 부채 扇動 선동 扇風機 선풍기 換気扇 환기팬

編 **엮을 편**: 집(戸)에서 대나무 조각을 실(糸)로 묶어서 만든 책(冊)을 엮다

음 編集 편집 編入 편입 長編 장편 前編 전편

偏 **치우칠 편**: 사람(人)이 집(戸)에서 책(冊)만 읽고 있다=치우치다

遍 두루 편: 집(戶)에서 책(冊)만 읽지 않고 두루두루 여러 가지 경험을 쌓아가야(辶 갈 착) 한다

* 두루: 이 사람 저 사람 할 것 없이 모두 골고루

음 遍歷 편력 遍在 편재＝두루 퍼져 있음 普遍 보편

雇 품팔 고: 철새(隹 새 추)가 집(戶)의 처마에 둥지를 틀고 겨울을 넘기듯, 농번기에 여러 곳을 전전하면서 품을 팔다

음 雇用 고용 解雇 해고

顧 돌아볼 고: 집(戶)의 처마에 둥지를 튼 새(隹)가 새끼들 먹이를 물고 와서, 혹시 침입자가 있을까 봐 머리(頁 머리 혈) 뒤를 돌아보다

음 顧客 고객 顧問 고문＝자문 解雇 해고

戾 어그러질 려: 개(犬)가 개집(戶)을 나오려고 하다가 몸이 어그러져서 되돌아가다

戻 어그러질 려: 문(戶) 앞에서 사람(大)이 되돌려 주다

* 大: 사람이 사지를 크게 벌리고 서 있는 모습

음 返戻 반려＝반환 返戻金 반환금

涙 눈물 루: 문(戶) 안에 갇힌 사람(大)이 밖으로 나가기 위해 발버둥 치면서 눈물(氵＝水)을 흘리다

음 涙腺 눈물샘 催涙弾 최루탄

尻 꽁무니 고: 몸(尸)에서 가장 마지막(九) 부분에 있는 꽁무니

훈 お尻 엉덩이 尻込み 꽁무니를 뺌 目尻 눈가＝눈꼬리

尿 **오줌 뇨**: 몸(尸)에서 나오는 물(水)=오줌

> 음 尿 오줌　尿検査 소변검사　利尿 이뇨　排尿 배뇨

届 **이를 계**: 시체(尸 주검 시)를 관(凵)에 넣고 흙(土)으로 묻는 장례를 이르다=알리다

届 **이를 계**: 장례(尸 주검 시)로 말미암아(由 말미암을 유) 이르다=알리다

＊尸: ① 사람이 죽어서 누워있는 모습[주검 시]. ② 집의 지붕과 처마 모습[집 시]

> 훈 届ける 보내다　届く 도착하다＝배달되다

局 **판 국**: 법도(尺 자 척)에 맞게 말(口)하는 관청. 또는 장기나 바둑 따위의 판세=형세

> 음 薬局 약국　郵便局 우체국　事務局 사무국　放送局 방송국

展 **펼 전**: 집(尸)에서 화려한 옷(㐄)을 두 손(廾 두 손으로 받들 공)으로 펴다=전시하다

＊㐄: 衣(옷 의)의 획 줄임

> 음 展示 전시　展覧 전람　発展 발전　進展 진전

尼 **여승 니**: 죽은 듯이 누워있는 사람(尸)과 웅크리고 있는 사람(匕)이 오순도순 지내는 모습=여승

＊匕(비수 비): 사람이 비수를 맞고 웅크리고 있는 모습

> 음 尼僧 여승＝비구니

泥 **진흙 니**: 두 여승(尼)이 가까이 지내듯이, 흙이 물(氵=水)을 가까이하면 진흙탕이 된다

> 음 泥酔 만취　汚泥 진흙탕

門 **문 문**: 좌우 두 개의 문짝이 붙어있는 모습

> 음 入門 입문　名門 명문　専門 전문　校門 교문

閣 집 각: 문(門)이 각각(各 각각 각) 여러 방향에 있는 큰 집, 나아가 행정부의 각 부문을 책임지는 내각

음 閣僚 각료 閣議 각의=각료 회의 內閣 내각 入閣 입각

間 사이 간: 문(門)으로 햇살(日)이 들어오는 틈새=사이

음 間食 간식 間接 간접 世間話 세상 이야기 人間 입문 人間 인간

簡 대쪽 간: 대(竹)를 쪼갠 대쪽을 실로 엮었을 때 생기는 사이(間)=죽간. 나아가 죽간에 적은 짧고 간략한 글

음 簡単 간단 簡略 간략 簡潔 간결 書簡 서간

開 열 개: 대문(門)의 빗장(一)을 두 손으로 들어서 (廾 두 손으로 받들 공) 열다

*빗장: 문이 닫히도록 걸어 잠그는 막대기 모양의 도구

음 開発 개발 開店 개점 満開 만개 展開 전개

聞 들을 문: 문(門)에 귀(耳 귀 이)를 대고 듣다

음 新聞 신문 見聞 견문 伝聞 전문 聴聞会 청문회

問 물을 문: 문(門) 앞에서 들어가도 되는지 입(口)으로 묻다

음 問題 문제 問診 문진 疑問 의문 設問 설문 顧問 고문

潤 불을 윤: 물(氵=水)이 윤달(閏)처럼 불어나다

*閏(윤달 윤): 5년에 1번 도래하며, 1년 중 달수가 다른 해보다 하나 많은 달. 이때 왕(王)은 문(門) 안에서 나오지 않는다

음 潤滑 윤활 潤沢 윤택 利潤 이윤 湿潤 습윤=습기가 많음

閉 닫을 폐: 문(門)에 빗장(才)을 걸어놓은 모습=닫다

음 閉鎖 폐쇄 閉店 폐점 開閉 개폐 密閉 밀폐

閑 한가할 한: 문(門) 안의 나무(木)=문지방. 문지방에 앉아서 한가한 시간을 보내다

* 문지방: 문(門) 아래에 실내와 실외를 구분하는 나무(木)로 된 턱

음 閑静 한가하고 고요함＝한적함 閑散 한산 閑職 한직

毛 터럭 모: 짐승의 꼬리털 또는 새의 깃털 모습

음 毛布 모포＝이불 毛筆 모필 不毛 불모

尾 꼬리 미: 몸(尸)에서 털(毛)이 많이 난 곳=꼬리

음 尾行 미행 首尾 수미＝처음과 끝 語尾 어미

尉 벼슬 위: 집(尸)에서 젊은이들에게 법도(寸)의 본을 보여주는(示 보일 시), 고을에 배치되어 교육을 맡아보던 지방의 벼슬아치

음 尉官 위관 大尉 대위 中尉 중위 少尉 소위

慰 위로할 위: 벼슬아치(尉)가 열심히 수련하는 젊은이들을 마음(心)으로 위로하다

음 慰労 위로 慰安 위안 慰問 위문 慰謝料 위자료

屈 굽힐 굴: 굴을 나올(出) 때는 몸(尸)을 굽혀야 한다

음 屈折 굴절 屈辱 굴욕 退屈 지루함 理屈 이치＝도리, 핑계

掘 팔 굴: 몸을 굽혀서(屈) 손(扌=手)으로 파다

음 掘削 굴삭＝굴착 発掘 발굴 採掘 채굴 試掘 시굴

堀 굴 굴: 흙(土)을 굽이굽이(屈) 파서 만든 굴=도랑

堀 도랑=수로　^{ほりえ}堀江 인공 하천　^{つりぼり}釣堀 낚시터　^{そとぼり}外堀 성곽 밖에 만든 못

窟 굴 굴: 몸을 굽혀서(屈) 들어가는 구멍(穴 구멍 혈)=굴

음　^{どうくつ}洞窟 동굴　^{せっくつ}石窟 석굴　^{そうくつ}巣窟 소굴

避 피할 피: 임금(辟)이 행차(辶 갈 착)할 때는 사람들이 길을 피한다

* 辟(임금/물리칠 벽): 임금이 적군을 물리치고 포로의 몸(尸)을 칼(辛)로 목을 치다 (口). 여기서 口은 칼로 벤 머리가 바닥에 떨어져 있는 모습
* 辛(매울 신): 죄인에게 형벌을 가하고, 노예에게 노예 표시를 새기는 도구

음　^{ひしょ}避暑 피서　^{ひなん}避難 피난　^{たいひ}退避 퇴피　^{かいひ}回避 회피

壁 벽 벽: 임금(辟)이 사는 궁궐에 흙(土)으로 두른 벽을 쌓다

음　^{へきが}壁画 벽화　^{へきめん}壁面 벽면　^{がいへき}外壁 외벽　^{じょうへき}城壁 성벽

璧 구슬 벽: 임금(辟)이 가지고 있는 둥근 구슬(玉 옥 옥)

음　^{かんぺき}完璧 완벽　^{そうへき}双璧 쌍벽

癖 버릇 벽: 임금(辟)의 병(疒 병들어 기댈 녁)은 버릇이다. 임금은 곤란한 일이 있을 때는 병을 핑계로 피해버리는 것이 버릇이다

음　^{けっぺき}潔癖 결벽　^{びょうへき}病癖 병적인 버릇

尺 자 척: 집(尸)을 지을 때 높이나 길이를 재는 자(丿). 1자는 30.3㎝

* 尸: ①사람이 죽어서 누워있는 모습[주검 시]. ②집의 지붕과 처마 모습[집 시]

음　^{しゃくど}尺度 자=척도　^{いっしゃく}一尺 1척　^{しゅくしゃく}縮尺 축척

譯 번역할 역: 어떤 말(言)이 좋을지 엿보면서(睪) 번역하다

    * 睪(엿볼 역): 눈(罒=目)으로 어느 것이 좋을지(幸 다행 행) 엿보다

訳 번역할 역: 어떤 말(言)이 좋을지 가늠해서(尺) 번역하다

    * 가늠하다: 대략적인 판단이나 예상

    음   訳本 역본   翻訳 번역   通訳 통역   直訳 직역

駅 역 역: 말(馬)의 상태를 가늠해서(尺) 다른 말로 갈아타는 역

    음   駅 역   駅員 역무원   駅舎 역사   駅長 역장

択 가릴 택: 손(扌=手)으로 가늠해서(尺) 가려내다=골라내다

    음   採択 채택   選択 선택   二者択一 양자택일

沢 못 택: 얕아서 물(氵=水) 깊이가 가늠되는(尺) 못. 못은 농사에 필요한 물을 저장한 은혜로운 곳

    음   沢 습지=얕은 못   沢山 많이   沢庵 단무지   光沢 광택

晝 낮 주: 붓(聿 붓 율)으로 글을 쓸 수 시간은 아침 해(旦 아침 단)가 떠올라서 질 때까지=낮

昼 낮 주: 아침 해(旦 아침 단)가 떠올라서 질 때까지의 시간적 길이(尺 자 척)=낮

    음   昼食 점심   昼夜 주야

盡 다할 진: 붓(聿 붓 율)으로 벼루(皿 그릇 명)에 남은 먹물 방울(灬)까지도 다 쓰다=다하다

尽 다할 진: 자(尺)가 얼어붙을(冫 얼음 빙) 정도의 추위에도 일에 정성을 다하다

    음   尽力 진력   理不尽 불합리함   縦横無尽 종횡무진   一網打尽 일망타진

曲 굽을 곡: 대나무를 굽혀서 엮은 광주리(曲), 또는 노랫가락이 올라가고 내려가는 모습

음 曲線 곡선 曲目 곡목 作曲 작곡 名曲 명곡

豊 풍년 풍: 풍년이 들어 제기(豆)의 다리가 굽을(曲) 정도로 제사상을 차리다

* 豆: 제사 때 사용하는 굽이 높은 제기를 그린 모습

음 豊作 풍작 豊富 풍부 豊漁 물고기가 많이 잡힘 豊年 풍년

艶 고울 염: 색(色 빛 색)이 풍성하니(豊) 곱다

음 妖艶 요염

色 빛 색: 사람(⺈=人)이 뱀(巴 뱀 파)이 똬리를 틀고 있는 것처럼 붙어있을 때의 얼굴빛

음 染色 염색 特色 특색 色彩 색채 景色 경치

肥 살찔 비: 뱀(巴)이 똬리를 틀고 있는 것처럼 몸(月 육달 월)이 볼록하게 살찌다

음 肥満 비만 肥料 비료 肥大 비대 肥沃 비옥

把 잡을 파: 손(扌=手)으로 뱀(巴) 꼬리를 잡다

음 把握 파악 大雑把 대략적=대충

絶 끊을 절: 실(糸)을 사람(人)이 뱀(巴)을 자르듯이 잘라서 끊다

음 絶滅 절멸=근절 絶対 절대 壮絶 장렬 拒絶 거절

骨 뼈 골: 뼈의 골격(冎)에 살(月 육달 월)이 붙어있는 모습

음 骨折 골절 骨格 골격 鉄骨 철골 納骨 납골

髓 **뼛골 수**: 뼈(骨)가 있는(有 있을 유) 곳에 따라다니는(辶 갈 착) 골수

* *有(있을 유): 손(ナ)에 고기(月)를 들고 있는 모습
* *ナ: 又의 변형. 又는 오른손 주먹을 펴고 있는 모습
* 음 骨髓 골수 真髓 진수 脳髓 뇌수

滑 **미끄러질 활**: 물기(氵=水)가 있는 뼈(骨)는 미끄럽다

* 음 滑走路 활주로 円滑 원활 滑稽 골계=우스꽝스러움

過 **지날 과**: 삐뚤게(咼) 살아온(辶 갈 착) 지난 세월

* *咼(입 삐뚤어질 괘): 입(口) 안의 뼈(骨)에서 살(月)을 발라내니(冎) 앙상한 뼈만 남아 입이 삐뚤어지다
* 음 過去 과거 過激 과격 通過 통과 経過 경과

鍋 **냄비 과**: 쇠(金)를 삐뚤게(咼) 굽혀서 만든 냄비

* 훈 鍋 냄비 鍋料理 냄비 요리

渦 **소용돌이 와**: 물(氵=水)이 삐뚤게(咼) 돌면서 흐르는 소용돌이

* 음 渦中 와중 戦渦 전와=전쟁의 소용돌이

禍 **재앙 화**: 사람이 삐뚤게(咼) 살면 신(ネ=示 보일 시)이 재앙을 내린다

* 음 禍福 화복=불행과 행보 禍根 화근 戦禍 전화=전쟁으로 인한 피해

刻 **새길 각**: 돼지 뼈(亥)를 칼(刂=刀)로 잘게 썰다=새기다. 나아가 순간순간 잘게 흘러가는 시각

* *亥(돼지 해): 돼지 살을 발라내어 뼈만 남은 모습=핵심
* *亥는 도축한 돼지, 豕(돼지 시)는 살아있는 돼지

음 　刻印 각인　時刻 시각　遲刻 지각　定刻 정각

該 **마땅 해**: 핵심적인(亥) 말(言)은 마땅히 따라야 한다

음 　該当 해당　該当者 해당자

骸 **뼈 해**: 살을 발라낸(亥) 뼈(骨 뼈 골)=해골

음 　骸骨 해골　死骸 시체　形骸 빈 껍데기

核 **씨 핵**: 나무(木)의 핵심(亥)은 씨

음 　核 핵　核家族 핵가족　核爆弾 핵폭탄　中核 중핵＝핵심

劾 **꾸짖을 핵**: 살을 발라내듯(亥) 힘주어(力) 꾸짖다

음 　弾劾 탄핵

公 **공평할 공**: 사사로움(厶 사사 사)을 잘라내면(八) 공평하다

＊厶: 팔을 자신의 몸 안쪽으로 굽힌 모습

＊八: 칼로 절반으로 나눈 모습

음 　公園 공원　公演 공연　公立 공립　主人公 주인공　公開 공개

松 **소나무 송**: 모두가 공평하게(公) 좋아하는 나무(木)=소나무

음 　松竹梅 송죽매＝상서로움의 상징

訟 **송사할 송**: 말(言)로써 공평하게(公) 판정을 받기 위한 송사

음 　訴訟 소송　民事訴訟 민사소송　刑事訴訟 형사소송　行政訴訟 행정소송

翁 **늙은이 옹**: 매사를 공평하게(公) 판단하는 수염(羽 깃 우)이 긴 늙은이

음 　老翁 늙은 남자　塞翁が馬 새옹지마

119

總 다 총: 총각(總角)이 머리(ㅗ)를 실(糸)로 묶어(夕) 올려서 결혼식을 하는 자리에 마을 사람들을 모두 다 불러 접대하니 마음(心)이 바쁘다(悤 바쁠 총)

総 다 총: 실(糸)로 묶듯이 모두 다 함께(公) 마음(心)을 모으다

음　総会 총회　総合 총합＝종합　総長 총장　総理 총리

共 함께 공: 손(廾)과 손(ㅛ)을 함께 잡다

* 廾(두 손으로 받들 공): ㅛ는 廾의 변형

음　共同 공동　共通 공통　共存 공존　公共 공공

供 이바지할 공: 사람(人)이 함께(共) 살면 서로가 이바지해야 한다

* 이바지하다: 어떤 일이나 대상이 잘되도록 도움을 주다

음　供給 공급　供述 공술＝진술　提供 제공　自供 자백　供養 공양　供物 공물

恭 공손할 공: 마음(忄＝小＝心)을 함께(共)하려면 서로가 공손해야 한다

음　恭順 공순＝순순히 복종함　恭敬 공경

選 고를 선: 사람들(己+己 몸 기)을 함께(共) 모아 필요한 사람을 골라서 가다(辶 갈 착)

* 己: 사람이 무릎을 꿇고 앉아 있는 모습

음　選挙 선거　選手 선수　予選 예선

殿 전각 전: 여럿이 함께(共) 연장으로 쳐서(殳 몽둥이 수) 만든 큰 집(尸)=전각

* 尸: ① 집의 지붕과 처마를 그린 모습[집 시]. ② 사람이 누워있는 모습[주검 시]

음　殿堂 전당　宮殿 궁전　神殿 신전

港 항구 항: 물가(氵＝水)에 사람(己)이 함께(共) 사는 곳=항구

음　港湾 항만　空港 항공　出港 출항　入港 입항

洪 넓을 홍: 물(氵=水)이 한꺼번에(共) 넓게 흐르는 홍수

음 洪水 홍수

異 다를 이: 같은 밭(田)에서 함께(共) 심은 씨앗도 자라는 속도는 서로 다르다

음 異国 이국　異常 이상함　差異 차이　異議 이의=다른 의견

暴 사나울 폭: 상극인 불(日)과 물(氺=水)이 함께(共) 싸우니 그 기세가 사납다

음 暴力 폭력　暴風 폭풍　乱暴 난폭　凶暴 흉폭　暴露 폭로

爆 불터질 폭: 불(火)이 사나워지면(暴) 터진다=폭발한다

음 爆弾 폭탄　爆発 폭발　爆破 폭파　起爆剤 기폭제

工 장인 공: 물건을 만드는 공구를 그린 모습. 나아가 물건을 만드는 장인

음 工場 공장　工事 공사　人工 인공　工夫 공부=궁리　細工 세공

江 강 강: 물(氵=水)이 흘러가면서 만들어진(工) 강

음 長江 장강　揚子江 양쯔강

攻 칠 공: 장인(工)이 만든 무기로 적을 치다(攵 칠 복)

음 攻撃 공격　攻略 공략　専攻 전공　先攻 선공

功 공 공: 만드는(工) 일에 힘(力)을 보태니 공이 있다

음 功労 공로　功績 공적　成功 성공　功徳 공덕

貢 바칠 공: 장인(工)이 번 재화(貝)를 공납으로 바치다

음 貢献 공헌　朝貢 조공　年貢 연공

尋 찾을 심: 장인(工)의 양손(彐+寸)을 붙들고 입(口)으로 물어서 방법을 찾다

* 彐=彑=彑(돼지머리 계): 돼지의 뾰족한 코앞이 위로 드러나 있는 모습. 돼지의 주둥이는 사람의 손 역할
* 寸(마디 촌): 손끝에서 맥박이 뛰는 손목까지의 길이=손

[음] 尋問 심문 尋常 심상=평범

紅 붉을 홍: 실(糸)로 (중국인이 좋아하는) 붉은색으로 옷을 만들다(工)

[음] 紅茶 홍차 紅葉 단풍잎 紅白 홍백

虹 무지개 홍: 여러 색의 벌레(虫)들이 모여서 하늘에 다리를 만든(工) 것처럼 보이는 무지개

[음] 虹 무지개

代 대신할 대: 사람(人)이 화살(矢 화살 시) 대신에 주살(弋)로 쏘다

* 弋(주살 익): 활에 줄을 매어 화살이 멀리 날아가지 못하게 만든 활. 목적은 궁도 초보자의 자세 교정과 화살 분실 방지

[음] 代表 대표 代理 대리 時代 시대 現代 현대 交代 교대

貸 빌릴 대: 사는 대신(代)에 돈(貝)을 주고 빌리다

[음] 貸与 대여 賃貸 임대=세줌 貸借 대차=꾸어줌과 꿈

式 법 식: 장인(工)이 주살(弋)을 만들 때는 법식에 따라야 한다

[음] 結婚式 결혼식 公式 공식 正式 정식 洋式 양식

試 시험 시: 말(言)로써 법식(式)에 맞는지 시험하다

[음] 試験 시험 試合 시합 入試 입시

拭 **씻을 식**: 의식(式)에 앞서 손(扌=手)을 깨끗이 씻다

음 拭拭 ^{ふっしょく} 불식＝일소＝깨끗이 씻어냄

袋 **자루 대**: 옷(衣 옷 의) 대신(代)에 뒤집어쓰는 자루＝포대

훈 袋 ^{ふくろ} 주머니 手袋 ^{てぶくろ} 장갑 ごみ袋 ^{ぶくろ} 쓰레기 봉지 紙袋 ^{かみぶくろ} 종이 봉지

一 **한 일**: 막대기 하나

음 一年 ^{いちねん} 1년 一番 ^{いちばん} 첫 번째 一回 ^{いっかい} 1회＝한 번 一日 ^{ついたち} 초하루＝1일

壹 **한/갖은한 일**: 一(한 일) 외의 획은 변조를 막기 위한 장치. 주로 관공서나 공식 문서 등에서 사용

壱 **한/갖은한 일**: 一 외의 획은 변조를 막기 위한 장치. 주로 관공서나 공식 문서 등에서 사용

음 壱 ^{いち} 일＝하나

二 **두 이**: 막대기가 두 개

음 二年 ^{に ねん} 2년 二回 ^{にかい} 2회 二時 ^{に じ} 두 시

貳 **두/갖은두 이**: 二(두 이). 弋(주살 익)과 貝(조개 패)는 二의 변조를 막기 위한 장치. 주로 관공서나 공식 문서 들에서 사용

弐 **두/갖은두 이**: 貳에서 貝를 빼는 대신 위쪽에 一를 더함으로써 二의 변조를 방지한 모습

음 弐万円 ^{に まんえん} 2만 엔

果 **실과 과**: 밭(田)에 나무(木)를 심어 얻은 열매＝실과

음 果実 ^{かじつ} 과실 果樹園 ^{か じゅえん} 과수원 効果 ^{こうか} 효과 成果 ^{せいか} 성과

菓 **과자 과**: 식물(艹)의 열매(果)로 만든 과자

음 菓子 과자　製菓 제과　茶菓子 차 과자　氷菓 빙과

課 **매길 과**: 말(言)로써 열매=결실(果)의 등급을 매기다

음 課長 과장　課題 과제　日課 일과　放課後 방과 후

裸 **벗을 라**: 털이 없는 열매(果)처럼 옷(衤=衣 옷 의)을 벗다

음 全裸 전라　半裸 반라　赤裸々 적나라

巣 **새집 소**: 새끼 새들이 나란히(ⵗ) 나무(木) 위의 둥지(田)에 앉아서 어미가 물고 온 먹이를 받아먹는 모습

음 巣窟 소굴　卵巣 난소

彙 **무리 휘**: 돼지(彑돼지머리 계)가 과일(果)을 덮쳐(冖 덮을 멱) 먹으려고 무리 지어 다니다

음 語彙 어휘

阜 **언덕 부**: 언덕(㠯=阝 언덕 부)이 많은(十 열 십) 지역

음 岐阜県 기후현　岐阜市 기후시

帥 **장수 수**: 언덕(㠯) 위에서 깃발(巾 수건 건)을 앞세우고 지휘하는 장수

음 元帥 원수　総帥 총수　将帥 장수　統帥 통수=부하를 통솔하는 장수

師 **스승 사**: 언덕(㠯) 위에서 군사들 혹은 제자들에 둘러싸인(帀 두를 잡) 사단장 또는 스승

＊ 병력의 수가 언덕 하나를 두를 정도의 규모가 1개 사단

음　教師 교사　恩師 은사　師匠 은사=스승　師弟 사제=스승과 제자

追 쫓을/따를 추: 언덕(自)을 따라 도망가는 적을 쫓아서 따라가다(辶 갈 착)=추격하다

음　追加 추가　追憶 추억　追求 추구　追伸 추신

官 벼슬 관: 언덕(阝=㠯=自) 위에 높이 지은 집(宀 집 면)=관청. 나아가 관청에서 일하는 벼슬아치

음　官僚 관료　官庁 관청　警察官 경찰관　外交官 외교관

館 집 관: 관청(官)의 관리들이 식사하는(食=食 먹을 식) 큰 집. 나아가 타지에서 온 벼슬아치에게 밥이나 잠자리를 제공하는 관청=객관

*食(먹을 식): 사람(人)의 몸에 좋은(良 좋을 량) 음식

음　館長 관장　図書館 도서관　大使館 대사관　本館 본관

管 대롱 관: 대나무(竹)처럼 속이 비어 있는 관(官)=대롱

*여기서 관(官)은 뜻이 아닌 음만 빌린 것

음　管理 관리　管楽器 관악기　血管 혈관　水道管 수도관

棺 널 관: (장례에서 사용하는) 나무(木)로 만든 관(官)

*여기서도 관(官)은 뜻이 아닌 음만 빌린 것

음　納棺 납관=입관　出棺 출관　石棺 석관

呂 등뼈/음률 려: 등뼈를 그린 모습. 나아가 등뼈나 음률처럼 높고 낮음이 이어지는 모습

음　風呂 목욕　風呂敷 보자기　語呂 어조

125

宮 집 궁: 등뼈(呂)처럼 높고 낮음이 길게 이어지는 큰 집(宀 집 면)=궁궐

음 宮殿 궁전　宮中 궁중　王宮 왕궁　神宮 신궁

営 경영할 영: 궁(呂)을 짓기 위해 불(灬)을 밝혀(冖) 계획을 세우다=경영하다

* 여기서 呂은 宮의 획 줄임

음 営業 영업　営利 영리　経営 경영　運営 운영

侶 짝 려: 등짝(呂)을 맞대고 의지하는 사람(人)=짝

음 伴侶 반려　僧侶 승려

學 배울 학: 아이들(子)이 함께 모여서(冖 덮을 멱) 두 손(臼)을 맞잡고 놀면서 서로 본받다(爻)=배우다

* 臼: 爪+爪(손톱 조=손)
* 爻(본받을 효): 다리를 서로 교차하는 놀고 있는 모습

学 배울 학: 등잔불(灬)에 덮여서(冖) 아이(子)가 글을 배우다

음 大学 대학　入学 입학　学年 학년　学費 학비　進学 진학

覚 깨달을 각: 보고(見) 배워서(⺍) 이치를 깨닫다

* ⺍은 學의 子 생략

음 覚悟 각오　覚醒 각성　感覚 감각　視覚 시각

労 일할 로: 불(灬)을 밝혀(冖) 힘써(力) 일하다

음 労力 노력　労働 노동　過労 과로　疲労 피로

栄 영화 영: 나무(木)를 밝히는(冖) 불꽃(灬)=영화롭다=화려하다

음 栄光 영광　栄養 영양　光栄 광영=영광　繁栄 번영

蛍 **반딧불 형:** 불(`丷`)을 밝히는(`冖`) 벌레(虫)=반딧불

음 蛍光灯 형광등

與 **더불/줄 여:** 네 개의 손, 즉 두 사람이 서로 뭔가를 함께 주다=더불다

* 네 개의 손: 臼(爪+爪(손톱 조)+廾(두 손으로 받들 공)

与 **더불/줄 여:** 더불어 주다

음 与党 여당　給与 급여　関与 관여　付与 부여

挙 **들 거:** 손(手)으로 횃불(`丷`)을 높이 들어 올리다(廾 두 손으로 받들 공)

음 挙手 거수　挙動 거동　選挙 선거　快挙 쾌거

誉 **기릴/명예 예:** 말(言)을 횃불(`丷`)처럼 높이 들어 올려서(廾) 기리다

* 기리다: 우수한 점이나 잘하는 일을 칭찬하다

음 名誉 명예　不名誉 불명예　栄誉 영예

寫 **베낄 사:** 신하가 왕을 알현할 때 신는 예식용 신발(舃)은 두 손(臼)으로 들고 집(`宀` 집 면)으로 옮기다=베끼다

* 舃: 두 손(臼)으로 발가락(`灬`)을 싼(勹 쌀 포) 모습=신발

* 臼=爪+爪(손톱 조)

写 **베낄 사:** 덮어서(冖 덮을 멱) 여러(与 더불어 여) 개로 베끼다

음 写真 사진　写生 사생　複写 복사　映写 영사

潟 **개펄 석:** 신발(舃)에 물(`氵`=水)이 스며드는 개펄

음 干潟 갯벌　新潟県 니가타현　新潟市 니가타시

尚 오히려 상: 집(宀) 아궁이(口)에서 나온 연기가 집보다 오히려 더 높이 퍼져서(八) 올라간다

* 八: 물체가 양쪽으로 대칭되게 나누어진 모습

음 尚早 아직 때가 이름　和尚 스님　高尚 고상

堂 집 당: 높이(尚) 흙(土)을 쌓아서 지은 집

음 堂々 당당　食堂 식당　聖堂 성당　講堂 강당

黨 무리 당: 높은(尚) 이상을 품고 어두운(黑 검을 흑) 현실을 개혁하려는 무리=당

党 무리 당: 높고(尚) 어진 사람들의(儿 어진사람 인) 무리=당

음 党首 당수　党派 당파　与党 여당　野党 야당　政党 정당

當 마땅할 당: 밭(田) 매매에서 값을 높이(尚) 부르는 것은 마땅하다=당연하다

当 마땅할 당: 횃불(⺌)을 손(彐)에 들고 열심히 일하면 마땅히 노력에 상응하는 결실을 얻는다

* 彐(돼지머리 계): 돼지머리는 사람의 손 역할

음 当番 당번　当日 당일　適当 적당　担当 담당

常 항상 상: 높은(尚) 곳에 걸어둔 수건(巾)은 항상 볼 수 있다

음 常識 상식　常温 상온　日常 일상　通常 통상

賞 상줄 상: 공을 높이(尚) 세우면 재물(貝)로 상을 준다

음 賞品 상품　賞状 상장　皆勤賞 개근상　鑑賞 감상

償 갚을 상: 공을 세운 사람(人)에게 상(賞)을 내려 보답하다=갚다

음 補償 보상　弁償 변상　賠償 배상

掌 **손바닥 장**: 위로(尚) 향한 손(手)=손바닥

음 掌握 _{しょうあく} 장악　掌中 _{しょうちゅう} 수중　合掌 _{がっしょう} 합장

串 **꿸 관**: 물건의 중심을 꼬챙이(丨)로 꿰놓은 모습

훈 串 _{くし} 꼬챙이　串焼 _{くしやき} 꼬치구이　串刺 _{くしざし} 꼬치

患 **근심 환**: 꼬챙이로 심장(心)을 꿰는(串) 것 같은 심한 근심

음 患部 _{かんぶ} 환부　患者 _{かんじゃ} 환자　疾患 _{しっかん} 질환　急患 _{きゅうかん} 급환

貫 **꿸 관**: 엽전(貝)을 한 줄로 꿰다(毌)

* 꿰다: 연결되도록 구멍이나 틈을 엮다

음 貫通 _{かんつう} 관통　貫徹 _{かんてつ} 관철　一貫 _{いっかん} 일관

慣 **익숙할 관**: 마음(忄=心)에 다 꿰고(貫) 있는 것은 익숙하다

음 慣行 _{かんこう} 관행　慣例 _{かんれい} 관례　慣用句 _{かんようく} 관용구　習慣 _{しゅうかん} 습관

實 **열매 실**: 수확해서 집(宀 집 면)에 꿰어둔(貫) 열매

実 **열매 실**: 집(宀)에서 사람(人)이 실로 꿰어둔(三) 열매

음 実現 _{じつげん} 실현　実験 _{じっけん} 실험　現実 _{げんじつ} 현실　真実 _{しんじつ} 진실

今 **이제 금**: 뚜껑(亼)으로 어떤 물건(一)을 이제 막 덮어 감추다(ㄱ)=머금다

* ㄱ: 匸(감출 혜)의 획 줄임

* 今은 含(머금을 함)의 원래 글자

음 今月 _{こんげつ} 이번 달　今度 _{こんど} 이번　今晩 _{こんばん} 오늘 밤　今日 _{きょう}＝こんにち 오늘　今朝 _{けさ} 오늘 아침

含 머금을 함: 입(口)으로 머금다(今)

음 含有 함유　含量 함량　包含 포함

琴 거문고 금: 입에 머금은(今) 두 개의 옥(王王)이 부딪치는 소리를 내는 거문고

＊王(임금 왕): 玉(구슬 옥)의 획 줄임

음 琴線 거문고 줄

念 생각 념: 마음(心)에 머금고(今) 깊이 생각하다=상념

＊상념: 마음속에 떠오른 여러 생각에 깊이 빠져드는 상태

음 念頭 염두　念願 염원　祈念 기념　信念 신념

捻 비틀 염: 손(扌=手)으로 생각(念)을 비틀다=짜내다

음 捻挫 염좌=삠　捻出 염출=짜냄=생각해 냄

吟 읊을 음: 입(口)에 머금고(今) 천천히 읊다

음 吟味 음미　吟詠 음영=가락을 붙여 시를 읊음

陰 그늘 음: 구름(云)을 머금은(今) 언덕(阝 언덕 부)에 그늘이 지다

＊云: 雲(구름 운)의 획 줄임

음 陰曆 음력　陰謀 음모　陰性 음성　陰極 음극

貪 탐할 탐: 재물(貝)이 탐나서 입에 머금다(今)

음 貪欲 탐욕

合 합할 합: 세 가지 음식을 합해서(亼) 입(口)으로 먹다

＊亼(삼합 집): 세 개의 물건이 모여 있는 모습, 또는 세 가지가 잘 어울려 딱 들어

맞음

음 合計 합계 合格 합격 集合 집합 合宿 합숙

給 **줄 급**: 실(糸)을 합해서(合) 이어가듯이 물건이나 돈을 지속적으로 주다

음 給食 급식 給料 급료 支給 지급 時給 시급

答 **대답할 답**: 대쪽(竹)을 합해서(合) 답을 적다

음 答案 답안 答弁 답변 正答 정답 解答 해답

拾 **주울 습/열 십**: ① 손(扌=手)을 합해서(合) 물건을 줍다=섭득하다[주울 습]. ② 두 손(扌)의 손가락을 합하면(合) 열[열 십]. 十의 변조를 막기 위한 장치. 주로 관공서나 공식 문서 들에서 사용

음 習得 습득 収拾 수습

塔 **탑 탑**: 흙(土)과 풀(艹)을 합해서(合) 쌓은 탑

음 塔 탑 電波塔 전파탑 管制塔 관제탑 象牙の塔 상아탑

搭 **탈 탑**: 손(扌)으로 풀(艹)을 묶어서(合) 수레에 태우다=싣다

음 搭載 탑재 搭乗 탑승

卑 **낮을 비**: 시종이 주인을 위해 부채질을 하는 모습=신분이 낮다=천하다

음 卑怯 비겁 卑劣 비열 卑屈 비굴

碑 **비석 비**: 돌(石)을 낮게(卑) 세워서 만든 비석

음 碑石 비석 碑文 비문 墓碑 묘비 記念碑 기념비

鬼 **귀신 귀**: 얼굴이 큰 귀신을 상상해서 그린 모습

* ヽ(머리), 田(얼굴), 儿(발), ㄴ(팔)

음 鬼神 귀신　鬼才 귀재　殺人鬼 살인귀

塊 **덩어리 괴**: 귀신(鬼)처럼 흉한 흙(土) 덩어리

음 塊茎 덩이줄기　金塊 금괴　団塊 덩어리

醜 **추할 추**: 술(酉 술병 유) 귀신(鬼)은 추하다

음 醜態 추태　醜悪 추악　醜聞 추문

魂 **넋 혼**: 구름(云)처럼 떠다니는 귀신(鬼)의 넋

* 云: 雲(구름 운)의 획 줄임

* 魂은 정신, 魄(넋 백)은 육체. 사람이 죽으면 魂은 하늘로 올라가고 魄은 땅으로 내려간다고 믿음

음 靈魂 영혼　鎮魂 진혼　闘魂 투혼

麻 **삼 마**: 집(广 집 엄)에서 삼(林) 껍질을 벗기고 있는 모습

음 麻痺 마비　麻薬 마약　麻酔 마취　大麻 대마

摩 **문지를 마**: 1차적으로, 삼(麻) 껍질을 벗기기 위해 손(手)으로 문지르다

음 摩擦 마찰　摩耗 마모　研摩 연마　按摩 안마

磨 **갈 마**: 2차적으로, 벗겨낸 삼(麻) 껍질을 제거하기 위해 돌(石)로 갈다

음 磨滅 마멸　練磨 연마　雪達磨 눈사람　切磋琢磨 절차탁마

魔 **마귀 마**: 마약 성분이 있는 삼(麻)을 먹은 귀신(鬼)=마귀

음 魔法 마법　悪魔 악마　邪魔 방해

未 아닐 미: 나무(木) 위의 아직 자라지 않은 가지(一)=작다

음 未来 미래　未満 미만　未熟 미숙　未定 미정

妹 누이 매: 여자(女) 중에서 작은(未) 사람=누이동생

음 姉妹 자매

昧 어두울 매: 햇빛(日)이 작으니(未) 어둡다

음 曖昧 애매　贅沢三昧 매우 호화로움

魅 매혹할 매: 아직 귀신(鬼)이 되지 않은(未) 도깨비가 사람을 매혹하다

* 매혹하다: 매력으로 남의 마음을 사로잡다

음 魅力 매력　魅了 매료　魅惑 매혹

味 맛 미: 입(口)으로 음식을 잘게(未) 씹어서 맛보다

음 味覚 미각　趣味 취미　興味 흥미　意味 의미

末 끝 말: 나무(木) 위의 가지(一)=끝

음 週末 주말　月末 월말　結末 결말

抹 지울 말: 손(扌=手)으로 나무(木) 끝의 가지(一)를 꺾다=자르다=지우다

음 抹茶 말차=녹차　抹消 말소　抹殺 말살　一抹 일말=아주 약간

朱 붉을 주: 가지(丿)가 달린 적심목(木)의 그루터기(一)를 톱으로 자르면 붉은 색이 나타난다

　* 적심목(赤心木): 건물을 지을 때 사용하는 붉은빛 나무

　* 그루터기: 초목을 베어 내고 남은 밑동

　음 　朱肉 인주　朱印 주인=붉은 인주로 찍은 도장

殊 다를 수: 죽어 뼈만 앙상한(歹 뼈 앙상할 앙) 시신에 붉은(朱) 피가 남아 있으니 보통과는 다른 특수한 상황이다

　음 　殊勲 수훈=기특함　特殊 특수

株 그루 주: 나무(木)의 그루터기(朱). 나무나 주식을 세는 단위. 그루터기는 나무의 근본, 주식은 기업 자본의 근본

　음 　株 그루터기　株式 주식　株価 주가　株主 주주

珠 구슬 주: 나무의 그루터기(朱)처럼 둥글고 붉은 옥(王=玉 구슬 옥)으로 만든 구슬

　음 　珠算 주산　珠玉 주옥　真珠 진주

交 사귈 교: 사람의 다리가 서로 사귀는 것처럼 교차한 모습

　* 머리(亠)+양쪽 팔(八)+교차한 다리(乂)

　음 　交通 교통　交代 교대　交番 파출소　外交 외교

校 학교 교: 나무(木)를 교차시켜(交) 만든 건물=학교

　음 　校門 교문　校長 교장　学校 학교　母校 모교　校庭 교정

較 견줄 교: 차(車)가 교차하면서(交) 속도를 견주다

　음 　比較 비교

絞 **목맬 교:** 실(糸)을 교차해서(交) 목을 매다

음 絞殺 교살　絞首 교수　絞首刑 교수형　絞首台 교수대

郊 **들 교:** 고을(阝)과 고을을 잇는 교차로(交)=들판

*阝: 글자의 왼쪽에 있을 때는 [언덕 부], 오른쪽에 있을 때는 고을[고을 읍]

음 郊外 교외　近郊 근교

効 **본받을 효:** 교류(交)하면서 힘써(力) 본받다

음 効果 효과　効率 효율　即効 즉효　有効 유효

父 **아비 부:** 양손(八)에 든 칼을 교차로 휘둘러서(乂 벨 예) 적으로부터 가족을 지키는
아비=아버지

음 父母 부모　祖父 조부　神父 신부

釜 **가마솥 부:** 아비(父)처럼 큰 쇠(金)로 만든 가마솥

훈 釜 솥　茶釜 차를 볶는 솥

區 **구분할 구:** 상자(匚 상자 방) 속의 물품(品 물건 품)을 종류별로 구분하다

区 **구분할 구:** 상자(匚) 속의 물품을 칼로 잘라서(乂) 구분하다

음 区別 구별　区役所 구청　区間 구간　区分 구분

欧 **구라파 구:** 입을 하품하듯(欠 하품 흠) 벌리고 다른 구역(나라)을 침범하는 역겨운
구역(区)=구라파=유럽

음 欧州 구주　欧米 구미=유럽과 미국　西欧 서구=서유럽　北欧 북구=북유럽

殴 **때릴 구:** 일정한 구역(区)으로 몰아넣고 몽둥이(殳 몽둥이/창 수)로 때리다

음 殴打 구타

駆 몰 구: 말(馬 말 마)을 어떤 구역(区)으로 몰아가다

> 음 駆使 구사 駆動 구동 駆除 구제 駆逐 구축

枢 지도리 추: 나무(木)로 만든 지도리를 중심축으로 하여 회전하는 구역(区) 또는 범위

> * 지도리: 문을 여닫을 때 문짝이 달려 있게 하는 중심축

> 음 枢軸 추축＝권력이나 정치의 중심 中枢 중추

凶 흉할 흉: 흙을 베어서(✕ 벨 예) 판 구덩이(凵)에 빠진 모습이 흉하다

> 음 凶作 흉작 凶悪 흉악 吉凶 길흉

脳 골 뇌: 몸(月)에서 흉한(凶) 물(氵=水)이 들어있는 뇌

> * 여기서 `̇̇̇`는 氵가 90도 회전한 모습

> 음 脳 뇌 脳波 뇌파 頭脳 두뇌 首脳 수뇌

悩 번뇌할 뇌: 마음(忄=心)이 흉한(凶) 물(`̇̇̇`)처럼 흐르다＝번뇌하다

> 음 苦悩 고뇌 煩悩 번뇌 子煩悩 자식을 끔찍이 아끼고 사랑함

胸 가슴 흉: 몸(月 육달 월)에서 흉한(凶) 장기를 감싸고(勹 쌀 포) 있는 가슴

> 음 胸部 흉부 胸囲 가슴둘레 胸像 흉상 度胸 담력＝배짱

離 떠날 리: (덫에 걸리지 않고 살아난) 새(隹 새 추)가 달아나다(离)＝떠나다

> * 离(흩어질 리): 짐승의 발자국에 덫을 놓은 모습

> 음 離陸 이륙 距離 거리 分離 분리 離島 외딴섬

璃 유리 리: 유리를 녹이면 옥(王)처럼 둥글게 흩어진다(离)

    ＊王은 玉의 획 줄임

    음 瑠璃 칠보의 하나＝청금석

求 구할 구: 모피(求)는 귀해서 모두가 구해서 갖고 싶어 하는 물건

    ＊求: 머리와 팔다리가 붙어있는 모피 모습

    음 求人 구인　求職 구직　追求 추구　要求 요구

救 구원할 구: 물에 빠져 도움을 구하는(求) 사람에게 막대기(攵)를 건네주다＝구원하다

    ＊攵(칠 복): 막대기(丿)를 손(又)에 들고 마구 치다

    음 救助 구조　救出 구출　救援 구원　救急車 구급차

球 공 구: 모피(求)를 옥(王)처럼 둥글게 싸서 만든 공

    음 球技 구기　球場 구장　電球 전구　卓球 탁구

倍 곱 배: 사람(人)이 뭔가를 반으로 가르니(咅) 그 수가 배로 된다

    ＊咅(침 부): 마주 보고 서서(立) 입(口) 싸움을 하다가 침을 뱉고　갈라서다

    음 倍率 배율　倍数 배수　倍増 배증＝배가　二倍 두 배

培 북돋울 배: 밭의 흙(土)을 양쪽으로 갈라서(咅) 북돋우다

    음 培養 배양　栽培 재배

陪 모실 배: 대립하여 갈라진(咅) 상황을 해결하기 위해 언덕(阝 언덕 부)처럼 높은 사람을 모시다

    음 陪審 배심　陪審員 배심원　陪席 배석

賠 **물어줄 배**: 재물(貝)을 갈라서(咅) 남에게 물어 주다

음 賠償 배상 賠償金 배상금

部 **떼 부**: 읍(阝 고을 읍)을 작게 갈라서(咅 침 부) 만든 부락

*阝가 글자의 왼쪽에 있으면 언덕, 오른쪽에 있으면 고을

* 부락: 작은 시골에 사람들이 떼를 지어 이룬 마을

음 部分 부분 部長 부장 全部 전부 本部 본부 部屋 방

剖 **쪼갤 부**: 칼(刂=刀)로 갈라서(咅) 쪼개다

음 解剖 해부

爲 **할 위**: 손(爪)으로 코끼리(爲)에게 일을 시키기 위해 길들이다

為 **할 위**: 코끼리(爲)가 긴 코로 일을 하다

음 為政者 위정자 行為 행위 人為 인위 無作為 무작위 為替 환율

僞 **거짓 위**: 사람(人)이 코끼리(為)를 길들이는 것은 인위적인 것이므로 거짓이다

음 僞造 위조 真僞 진위 虛僞 허위

長 **길 장**: 머리칼(彡 터럭 삼)이 옷(衣=衣 옷 의)을 덮을 정도로 길게 늘어트린 노인=길게 살다

음 長男 장남 長女 장녀 社長 사장 成長 성장

帳 **장막 장**: 천(巾 수건 건)으로 길게(長) 드리운 장막

음 帳簿 장부 通帳 통장 手帳 수첩 日記帳 일기장

張 베풀 장: 활(弓 활 궁)을 길게(長) 당겨서 화살을 쏘다=베풀다

음 張本人 장본인 緊張 긴장 拡張 확장 膨張 팽창

手 손 수: 손을 편 모습. 손재주라는 말이 있듯이 재주가 많은 손

음 手話 수화 歌手 가수 投手 투수

看 볼 간: 손(手)을 눈(目) 위에 얹어서 자세하게 살펴서 보다

음 看護 간호 看病 간병 看板 간판 看守 간수

才 재주 재: 손재주라는 말이 있듯이 재주가 많은 손(才=手)

음 才能 재능 天才 천재 才気 재기=재주가 있는 기질

材 재목 재: 나무(木)를 손(才)으로 잘라서 유용하게 만든 재목

음 材料 재료 材質 재질 取材 취재 木材 목재

財 재물 재: 재주(才)가 많은 사람이 재물(貝)을 갖는다

음 財産 재산 財政 재정 文化財 문화재 財布 지갑

在 있을 재: 손재주(才)를 발휘하여 땅(土)에 나무를 심다

* 在는 장소 또는 물리적 개념

음 在職 재직 在学 재학 所在 소재 存在 존재

存 있을 존: 재주(才) 좋게 자식(子)이 대대손손 끊임없이 있다

* 存은 시간 또는 정신적 개념

音 存在 존재　存続 존속　既存 기존　保存 보존　存じる 알고 있다＝생각하다

立 **나란히 병**: 두 사람이 나란히 서(立 설 립) 있는 모습

並 **나란히 병**: 두 사람이 나란히 서(立 설 립) 있는 모습

音 並列 병렬　並行 병행　並立 병립

普 **넓을 보**: 햇살(日)이 나란히(並) 널리 비치다

音 普通 보통　普遍 보편　普及 보급　普段 평소

譜 **계보 보**: 말(言)로 전해진 사항을 널리(普) 체계적으로 기록한 계보

音 譜面 악보　楽譜 악보　年譜 연보

併 **아우를 병**: 사람(人)이 서로 마주 보고 둥글게(幷) 아우르다

＊아우르다: 여럿을 조화하여 한 덩어리나 한판이 되게 하다

音 併記 병기　併設 병설　合併 합병

餅 **떡 병**: 밥(食)을 쪄서 둥글게(幷) 만든 떡

훈 餅 떡　尻餅 엉덩방아

塀 **담 병**: 흙(土)을 병풍(屛)처럼 둥글게(幷) 쌓아서 만든 담

＊屛(병풍 병): 시신(尸 주검 시)을 가리기 위해 둥글게(幷) 세워둔 병풍

音 塀 담

瓶 **병 병**: 기와(瓦 기와 와)처럼 둥글게(幷) 구워서 만든 병

音 瓶 병　花瓶 화병　ビル瓶 맥주병　空き瓶 공병＝빈 병

瓦 기와 와: 위에서 덮고 있는 수키와(⼓)와 아래에 있는 둥근 암키와(⼄)를 언강(丶)이 서로 아울려서 만든 용마루 기와

  * 언강: 수키와와 암키와가 서로 맞물리게 연결하기 위한 낮은 턱

  음 瓦解 와해 煉瓦 벽돌 瓦礫 기와+자갈=쓰레기

互 서로 호: 수키와(工)와 암키와(⼄)가 서로 호응하다

  음 互換 호환 交互 번갈아 함 相互 상호=서로

辛 매울 신: 죄인에게 형벌을 가하고, 노예에게 노예 표시를 새기는 도구

  음 辛抱 참음 辛酸 괴롭고 쓰라림 辛勝 간신히 이김 辛辣 신랄

辣 매울 랄: 매운(辛) 것의 다발(束 묶을 속)=매우 맵다

  음 辛辣 신랄 惡辣 악랄

辯 말씀 변: 두 사람이 날카로운(辛+辛) 말(言)로 논쟁하다=변론하다

弁 말씀/고깔 변: 변호사가 손(廾 두 손으로 받들 공)으로 고깔(厶) 모자를 쓰고 변론하다

  음 弁護 변호 弁護士 변호사 弁論 변론 代弁 대변

宰 재상 재: 대궐(宀 집 면)에서 매운(辛) 일을 떠맡아 주관하는 재상

  음 宰相 재상 主宰 주재

齊 가지런할 제: 무녀가 머리(亠)를 세 가닥(Y)으로 묶고 칼춤(刀)을 추기 위해 옷(仏)의 매무새를 가지런하게 다듬고 제단(示)에 올라가 있는 모습

  * 仏는 衣(옷 의)의 획 줄임. 여기서는 齊 글자 맨 위의 亠와의 중복을 피한 것

  * 齊의 맨 아래에 있는 것은 示의 변형

齊 가지런할 제: 무녀가 옷의 매무새를 가지런히 다듬고 제단(示)에 올라가서 춤(文)을 추는 모습

음 斉唱 제창 一斉 일제=일제히

済 건널 제: 물결(氵=水)이 가지런할(斉) 때 건너다=끝나다=해결되다

음 返済 반제=빌려 쓴 것을 갚음 救済 구제 共済 공제 経済 경제

剤 약제 제: 약초를 가지런하게(斉) 칼(刂=刀)로 자른 약제

음 解熱剤 해열제 接着剤 접착제 鎮痛剤 진통제 殺虫剤 살충제

斎 재계할/집 재: 집에서 신(示)에게 제사를 지내기 전에 목욕재계하여 마음을 가지런히(斉) 하다.

* '재'는 목욕재계의 준말

음 斎場 장례식장 書斎 서재

氏 성씨 씨: 사람이 몸을 낮게 굽혀서 씨를 뿌리는 모습

음 氏名 성명 氏族 씨족 彼氏 남자 친구

紙 종이 지: 실(糸)을 잘게 빻아서 두께가 낮고(氏) 평평하게 만든 종이

음 紙面 지면 紙上 지상=신문 등의 지면 用紙 용지 表紙 표지

婚 혼인할 혼: 신부(女)를 해(日)가 낮게(氏) 지는 어두운(昏 어두울 혼) 저녁에 맞아 혼인하다

* 신부를 저녁에 맞는 것은 교통시설의 미비로 신랑이 저녁에 신부댁에 도착하기 때문

음 婚約 약혼 婚姻 혼인 結婚 결혼 未婚 미혼

低 낮을 저: 사람(人)이 씨앗(氏)을 땅(一)에 뿌리기 위해 몸을 낮추다

음 低下 저하 低音 저음 最低 최저 高低 고저

底 밑 저: 집(广 집 엄)의 낮은(氏 근본 저) 부분=밑바닥

음 底辺 저변 根底 근저=근본 海底 해저 徹底 철저

抵 막을 저: 손(扌=手)으로 밀어 낮은(氏) 곳으로 떨어뜨려 올라오지 못하게 막다

음 抵抗 저항 抵触 저촉 大抵 대저=대강=대개 並大抵 보통=예사

邸 집 저: 궁궐 아래 지대가 낮은(氏) 고을(阝 언덕 부)에 지은 큰 집

*阝가 글자의 왼쪽에 있으면 언덕[언덕 부], 오른쪽에 있으면 고을[고을 읍]

* 궁궐은 지대가 약간 높은 곳에, 관청이나 신하의 집은 약간 낮은 곳에 위치

음 邸宅 저택 邸內 저택 내 官邸 관저 私邸 사저

民 백성 민: 무릎을 꿇은(卩=巳 병부 절) 성씨(氏)들=백성

음 民族 민족 民主主義 민주주의 農民 농민 国民 국민

眠 잘 면: 백성(民)은 폭정을 보고도 눈(目)을 감는다=잠자다

음 睡眠 수면 仮眠 가면 休眠 휴면 冬眠 동면

責 꾸짖을 책: 빌린 돈(貝)을 갚으라고 가시(龶)로 찌르다=꾸짖다

* 龶는 束(가시 자)의 변형

* 束(가시 자): 가시로 덮인(冖 덮을 멱) 나무(木)

음 責任 책임 責務 책무 問責 문책 自責 자책

債 빚 채: 사람(人)에게 갚아야 하는 빚(責)

음 債権 채권 債務 채무 国債 국채 負債 부채

積 쌓을 적: 볏단(禾 벼 화)을 쌓은 것처럼 빚(責)이 계속 쌓이다

음 積雪 적설　積載 적재　面積 면적　体積 체적＝부피

績 길쌈할 적: 길쌈한 베(糸)를 공물로 바치지 않는다고 꾸짖다(責). 나아가 공물을 많이 징수한 관리의 업적이 우수하다

＊공물: 나라에 세금으로 바치는 특산물

음 成績 성적　業績 업적　実績 실적　紡績 방적

漬 담글 지: 김치 따위를 담그는 일은 물(氵＝水)이 책임진다(責)＝물이 있어야 한다

훈 漬ける 담그다　漬物 절임　漬かる 담가지다＝맛이 들다

叔 아저씨 숙: 콩깍지(朮)를 손(又)에 들고 있는 모습. 콩알처럼 작은 아버지＝아저씨

음 叔母＝おば 숙모　叔父＝おじ 숙부

督 감독할 독: 눈(目)을 콩알처럼 작게(叔) 뜨고 세심하게 살펴서 감독하다

음 督促 독촉　督励 독려　監督 감독　家督 가독＝가문의 대표자＝장남

淑 맑을 숙: 깊은 계곡에서 졸졸 적게(叔) 흐르는 오염되지 않은 맑은 물(氵＝水)

음 淑女 숙녀　貞淑 정숙

寂 고요할 적: 집(宀 집 면)에 말소리가 작으니(叔) 고요하다

음 静寂 정적　閑寂 한적

戚 친척 척: 콩(朮)처럼 모여 사는 친척을 창(戉)이나 도끼를 들고 지키다

＊戉(창 무): 찌르기 중심의 창(戈 창 과)에 자르기 중심의 도끼날을 부착한 모습

음 親戚 친척　遠戚 먼 친척　姻戚 인척

貝 조개 패: 조개 모양을 본뜬 모습. 조개껍질을 화폐로 사용

훈 貝 조개 貝がら 조개껍데기 ほたて貝 가리비

買 살 매: 그물(罒 거물 망)로 조개(貝)를 잡아서 필요한 물건을 사다

음 購買 구매 買収 매수 売買 매매

敗 패할 패: 조개껍질(貝)을 막대기로 치다(攵 칠 복)=패다=때리다=깨다

음 敗戦 패전 敗因 패인 勝敗 승패 失敗 실패

負 질 부: 사람(⺈=人)이 재화(貝)를 등에 지고 있는 모습=빚을 지다=승부에서 지다

음 負債 부채 負担 부담 自負 자부 勝負 승부

唄 염불소리 패: 조개(貝)가 천천히 움직이는 것처럼, 염불하듯이 천천히 부르는(口) 노래

훈 子守唄 자장가

員 인원 원: 조개(貝)처럼 둥글게(口=○) 모인 사람들=인원

음 店員 점원 会社員 회사원 会員 회원 公務員 공무원

損 덜 손: 손(扌=手)으로 인원(員)을 덜어내다

음 損害 손해 損失 손실 欠損 결손 破損 파손

韻 운 운: 소리(音 소리 음)의 운율을 여러 사람(員)이 함께 맞추다

음 韻律 운율 韻文 운문 音韻 음운 余韻 여운

圓 둥글 원: 인원(員)들이 둥글게(口=○) 모여 있는 모습

円 둥글 원: 둥근 동전=엽전

音 円高 ^{えんだか} 엔고 円安 ^{えんやす} 엔화 약세 円相場 ^{えんそうば} 엔 시세 円満 ^{えんまん} 원만

昔 예 석: 날(日)이 오랫동안 쌓이니(丗) 옛날

* 丗: 물건을 겹쳐서 쌓아놓은 모습

音 今昔 ^{こんじゃく} 지금과 옛날

惜 아낄 석: 마음(忄=心)에 오랫동안(昔) 쌓인 아쉬움=아깝다

音 惜敗 ^{せきはい} 석패=아깝게 짐 惜別 ^{せきべつ} 석별 哀惜 ^{あいせき} 애석

措 둘 조: 손(扌=手)으로 싸서 오랫동안(昔) 잡아 두다

音 措置 ^{そち} 조치

借 빌릴 차: 사람(人)이 뭔가를 오랫동안(昔) 빌리다

音 借用 ^{しゃくよう} 차용 借金 ^{しゃっきん} 빚 賃借 ^{ちんしゃく} 임차

錯 어긋날 착: 쇠(金)를 오랫동안(昔) 방치하면 녹이 슬어 어긋난다

音 錯誤 ^{さくご} 착오 錯綜 ^{さくそう} 착종=복잡하게 얽힘 錯覚 ^{さっかく} 착각 錯乱 ^{さくらん} 착란

散 흩을 산: 쌓아둔(丗) 고기(月 육달 월)를 몽둥이(攵 칠 복)로 치니 사방으로 흩어지다

音 散歩 ^{さんぽ} 산보=산책 散文 ^{さんぶん} 산문 解散 ^{かいさん} 해산 発散 ^{はっさん} 발산

再 두 재: 어떤 물건(冉)을 노끈(一)으로 묶어 위아래로 뒤집다=두=재차

音 再会 ^{さいかい} 재회 再現 ^{さいげん} 재현 再生 ^{さいせい} 재생 再婚 ^{さいこん} 재혼 再来年 ^{さらいねん} 내후년

講 외울 강: 말(言)을 쌓아서(冓 짤 구) 외우다

  * 冓(짤 구): 쌓은(井) 것을 끈(一)으로 거듭 쌓아서(冉=井) 조합한 모습

  음 　講義 강의　講師 강사　開講 개강　休講 휴강

構 얽을 구: 나무(木)를 쌓아서(冓) 얽다=이리저리 걸어서 묶다

  음 　構内 구내　構成 구성　構造 구조　機構 기구

溝 도랑 구: 물(氵=水)이 쌓인(冓) 도랑

  음 　排水溝 배수구　下水溝 하수구　海溝 해구

購 살 구: 돈(貝)을 쌓아서(冓) 물건을 사다

  음 　購買 구매　購買力 구매력　購入 구입　購読 구독

塞 막힐 색/변방 새: 흙(土)을 손(廾 두 손으로 받들 공)으로 쌓아서(井) 만든 변방의 토성(宀 집 면)에서 적을 막다

  음 　閉塞 폐색　脳硬塞 뇌경색　要塞 요새　塞翁が馬 새옹지마

寒 찰 한: 얼음(氵 얼음 빙)을 손(廾)으로 쌓아서(井) 만든 집(宀)은 차다

  음 　寒波 한파　寒風 한풍　厳寒 엄한=혹한　悪寒 오한

耕 밭 갈 경: 쟁기(耒 쟁기 뢰)로 밭을 갈아 흙을 쌓다(井)=경작하다

  음 　耕作 경작　耕運機 경운기　耕地 경지　農耕 농경

耗 소모할 모: 쟁기(耒)가 오래되어 털(毛 털 모)처럼 너들너들하다=소모하다

  음 　摩耗 마모　消耗 소모　消耗品 소모품

籍 문서 적: 죽간(竹)에 옛날(昔 예 석)에 일군(耒) 사항을 글로 적은 문서

음 書籍 서적 戸籍 호적 入籍 입적 本籍 본적

前 앞 전: 몸(月 육달 월)에 칼(刂=刀)을 찬 장수가 두 손을 높이 들고(丷=廾 두 손으로 받들 공) 앞장서 나가다

음 前後 전후 前期 전기 午前 오전 事前 사전

煎 달일 전: 불(灬=火)을 앞(前)에 두고 달이다

* 달이다: 끓여서 진하게 만들다

음 煎じる 달이다 煎餅 센베이

單 홀 단: 식구들(口 口)을 먹여 살리기 위해 밭(田)에 나가서 많은(十) 날을 홀로 일하다

単 홀 단: 식구들을 먹여 살리기 위해 밭(田)에서 횃불(丷)을 밝히고 많은(十) 날을 홀로 일하다

음 単語 단어 単純 단순 単独 단독 簡単 간단

禅 선 선: 신(礻=示 보일 시) 앞에서 홀로(単 홀 단) 참선하다

음 禅宗 선종 禅僧 선승 禅寺 선종 절 座禅 좌선

戦 싸움 전: 홀로(単) 창(戈)을 들고 싸우다

음 戦争 전쟁 戦闘 전투 作戦 작전 苦戦 고전

弾 탄알 탄: 활(弓 활 궁)에서 홀로(単) 날아간 화살=탄환

음 弾丸 탄환 弾劾 탄핵 爆弾 폭탄 糾弾 규탄

獣 짐승 수: 원래 글자는 獸. 여기서 嘼은 사냥 도구를 그린 모습. 이후 '짐승'을 의미하게 됨

음 獣医 _{じゅうい} 수의   猛獣 _{もうじゅう} 맹수   野獣 _{やじゅう} 야수   怪獣 _{かいじゅう} 괴수

眞 참 진: 무당이 솥(鼎 솥 정)에서 만든 음식을 차려놓고 굿(匕=卜 점 복)을 하는 모습. 나아가 무당이 굿을 하면서 하는 말은 참되다

真 참 진: 많은(十) 눈(目)이 받들어(丌 두 손으로 받들 공) 보고 있으니 참되게 살다

음 真実 _{しんじつ} 진실   真理 _{しんり} 진리   真意 _{しんい} 진의

慎 삼갈 신: 참된(真) 마음(忄=心)=삼가다

음 慎重 _{しんちょう} 신중   謹慎 _{きんしん} 근신

填 메울 전: 좋은=참된(真) 흙(土)을 눌려서 메워야 틈이 생기지 않는다

음 補填 _{ほてん} 보전=보충   装填 _{そうてん} 장전=탄알을 총의 약실에 넣거나 채우는 행위

鎮 진압할 진: 참된=좋은=단단한(真) 쇠(金)로 누르다=진압하다

음 鎮圧 _{ちんあつ} 진압   鎮痛剤 _{ちんつうざい} 진통제   鎮静 _{ちんせい} 진정   鎮魂 _{ちんこん} 진혼

亡 망할 망: 머리(亠 머리부분 두)가 관(乚=匚 상자 방/감출 혜) 속에 들어있는 모습=죽다=망하다

* 亡의 본래 글자는 凵=사람이 관 속에 들어있는 모습

음 亡命 _{ぼうめい} 망명   亡霊 _{ぼうれい} 망령   死亡 _{しぼう} 사망   逃亡 _{とうぼう} 도망   亡者 _{もうじゃ} 망자=죽은 사람

忘 잊을 망: 마음(心)에서 없어지니(亡) 잊다

음 忘却 _{ぼうきゃく} 망각   忘年会 _{ぼうねんかい} 송년회   健忘症 _{けんぼうしょう} 건망증   備忘録 _{びぼうろく} 비망록

忙 **바쁠 망**: 정신(忄=心)이 없을(亡) 정도로 바쁘다
- 음 忙殺 ^{ぼうさつ} 망살＝매우 바쁨　多忙 ^{たぼう} 다망함

妄 **망령될 망**: 망령(亡) 든 여자(女)처럼 제멋대로 행동하다
- 음 妄想 ^{もうそう} 망상　妄言 ^{もうげん} ＝ぼうげん 망언　妄信 ^{もうしん} 맹신

望 **바랄 망**: 패망(亡)한 병사가 달(月)을 보면서 왕(王)을 그리워하다＝바라다
- 음 望遠鏡 ^{ぼうえんきょう} 망원경　望鄕 ^{ぼうきょう} 망향　希望 ^{きぼう} 희망　展望 ^{てんぼう} 전망

網 **그물 망**: 실(糸)로 촘촘하게 짠 그물(罔)

*罔(그물/없을 망): 촘촘하게 짠 그물(网=冈=罒 그물 망)로 물고기를 잡으면 살아 남는 것이 없다(亡)
- 음 網羅 ^{もうら} 망라　連絡網 ^{れんらくもう} 연락망　鉄条網 ^{てつじょうもう} 철조망　網膜 ^{もうまく} 망막

盲 **소경 맹**: 죽은(亡) 눈(目)＝소경
- 음 盲導犬 ^{もうどうけん} 맹도견　盲腸 ^{もうちょう} 맹장　盲目 ^{もうもく} 맹목　文盲 ^{ぶんもう} 문맹

荒 **거칠 황**: 풀(艹) 한 포기 물(川) 한 방울 없는(亡) 거친 황무지
- 음 荒廃 ^{こうはい} 황폐　荒天 ^{こうてん} 거친 날씨　破天荒 ^{はてんこう} 전대미문＝미증유

慌 **어리둥절할 황**: 마음(忄=心)이 거칠어져(荒) 어찌할 줄을 모르고 어리둥절하다
- 음 恐慌 ^{きょうこう} 공황

支 **지탱할 지**: 손(又)으로 나뭇가지(十)를 지탱하고 있는 모습

*支의 원래 뜻은 손에 들고 있는 '나뭇가지'
- 음 支持 ^{しじ} 지지　支援 ^{しえん} 지원　支給 ^{しきゅう} 지급　収支 ^{しゅうし} 수지

技 **재주 기**: 손(扌=手)의 가지(支)=손가락. 여러 가지를 만드는 재주가 많은 손가락

음 技術 기술 技能 기능 演技 연기 競技 경기

伎 **재간 기**: 사람(人)이 나뭇가지(支)로 악기 따위를 두드리는 재간

음 技芸 기예 歌舞伎 일본의 민중연극

岐 **갈림길 기**: 산(山)에서 나뭇가지(支)처럼 갈라지는 갈림길

음 岐路 기로=갈림길 多岐 다기=복잡 分岐 분기 分岐点 분기점

枝 **가지 지**: 나무(木)의 가지(支)

훈 枝 가지 枝道 샛길

肢 **팔다리 지**: 몸(月 육달 월)의 가지(支)=팔다리

음 四肢 사지 選択肢 선택지

繼 **이을 계**: 베틀(乚)에 앉아 가늘고(幺) 가는(幺) 실(糸)이 서로 얽혀있는 가운데(一) 부분을 끊어버리고 덧대어서 잇다(𢇍 이을 계)

* 絲(실 사)를 반으로 줄인 糸(가는 실 사), 糸를 반으로 줄인 幺(작을 요)

継 **이을 계**: 베틀(乚)에 앉아 쌀(米)처럼 작은(=가는) 실(糸)을 잇다

음 継続 계속 中継 중계 後継 후계 承継 승계

断 **끊을 단**: 이어놓은(乚+米) 물건을 도끼(斤 도끼 근)로 끊다

음 断定 단정 断絶 단절 判断 판단 中断 중단

反 **돌이킬 반**: 바위(厂 기슭 엄)를 손(又)으로 밀어서 원래대로 되돌리다=뒤집다

음 反対 반대 反省 반성 反転 반전 違反 위반 謀反 모반

假 **거짓 가**: 다른 사람(人)한테 빌린(叚) 물건을 자기 것이라고 하면 거짓이다

* 叚(빌릴 가): 지붕(尸)을 두 번(二)이나 장인(コ=工)의 손(又)을 빌려서 고쳐도 틈이 생기다

仮 **거짓 가**: 사람(人)이 사실과 반대(反)되는 말만 하면 거짓말쟁이

음 仮定 가정 仮説 가설 仮面 가면 仮想 가상 仮病 꾀병

暇 **틈/겨를 가**: 날(日)을 빌리다(叚)=틈=겨를

* 겨를: 어떤 일을 하다가 생각 따위를 다른 데로 돌릴 수 있는 시간적 여유

음 休暇 휴가 余暇 여가

返 **돌이킬 반**: 갔던(辶 갈 착) 길을 되돌아가다(反)

음 返事 대답 返却 반환=반납 返信 회신 返金 돈을 갚음

飯 **밥 반**: 밥(食)을 먹을 때는 밥알을 뒤집으면서(反) 씹는다

음 夕飯 저녁밥 飯盒 반합 残飯 잔반

坂 **언덕 판**: 흙(土)을 올려놓으면 되돌아(反) 내려오는 경사진 언덕

음 登坂 등판

阪 **언덕 판**: 흙덩이(阝 언덕 부)를 올려놓으면 되돌아 내려오는 경사진 언덕

* 坂과 阪은 동일한 의미의 글자이며, 阪은 오사카(大阪)를 표기할 때만 사용한다. 원래는 오사카도 坂으로 표기했으나 土가 들어있는 사무라이(侍)가 세상을 뒤집을(反) 조짐이 내포되어 있다는 이유로 阪으로 바꾸었다고 함

* 여기서 土(흙 토)는 땅덩어리=나라

음 阪神 오사카＋고베   京阪神 교토＋오사카＋고베

板 널빤지 판: 나무(木)를 얇게 켜서 만든, 복원력(反)이 좋은 널빤지

음 鉄板 철판   看板 간판

版 판목 판: 나무 조각(片 조각 편)에 글자를 적어 뒤집어(反) 찍는 판목

* 판목: 책을 간행할 때 글자, 그림, 부호 따위를 새기기 위한 목판

음 版画 판화   改版 개판＝개정판   出版 출판   限定版 한정판

販 팔 판: 싼값(貝)에 사서 비싸게 되팔다(反)

음 販売 판매   市販 시판＝대량판매   通販 통신판매

且 또 차: 도마(一) 위에 고기(月 육달 월)를 층층이 쌓아놓은 모습

훈 且つ 또＝게다가

査 조사할 사: 나무(木)를 쌓아놓고(且) 상태를 조사하다

음 検査 검사   調査 조사   査証 사증＝비자   査察 사찰

宜 마땅 의: 집(宀)에서 음식을 쌓아놓고(且) 제사를 지내는 것은 마땅히 해야 할 일이다

음 適宜 적당함   便宜 편의

狙 엿볼 저: 개(犭＝犬)가 쌓아놓은(且) 음식을 먹으려고 엿보다＝노리다

음 狙撃 저격

組 짤 조: 실(糸)을 쌓아놓고(且) 베를 짜다

음 組織 조직   組成 조성

助 도울 조: 힘(力)을 쌓아서(且) 돕다

📻 助言 조언　助手 조수　救助 구조　援助 원조

祖 할아버지 조: 신(礻=示)이 되어 대대로 쌓인(且) 많은 할아버지=조상

📻 祖父 조부　祖国 조국　開祖 개조=창시자

租 조세 조: 벼(禾 벼 화)를 쌓아서(且) 조세를 바치다

＊租는 땅에 대한 임대료, 税(세금 세)는 국가에 내는 세금

📻 租税 조세　免租 조세 면제　租借地 조차지

阻 막힐 조: 언덕(阝언덕 부)을 쌓아서(且) 출입을 막다

＊'막힐 조'에서 '조'는 조지다=망치다=방해하다

📻 阻害 저해　阻止 저지

粗 거칠 조: 찧지 않은 쌀(米)은 껍질에 쌓여(且) 있어서 거칠다

📻 粗悪 조악=조잡　粗品 변변치 못한 물건　粗暴 조폭＝거칠고 난폭함

畳 거듭 첩: 밭(田)처럼 펼쳐진 이불을 덮은(冖 덮을 멱) 후에는 거듭 접어서 쌓아둔다 (且)

📻 一畳 1조　二畳 2조

主 주인 주: 촛대(王) 위의 불(丶 불똥 주)처럼 사람들의 중심에 있는 주인. 중심이 되는 촛불이나 주인은 가만히 거기에 머물러 있어야 한다

📻 主婦 주부　主役 주역　主張 주장　主題 주제

往 갈 왕: 머물러(主) 있다가 가다(彳 걸을 척)

📻 往復 왕복　往生 왕생＝극락에서 태어남　既往 기왕＝지나간 일　右往左往 우왕좌왕

住 살 주: 사람(人)이 머물러(主) 살다

음 住民 주민 住所 주소 居住 거주 移住 이주

注 부을 주: 기름(氵=水)을 등잔(主)에 부을 때는 주의해야 한다

음 注意 주의 注文 주문 発注 발주 脚注 각주

柱 기둥 주: 주인처럼 머물러(主) 있는 나무(木)=기둥

음 支柱 지주 鉄柱 철주=쇠기둥 円柱 원주

駐 머무를 주: 말(馬)을 머물러(主) 있게 하다

음 駐在 주재 駐車 주차 常駐 상주 進駐 진주=진군하여 머무름

占 점칠/점령할 점: ①점괘(卜)를 입(口)으로 말하다. ②표지판(占)을 세워 점령한 장소임을 알리다

* 卜(점 복): 점을 치기 위해 거북의 등을 불로 지져서 갈라진 모습

음 占拠 점거 占領 점령 独占 독점

点 점 점: 점령한(占) 장소에 불(灬=火)을 피우니 바닥에 검은 점이 생기다

음 点数 점수 終点 종점 百点 100점 満点 만점 点検 점검

店 가게 점: 점령한(占) 장소에 집(广 집 엄)을 지어 가게를 열다

음 店員 점원 店長 점장 書店 서점 売店 매점

粘 붙을 점: 점령지(占)를 찰떡(米 쌀 미)처럼 끈끈하게 지키다=붙이다

음 粘土 점토 粘膜 점막 粘液 점액 粘着 점착

貼 붙일 첩: 돈(貝)을 내고 점쟁이(占)로부터 받은 부적을 붙이다

- 음 貼付 = てんぷ 첨부 = 붙임

朴 박씨 박/순박할 박: 껍질이 갈라진(卜) 나무(木)는 아무런 치장을 하지 않아도 순박하다

- *卜(점 복): 점을 치기 위해 거북의 등을 불로 지져서 갈라진 모습
- 음 素朴 そぼく 소박 純朴 じゅんぼく 순박

訃 부고 부: 말(言)로써 불길한 점괘(卜)를 알리다 = 부고

- 음 訃報 ふほう 부보 = 부고 訃音 ふいん 부음 訃告 ふこく 부고

赴 갈 부: 달려가서(走 달릴 주) 점괘(卜)를 알리다

- *卜(점 복): 점을 치기 위해 거북의 등딱지를 불에 구워서 생긴 균열
- 음 赴任 ふにん 부임

上 위 상: 거북 등의 중심선(一)을 기준으로 위쪽을 불로 지진(卜) 모습

- 음 上下 じょうげ 상하 上手 じょうず 잘함 = 능함 上流 じょうりゅう 상류 地上 ちじょう 지상 向上 こうじょう 향상

下 아래 하: 거북 등의 중심선(一)을 기준으로 아래쪽을 불로 지진(卜) 모습

- 음 地下鉄 ちかてつ 지하철 下車 げしゃ 하차 下宿 げしゅく 하숙 下手 へた 잘 못함

貞 곧을 정: 솥(貝)에 불을 지펴서 거북의 등(卜)을 지지니 곧게 갈라지다

- *貝: 鼎(솥 정)의 변형
- 음 貞潔 ていけつ 정결 貞淑 ていしゅく 정숙 貞操 ていそう 정조 貞節 ていせつ 정절

偵 염탐할 정: 사람(人)이 솥(貝)에 불을 지펴 거북의 등(卜)을 지져서 신의 의향을 염탐하다

음 偵察 정찰　探偵 탐정　密偵 밀정

冊 책 책: 대나무 조각을 한 줄로 엮어 글을 적은 책 모습

음 冊子 책자＝책　一冊 한 권　何冊 몇 권　別冊 별책

典 법 전: 두 손(廾 두 손으로 받들 공)으로 책상 위에 올려놓은 중요한 책(冊)＝법전

음 典型 전형　辞典 사전　古典 고전　特典 특전

柵 울타리 책: 나무(木)를 책(冊)처럼 엮어서 둘러친 울타리

음 柵 울타리

半 반 반: 소(牛 소 우)를 반으로 자르다(八)

半 반 반: 소(牛 소 우)를 반으로 자르다(八)

＊八: 어떤 물체가 두 쪽으로 대칭되게 나누어진 모습

음 半分 반＝절반　半額 반액　半日 반일＝한나절　前半 전반　後半 후반

伴 짝 반: 반으로 갈라져(半) 있는 사람(人) 중의 다른 한쪽＝짝

음 伴侶 반려　同伴 동반　伴奏 반주

畔 밭두둑 반: 밭(田)을 나누는(半) 경계＝밭두둑

음 湖畔 호반＝호숫가

判 판단할 판: 칼(刂=刀)로 반으로 갈라서(半) 판단하다

음 判定 판정　判断 판단　批判 비판　裁判 재판

皮 가죽 피: 머리가 달린 동물의 가죽(皮)을 손(又)으로 벗기다

음 皮膚 피부　皮肉 피상적=빈정거림　表皮 표피　脱皮 탈피

破 깨뜨릴 파: 돌(石 돌 석)로 껍질(皮)을 깨뜨리다

음 破片 파편　破産 파산　撃破 격파　突破 돌파

波 물결 파: 물(氵=水)의 표면(皮)에 생기는 물결

음 波長 파장　波止場 부두　電波 전파　音波 음파

婆 할머니 파: 나이가 들어 물결(波)처럼 주름이 많은 여자(女)=노파=할머니

음 老婆 노파　産婆 산파　お婆さん 할머니　婆 노파

彼 저 피: 여기나 거기가 아닌, 바깥(皮) 저기로 가다(彳 걸을 척)=제3자=3인칭

훈 彼 그　彼氏 남자 친구　彼女 여자 친구

披 헤칠 피: 손(扌=手)으로 껍질(皮)을 풀어 헤치다

음 披露 피로=공개　披露宴 피로연　披瀝 피력=숨김없이 말함

被 입을 피: 옷(衤=衣)으로 몸의 표면(皮)을 덮어서 입히다

음 被害 피해　被告 피고　被災 재해를 입음　被疑者 피의자

糸 **실 사**: 실을 감아놓은 실타래를 그린 모습

* 타래: 실이나 노끈 따위를 한 덩어리로 뭉쳐 놓은 것

음 絹糸 견사=명주실 綿糸 면사=무명실

絹 **비단 견**: 누에의 몸(月)에서 입(口)을 통해 나온 실(糸)=비단

음 絹糸 견사=비단실 絹布 견직물 純絹 순견 人絹 인견

繭 **고치 견**: 뽕잎(卄)을 먹은 누에(虫)가 실(糸)을 토해서 만든 고치(冂+丨)

* 고치: 누에가 자신의 몸을 보호하기 위해 타원형으로 만든 일종의 집

음 繭糸 고치실=명주실

索 **찾을 색/동아줄 삭**: 열(十) 개의 손가락으로 덮은(冖 덮을 멱) 실(糸)로 동아줄[동아줄 삭]을 꼬다. 동아줄은 특별한 때만 사용하기 때문에 필요할 때마다 찾아야 한다 [찾을 색]

음 索引 색인 檢索 검색 模索 모색 探索 탐색

素 **본디/흴 소**: 흰 비단(糸)을 예쁘게(丰 예쁠 봉) 염색할 때, 묶어놓은 부분은 염색이 되지 않아 본디의 흰색 그대로다

* 丰(예쁠 봉): 푸른 수목이 예쁘게 자란 모습

음 素顔 민낯 素肌 맨살 素朴 소박 元素 원소 酸素 산소 素人 풋내기

綿 **솜 면**: 실(糸)을 뽑아 흰(白) 천(巾 수건 건)을 짜는 솜

음 綿花 면화 綿密 면밀 脱脂綿 탈지면

錦 **비단 금**: 흰(白) 천(巾)에 황금(金)처럼 화려한 무늬가 놓인 비단

음 錦繍 수를 놓은 비단

玄 검을 현: 가는 실(幺)의 머리(亠) 부분은 희미하게 검은색으로 보인다

＊絲(실 사)를 반으로 줄인 糸(가는 실 사), 糸를 반으로 줄인 幺(작을 요)

音 玄関 현관　玄米 현미　玄武岩 현무암　玄人 전문가

弦 시위 현: (오래 사용하기 위해) 검게(玄) 옻칠을 한 활(弓)의 시위(줄)

音 弦楽器 현악기

舷 뱃전 현: 배(舟 배 주)의 부식을 막기 위해 검은(玄) 옻칠을 한 뱃전

音 右舷 우현　左舷 좌현

畜 짐승 축: 양분이 풍부한 검은(玄) 흙의 밭(田)에서 기른 짐승

音 畜産 축산　畜舎 축사　家畜 가축　牧畜 목축

蓄 모을 축: 짐승(畜)을 기르기 위해 풀(艹)을 모으다

音 蓄積 축적　備蓄 비축　貯蓄 저축

幼 어릴 유: 힘(力)이 작은(幺) 어린이

＊絲(실 사)를 반으로 줄인 糸(가는 실 사), 糸를 반으로 줄인 幺(작을 요)

音 幼児 유아　幼稚園 유치원　幼虫 유충　幼年 유년

幽 그윽할 유: 깊은 산속(山)은 어두워서 작은(幺幺) 것들은 그윽하게 (뿌옇게) 보인다

音 幽霊 유령　幽閉 유폐　幽玄 유현＝정취가 깊고 그윽함

幻 헛보일 환: 베틀에서 가는 씨실(幺)을 싸고(勹 쌀 포) 있는 북이 날실 사이를 왔다 갔다 하는 속도가 너무 빨라서 헛보일 정도이다

＊북: 베틀의 날실 틈을 왔다 갔다 하면서 씨실을 날실 사이로 채워 넣는 도구

음 幻想 환상　幻影 환영　幻覚 환각　幻聴 환청

後 뒤 후: 조금(幺) 뒤쳐져(夂 뒤져 올 치) 가다(彳조금 걸을 척)=뒤=후
음 午後 오후　最後 최후　後悔 후회　後援 후원　後輩 후배

擁 낄 옹: 매사냥을 하는 사람이 작은(幺) 새(隹 새 추)를 껴안고 손(扌=手)으로 머리
(亠 머리부분 두)를 쓰다듬다
음 擁護 옹호　擁立 옹립　抱擁 포옹

老 늙을 로: 땅(土)에 지팡이(丿)를 짚고 다니는 사람(匕=人)=늙은이
*匕: 사람(人)이 몸을 굽히고 있는 모습
음 老人 노인　老後 노후　長老 장로　敬老 경로

教 가르칠 교: 노인(耂)이 아이(子)를 회초리로 때려서(攵 칠 복) 가르치다
*耂는 老의 획 줄임
음 教室 교실　教育 교육　教師 교사　宗教 종교

孝 효도 효: 노인(耂)을 봉양하는 아들(子)=효자
음 親孝行 효도　孝子 효자　忠孝 충효

酵 삭힐 효: 술(酉)을 삭혀서 맛이 들게 하는 데 효자(孝) 노릇을 하는 효모
*酉: 뚜껑을 닫은 술병에 술이 들어있는 모습
음 酵素 효소　酵母 효모　発酵 발효

者 놈 자: 땅(土)에 지팡이(丿)를 짚은 백발(白)의 노인(耂)이 젊은이를 모아서 이놈 저
놈 하면서 부르다
*耂는 老의 획 줄임

者 놈 자: 땅(土)에 지팡이(丿)를 짚은 노인(耂)이 따뜻한 햇살(日) 아래에 젊은이를 모아서 이놈 저놈 하면서 부르다

음 　学者 학자　記者 기자　作者 작자　患者 환자

都 도읍 도: 많은 사람들이 모여서(者) 사는 고을(阝)=도읍=서울

*阝가 글자의 왼쪽에 있으면 '언덕 부', 오른쪽에 있으면 '고을 읍'

음 　都市 도시　都民 도민　東京都 도쿄도　都合 형편=사정

賭 내기 도: 돈(貝)을 모으기(者) 위해 내기를 하다

음 　賭博 도박　賭場 도박장

暑 더울 서: 햇빛(日)이 모이니(者) 덥다

음 　避暑 피서　残暑 잔서=늦더위　酷暑 혹서

署 마을 서: 법망(罒 그물 망)을 모아서=동원해서(者) 마을을 다스리는 관공서

음 　署長 서장　警察署 경찰서　消防署 소방서

緒 실마리 서: 실패(糸)에 감아서 모아둔(者) 실의 첫머리=실마리

음 　一緒 같이=함께　内緒 비밀　情緒 정서

煮 삶을 자: 불(灬=火)을 모아서(者) 음식을 삶다

음 　煮沸 자비=펄펄 끓임

箸 젓가락 저: 대(竹) 조각을 모아서(者) 만든 젓가락

훈 　箸 젓가락　箸置き 젓가락 받침대　割り箸 나무젓가락

著 나타날 저: 풀(艹)을 모아서(者) 쓴 글에 마음이 나타나다

著者 저자　著名 저명　顕著 현저　共著 공저

諸 모두 제: 여러 사람의 말(言)을 모은(者) 각양각색의 의견

음 諸君 제군　諸島 제도　諸国 제국

生 날 생: 땅(土)에서 새싹(屮 싹날 철)이 돋아나는 모습

음 学生 학생　先生 선생　人生 인생　生物 생물　一生 일생

隆 높을 륭: 화산활동으로 땅이 언덕(阝 언덕 부)처럼 서서히(夂 뒤져올 치) 생겨나(生) 높아지다

음 隆盛 융성　隆起 융기

産 낳을 산: 선비(彦 선비 언)가 공부에 전념하는 동안 아내가 아이를 낳다(生)

＊产는 彦(선비 언)의 획 줄임

음 産業 산업　産地 산지　生産 생산　不動産 부동산　遺産 유산

性 성품 성: 태어나면서(生) 갖는 천성적인 마음(忄=心)=성품

음 性別 성별　性格 성격　異性 이성　野性 야성

姓 성씨 성: (모계사회에서) 자식이 태어나면(生) 어머니(女) 성씨를 따른다

＊氏(성씨 씨)는 부계사회의 혈통

음 姓 성　姓名 성명　同姓 동성　旧姓 구성　百姓 백성

星 별 성: 햇빛(日)에 반사되어 반짝이며 나타나는(生) 별

음 北極星 북극성　金星 금성　火星 화성

央 가운데 앙: 성(冂 멀/성 경) 한가운데 서 있는 사람(大)=임금

* 大: 사람이 사지를 크게 벌리고 서 있는 모습

음 中央 _{ちゅうおう} 중앙

英 꽃부리 영: 풀(艹)의 여러 부분 중에서 가장 가운데(央)에 있는 꽃부리=꽃송이

음 英語 _{えいご} 영어 英国 _{えいこく} 영국 英雄 _{えいゆう} 영웅 英才 _{えいさい} 영재

映 비칠 영: 빛(日)이 스크린의 중앙(央)을 비추다

음 映画 _{えいが} 영화 映像 _{えいぞう} 영상 上映 _{じょうえい} 상영 反映 _{はんえい} 반영

決 결단할 결: 홍수 범람을 막기 위해 둑의 중앙(央)을 끊어(夬 터놓을 쾌) 물(氵=水)이 흐르게 하는 결단을 내리다

음 決定 _{けってい} 결정 決意 _{けつい} 결의 解決 _{かいけつ} 해결 対決 _{たいけつ} 대결

快 쾌할 쾌: 마음(忄=心)을 터놓으니(夬) 기분이 상쾌하다

음 快晴 _{かいせい} 쾌청 快適 _{かいてき} 쾌적 軽快 _{けいかい} 경쾌 爽快 _{そうかい} 상쾌

失 잃을 실: 쏴 올린(丨) 화살(矢 화살 시)은 잃어버린(失) 것이다

음 失恋 _{しつれん} 실연 失敗 _{しっぱい} 실패 消失 _{しょうしつ} 소실 過失 _{かしつ} 과실

秩 차례 질: 수확한 벼(禾 벼 화)를 잃어버리지(失) 않게 차례로 쌓다

음 秩序 _{ちつじょ} 질서

迭 갈마들 질: 실수한(失) 사람을 보내고(辶 갈 착) 다른 사람이 갈마들다

* 갈마들다: 서로 번갈아들다=교대하다=교체하다

鐵 쇠 **철**: 쇠(金)를 잘라서(戈) 왕에게 공물로 드리다(呈 드릴 정)

*戈(자를 재): 창(戈 창 과)을 든 장수가 결정을 내릴 때는 칼(十)로 자르듯이 신속하고 정확하게 해야 한다

鉄 쇠 **철**: 쇠(金)를 왕에게 공물로 바치고 나니 남은 것이 없다(失 잃을 실)

음 　鉄道 철도 　鉄棒 철봉 　鉄筋 철근 　地下鉄 지하철
〈てつどう〉　〈てつぼう〉　〈てっきん〉　〈ちかてつ〉

至 이를 **지**: 활시위(一)를 당겨서(厶) 날린 화살이 땅(土)에 이르다=도달하다

*厶(사사 사): 팔을 자신의 몸쪽으로 당기는 모습

음 　至急 지급=매우 급함 　至極 지극 　必至 필연=불가피 　夏至 하지
〈しきゅう〉　　　　　　〈しごく〉　　〈ひっし〉　　　　　〈げし〉

到 이를 **도**: 칼(刂=刀)을 찬 병사가 팔을 굽혀서 당긴(厶 사사 사) 화살(一)이 적군의 진지(土)에 이르다=도착하다

*至는 목표 지점을 향해서 가다[과정], 到는 목표 지점에 도착하다[결과]

음 　到着 도착 　到達 도달 　到底 도저히 　殺到 쇄도
〈とうちゃく〉　〈とうたつ〉　〈とうてい〉　〈さっとう〉

倒 넘어질 **도**: 전장에 도착한(到) 병사(人)가 적군을 칼(刂 칼 도)로 베어 넘어뜨리다

음 　倒産 도산 　打倒 타도 　圧倒 압도 　卒倒 졸도
〈とうさん〉　〈だとう〉　〈あっとう〉　〈そっとう〉

室 집 **실**: 사람이 집(宀 집 면)에 이르러(至) 들어가는 곳=방

음 　教室 교실 　室内 실내 　浴室 욕실 　図書室 도서실
〈きょうしつ〉　〈しつない〉　〈よくしつ〉　〈としょしつ〉

屋 집 **옥**: 집(尸)으로 가다=이르다(至)

*尸: ①집의 지붕과 처마를 그린 모습[집 시]. ②사람이 누워있는 모습[주검 시]

음 　屋上 옥상 　家屋 가옥 　社屋 사옥
〈おくじょう〉　〈かおく〉　〈しゃおく〉

握 쥘 악: 집(屋)에 안치된 시신을 손(扌=手)으로 잡고 염하다

　　* 염하다: 죽은 사람의 시신을 씻기고 수의를 입힌 후 베로 싸는 장례 절차

　　* 원래 室은 사람이 사용하는 방, 屋은 시신을 안치하는 집

　　음　握手 악수　握力 악력　把握 파악　掌握 장악

窒 막힐 질: 굴(穴 구멍 혈)의 끝에 이르니(至) 숨이 막히다

　　음　窒素 질소　窒息 질식

致 이를 치: 회초리로 쳐서(攵 칠 복) 목표한 곳에 이르게 하다(至)

　　음　致命 치명　致死 치사　誘致 유치　拉致 납치

緻 빽빽할 치: 베를 빈틈없이 치밀하게 짜기 위해 실(糸)을 빽빽하게 보내다(致)

　　음　緻密 치밀　精緻 정교하고 치밀함　細緻 치밀

兆 조 조: ① 거북 껍질을 불로 태워서 갈라진 균열을 보고 앞날의 조짐을 점치다[조짐 조]. ② 갈라진 균열이 셀 수 없을 정도로 많다[조 조]

　　음　兆候 징조=징후　前兆 전조=조짐　吉兆 길조　一兆 1조

挑 돋을 도: 손(扌=手)으로 상대에게 균열(兆)이 생길 정도로 강하게 때려서 도발하다

　　* 돋다: 성이 나다

　　음　挑戰 도전　挑発 도발

跳 뛸 도: 발(足 발 족)로 지면에 균열(兆)이 생길 정도로 뛰다

　　음　跳躍 도약　跳馬 도마=뜀틀 넘기

逃 도망할 도: 땅에 균열(兆)이 생길 정도로 달려서(辶 갈 착) 도망가다

　　음　逃亡 도망　逃走 도주　逃避 도피

桃 복숭아 도: 씨에 균열(兆)이 수없이 많은 복숭아나무(木)

　　음　桜桃 앵도＝앵두　黄桃 황도　白桃 백도

眺 바라볼 조: 눈(目)에 균열(兆)이 생길 정도로 집중해서 멀리 바라보다

　　음　眺望 조망

旨 뜻 지: 음식을 비수처럼 생긴 숟가락(匕 비수 비)으로 떠서 혀(日)로 맛을 보는 모습. 나아가 말이나 글에 담겨 있는 맛＝뜻

　＊日: 입(口)에 음식(一)을 머금고 있는 모습

　　음　旨 취지＝뜻　要旨 요지　趣旨 취지　論旨 논지

稽 머무를 계: 오로지 벼(禾 벼 화)를 더욱(尤 더욱 우) 맛있게(旨) 재배할 수 있을까 하는 생각만 마음속에 머물러 있다

　　음　稽古 익힘＝연습　滑稽 해학＝익살　荒唐無稽 황당무계

詣 이를 예: 지위나 학문이 능숙한(旨) 사람을 찾아뵙고 인사말(言)을 여쭙다

　　음　参詣 참예＝참배　造詣 조예＝특정 분야에 대한 지식이나 경험이 풍부함

指 가리킬 지: 손(扌)으로 뜻있는(旨) 것을 가리키다

　　음　指名 지명　指示 지시　指定 지정　指紋 지문

脂 기름 지: 고기(月 육달 월)는 기름기가 있어야 맛있다(旨)

　　음　脂肪 지방　脂質 지질＝지방　皮脂 피지

衣 옷 의: 웃웃을 그린 모습

   음   衣類 의류   衣裝 의상

裏 속 리: 마을(里 마을 리)이 밭 안쪽에 형성되는 것처럼, 옷(ネ=衣)에 있어서의 안쪽 =속

   음   裏面 이면   表裏 표리   脳裏 뇌리

喪 잃을 상: 머리(亠)에 두건을 두르고 상복(衣 옷 의)을 입은 가족들이 입을 모아(口口) 죽은 사람을 위해 큰 소리로 곡을 하다

   음   喪失 상실   喪心 상심

哀 슬플 애: 상복(衣)으로 입(口)을 가리고 슬피 울다

   음   哀悼 애도   哀願 애원   哀愁 애수   悲哀 비애

衰 쇠할 쇠: 슬픈(哀) 일을 한번(一) 당하면 기력이 쇠약해진다

   음   衰弱 쇠약   衰退 쇠퇴   老衰 노쇠   栄枯盛衰 영고성쇠

依 의지할 의: 사람(人)의 몸은 옷(衣)에 의지한다

   음   依頼 의뢰   依存=いぞん 의존   依然 여전

表 겉 표: 옷(衣)에서 흙(土)이 묻는 곳=겉=바깥쪽

   음   表現 표현   表情 표정   代表 대표   発表 발표

俵 나누어줄 표: 사람(人)이 가마니 속의 곡물을 밖(表)으로 들어내어 나누어 주다

   음   一俵 한 섬=한 가마   土俵 씨름판

羽 깃 우: 새의 양쪽 날개를 본뜬 모습

음 羽毛 깃털

習 익힐 습: 날개(羽)가 흰(白 흰 백) 어린 새는 나는 법을 익혀야 한다

음 習得 습득 習慣 습관 学習 학습 復習 복습

翌 다음날 익: 아침에 새들이 날개(羽)를 세워(立 설 립) 일어나 있으니 다음날이 되다

음 翌日 익일=이튿날 翌月 다음달 翌年 이듬해 翌朝 이튿날 아침

翼 날개 익: 서로 다른(異 다를 이) 쪽에 달린 날개(羽)

음 主翼 주익 尾翼 미익 右翼 우익 左翼 좌익

舌 혀 설: 입(口)에서 천(千) 가지 맛을 느끼는 혀

음 舌戦 설전 毒舌 독설 弁舌 언변

括 묶을 괄: 혀(舌)를 말듯이 손(扌)으로 구부려서 묶다

음 括弧 괄호 一括 일괄 総括 총괄 包括 포괄

乱 어지러울 란: 새들(乙 새 을)이 혀(舌)로 쉴 새 없이 지저귀니 어지럽다

음 乱暴 난폭 乱入 난입 混乱 혼란 反乱 반란

辞 말씀 사: 혀(舌)로 매운(辛) 말을 뱉다=말하다=사직하다

음 辞書 사전 辞職 사직 祝辞 축사

話 말씀 화: 말(言)은 혀(舌)를 움직여서 한다

음 話題 화제 会話 회화 手話 수화 神話 신화

活 살 활: 혀(舌)에 물기(氵=水)가 있어야 살아있는 것이다

음 活動 활동 活用 활용 生活 생활 復活 부활

申 거듭 신: 밭(田 밭 전)에서 번갯불이 길게(丨) 거듭해서 번쩍이는 모습. 나아가 번개(申)처럼 관청 따위의 업무를 신속하게 처리하다

음 申告 신고 申請 신청 内申 내신 答申 답신

伸 펼 신: 사람(人)이 번개(申)처럼 자유자재로 움직이다=펴다=펼치다

음 伸縮 신축 屈伸 굴신=굽힘과 폄 追伸 추신 欠伸 하품

神 귀신 신: 번갯불(申)처럼 순간적으로 모습을 나타냈다가(礻=示 보일 시) 사라지는 귀신

음 神話 신화 神父 신부 精神 정신 天神 = てんしん 천신

紳 띠 신: 번갯불(申)이 꼬리를 물고 뻗어가듯이, 사대부들이 길게 늘어뜨려 띠는 실(糸)=띠

음 紳士 신사 紳士服 신사복

台 대 대/태풍 태: 台(대 대)는 臺(대 대)의 약자 and 颱(태풍 태)의 약자

음 台本 대본 台所 부엌 灯台 등대 台風 태풍 舞台 무대 屋台 노점

始 비로소 시: 여자(女)의 기쁨(台)은 아이를 가지면서 비로소 시작된다

＊台(기쁠 태): 사사로운(厶 사사 사) 일에 입(口)을 벌려 기뻐하다

음 始発 시발 始動 시동 開始 개시 年末年始 연말연시

治 다스릴 치: 물(氵=水)을 잘 다스려야 백성이 기뻐한다(台)

음 政治 정치　統治 통치　治安 치안　治療 치료　自治 자치

冶 불릴 야: 대(台) 위에 올려놓고 가열한 금속을 물로 급랭시키는(冫 얼음 빙) 열처리=
담금질=불리다

*불리다: 불에 달구어 단련하다=담금질하다

음 冶金 야금　冶金学 야금학

怠 게으를 태: 너무 기쁜(台) 나머지 마음(心)이 게으르지다. 또는 누각(台 대 대)에 올
라 게으름을 피우면서 놀고 싶은 마음(心)

음 怠慢 태만　怠惰 나태　倦怠 권태

胎 아이밸 태: 여자 몸(月 육달 월)에 기쁜(台) 일이 있으니 아이를 밴 것이다

음 胎児 태아　胎動 태동　受胎 수태=임신

笑 웃음 소: 대나무(竹)가 바람에 휘어지듯 사람이 고개를 숙이고 예쁘게(夭) 웃고 있
는 모습

*夭(젊을/예쁠 요): 사람(大)이 고개를 예쁘게 숙이고(丿) 서 있는 모습. 또는 사람
(大)이 머리에 예쁜 장식물(丿)을 달고 있는 모습

*大: 사람이 사지를 벌리고 서 있는 모습

음 微笑 미소　苦笑 쓴웃음　談笑 담소　冷笑 냉소

沃 물댈 옥: 논에 물(氵=水)을 대니 땅이 젊은이(夭)처럼 비옥하다

음 沃地 옥토　肥沃 비옥

妖 아리따울 요: 예쁘고 젊은(夭) 여자(女)는 아리땁다

*아리땁다: 마음이나 태도가 사랑스럽고 아름답다

음 妖精 요정　妖術 요술　妖怪 요괴　妖艶 요염

添 더할 첨: 물(氵=水)에 빠져 죽은 젊은이(夭)를 보니 마음(小=忄=心)이 더 아프다

음 添付 첨부　添削 첨삭　添加 첨가　添乗員 투어 가이드

橋 다리 교: 나무(木)를 곡선으로 예쁘게(喬) 높이(高) 쌓아 올려 만든 다리

＊喬는 高(높을 고)와 같은 계열이지만, 상부가 높은 곡선으로 예쁘게 된 모습

음 橋脚 교각　鉄橋 철교　歩道橋 육교

矯 바로잡을 교: 활을 예쁜(夭) 곡선으로 높이(高) 쏘아 올리기 위해서는 휘어진 화살(矢 화살 시)을 바로잡아야 한다

음 矯正 교정

高 높을 고: 지붕(亠 머리부분 두)+창문(口)+성(冂 성 경)+출입구(口)로 이루어진 성의 망루는 높다

음 高校 고교　高級 고급　高価 고가　最高 최고

稿 원고 고: 수확한 벼(禾 벼 화)를 높이(高) 쌓듯이 연구한 원고를 쌓다

음 稿料 원고료　原稿 원고　投稿 투고

豪 호걸 호: 멧돼지(豕 돼지 시) 등에 난 높고(高) 거센 털처럼 힘이 센 사람=호걸

＊高는 高의 획 줄임

음 豪雨 호우　豪快 호쾌　強豪 강호　酒豪 주호＝주량이 센 사람

天 하늘 천: 사람(大)의 머리(一) 위에 펼쳐진 하늘

＊大: 사람이 사지를 크게 펴고 있는 모습

음 天気 날씨　天才 천재　天国 천국　雨天 우천＝비가 옴

蚕 **누에 잠**: 귀한 비단실을 토해내는, 하늘(天)이 내린 벌레(虫)=누에

- 음 蚕室 잠실=누에를 치는 방　蚕食 잠식　養蚕 양잠

関 **관계할 관**: 사람(大)이 문(門)의 빗장을 들어 올려서(丷=廾두 손으로 받들 공) 밖에 있는 다른 사람들과 관계하다

- 음 関係 관계　関心 관심　税関 세관　機関 기관　関する 관하다=관련되다

咲 **꽃필 소**: 사람(大)이 두 손을 들고(丷=廾두 손으로 받들 공) 입(口)으로 웃고 있는 모습=꽃이 피다

- 훈 咲く 꽃이 피다

送 **보낼 송**: 사람(大)이 뭔가를 두 손에 들고(丷=廾두 손으로 받들 공) 가다=(辶갈 착) 보내다

- 음 送金 송금　送信 송신　郵送 우송　回送 회송

朕 **나 짐**: 사람들이(大) 두 손으로 받들어(丷) 모시는 몸(月육달 월)=짐=천자

- 음 朕 짐=천자의 자칭

奉 **받들 봉**: 하늘(一)과 땅(一)처럼 위대한 큰(大) 사람을 두 손으로 받들다(廾 두손으로 받들 공)

- 음 奉仕 봉사　奉納 봉납　奉じる 바치다

俸 **녹 봉**: 받들어(奉) 봉사하는 사람(人)에게 주는 녹봉=급료

- 음 年俸 연봉　減俸 감봉

棒 막대 봉: 나무(木) 막대로 만든 봉(奉)

음 棒 봉　鉄棒 철봉　警棒 경찰봉　綿棒 면봉

奏 아뢸 주: 음식을 잔뜩(大) 쌓아놓고(二) 소리가 하늘(天)에 퍼질 정도로 악기를 연주하다=신에게 아뢰다

음 演奏 연주　伴奏 반주　合奏 합주　独奏 독주

春 봄 춘: 햇볕(日)을 받아 수목이 잔뜩(大) 쌓여서(二) 우거지는 봄

음 立春 입춘　青春 청춘　春夏秋冬 춘하추동

泰 클 태: 물(氺=水)이 잔뜩(大) 쌓여(二) 있으니 농사는 태평이다

음 泰平 태평　安泰 편안함

土 흙 토: 흙(一) 위에 초목의 싹(十)이 솟아오른 모습

음 土曜日 토요일　土地 토지　国土 국토

吐 토할 토: 입(口)에 들어있는 것을 흙바닥(土)에 토하다

음 吐息 한숨　吐血 토혈　嘔吐 구토

社 모일 사: 토지(土) 신(礻=示 보일 시)에게 제사를 지낼 때는 많은 사람이 모인다

음 社会 사회　社長 사장　社員 사원　会社 회사　神社 신사

圧 누를 압: 바위(厂)로 흙(土)을 누르다

*厂(기슭 엄): 언덕의 바위가 앞으로 튀어나와 그 아래에 사람이 거주할 수 있는 공간이 있는 모습

음 圧力 압력　圧縮 압축　血圧 혈압　高気圧 고기압

地 땅 지: 흙(土)이 잇달아(也) 펼쳐져 있는 땅

＊也(잇달을/어조사 야): ~이다, 잇달아, 또한, 많은 등의 의미가 있음

음 地図 지도　地理 지리　土地 토지　地獄 지옥

池 못 지: 물(氵=水)이 잇달아(也) 고여 있는 못

음 電池 전지　貯水池 저수지

他 다를 타: 나(1인칭)나 너(2인칭)가 아닌 3인칭의 많은(也) 사람들(人)

음 他人 타인　他国 타국　他殺 타살　自他 자타

角 뿔 각: 뿔이 달린 짐승의 모습. 뿔은 ①뾰족하다 ②위로 솟아있다 ③겉은 단단하고 속은 부드러워 비어 있다

음 角度 각도　三角形 삼각형　直角 직각　頭角 두각

触 닿을 촉: 벌레(虫)는 뿔(角)처럼 뾰족한 더듬이로 닿는 감촉을 느낀다

음 触発 촉발　触覚 촉각　感触 감촉　接触 접촉

解 풀 해: 소(牛) 뿔(角)을 칼(刀)로 풀어헤치다

음 解答 해답　解説 해설　理解 이해　読解 독해　解熱 해열　解毒 해독

踊 뛸 용: 발(足 발 족)로 종꼭지(甬)처럼 높이 솟아오르다. 나아가 종소리(甬)에 맞춰 발(足)로 뛰면서 춤추다

＊甬(종꼭지 용): 위에 고리가 달린 종 모습

음 舞踊 무용

通 **통할 통**: 속이 텅 빈 종(甬)처럼 길(辶 갈 착)이 뚫려있다=통하다

음 <ruby>通学<rt>つうがく</rt></ruby> 통학 <ruby>通行<rt>つうこう</rt></ruby> 통행 <ruby>交通<rt>こうつう</rt></ruby> 교통 <ruby>共通<rt>きょうつう</rt></ruby> 공통 <ruby>通夜<rt>つや</rt></ruby> 초상집 밤샘

痛 **아플 통**: 병(疒) 기운이 종소리(甬)처럼 솟아오르니 아프다

음 <ruby>通風<rt>つうふう</rt></ruby> 통풍 <ruby>頭痛<rt>ずつう</rt></ruby> 두통 <ruby>腹痛<rt>ふくつう</rt></ruby> 복통 <ruby>鎮痛<rt>ちんつう</rt></ruby> 진통

勇 **날랠 용**: 종소리(甬)가 널리 퍼져 올라가듯이, 힘차고(力) 날래게 뛰어오르다=용감하다

음 <ruby>勇気<rt>ゆうき</rt></ruby> 용기 <ruby>勇敢<rt>ゆうかん</rt></ruby> 용감 <ruby>勇者<rt>ゆうしゃ</rt></ruby> 용사

湧 **물솟을 용**: 물(氵=水)이 종꼭지(甬)처럼 힘차게(力) 솟아오르다

음 <ruby>湧出<rt>ゆうしゅつ</rt></ruby> 용출 <ruby>湧水<rt>ゆうすい</rt></ruby> 용수

用 **쓸 용**: 나무로 만든 통을 그린 모습. 통은 여러 가지로 쓰임새가 많다

음 <ruby>用事<rt>ようじ</rt></ruby> 용무 <ruby>用意<rt>ようい</rt></ruby> 준비 <ruby>利用<rt>りよう</rt></ruby> 이용 <ruby>実用<rt>じつよう</rt></ruby> 실용 <ruby>日用品<rt>にちようひん</rt></ruby> 일용품

備 **갖출 비**: 사람(人)이 풀(艹)을 바위(厂 굴바위 엄) 아래에 저장하여 쓰임(用)에 대비하다=갖추다

음 <ruby>備品<rt>びひん</rt></ruby> 비품 <ruby>備考<rt>びこう</rt></ruby> 비고 <ruby>準備<rt>じゅんび</rt></ruby> 준비 <ruby>整備<rt>せいび</rt></ruby> 정비

庸 **떳떳할 용**: 집(广 집 엄)에서 손(⺕=彐 돼지머리 계)에 빗자루(丨)를 들고 열심히 일을 하여 쓰임(用)을 인정받으니 떳떳하다

음 <ruby>凡庸<rt>ぼんよう</rt></ruby> 범용=평범함

卷 **책 권**: 몸(己 몸 기)을 둥글게 구부리듯이(卷)(죽간을 말아서 만든) 책을 둥글게 말다

巻 **책 권**: 몸(己 몸 기)을 둥글게 구부리듯이(卷)(죽간을 말아서 만든) 책을 둥글게 말다

＊ 龹(밥 뭉칠 권): 주먹밥을 말듯이 손으로 둥글게 뭉치다=구부리다

음 巻頭 권두 巻末 권말 上巻 상권 圧巻 압권

券 문서 권: 종이를 구부려서(龹) 칼(刀)로 자른 문서

음 定期券 정기권 入場券 입장권 整理券 정리권 乗車券 승차권

拳 주먹 권: 손가락(手)을 구부려(龹) 주먹을 쥐다

음 拳法 권법 拳銃 권총 拳闘 권투

圏 우리 권: 둘러싸인(巻) 구역(囗 에운담 위)=우리

음 圏外 권외 大気圏 대기권 首都圏 수도권 北極圏 북극권

勝 이길 승: 몸(月 육달 월)을 구부렸다가(龹) 일어나면서 힘(力)을 쓰면 이긴다

음 勝利 승리 勝敗 승패 優勝 우승 決勝 결승

謄 베낄 등: 몸(月 육달 월)을 구부리고(龹) 앉아 말(言)을 글로 베끼다

음 謄本 등본 戸籍謄本 호적등본 謄写 등사

藤 등나무 등: 몸(月)을 둥글게 구부리고(龹) 올라가면서 다른 초목(艹)의 물(氺=氵= 水)을 빨아먹는 등나무

음 葛藤 갈등

騰 오를 등: 몸(月)을 구부려서(龹) 말(馬)에 오르다

음 高騰 물건값이 뛰어 오름 沸騰 비등 急騰 급등 暴騰 폭등

坐 자리 좌: 집(广 집 엄) 안에서 앉는(坐) 장소=자리

＊坐(앉을 좌): 흙바닥(土)에 사람들이(人人) 앉아 있는 모습

음 座席 좌석　座布団 방석　星座 성좌　上座 상좌

挫 꺾을 좌: 손(扌=手)으로 앉히다(坐)=꺾다

음 挫折 좌절　捻挫 염좌　頓挫 돈좌=좌절

作 지을 작: 사람(人)이 잠깐(乍) 사이에 옷을 짓다

＊乍(잠깐 사): 사람이 바느질해서 옷을 짓는 모습. 나아가 옷을 짓는 시간은 잠깐

음 作文 작문　作品 작품　名作 명작　動作 동작　作業 작업

詐 속일 사: 말(言)을 잠깐(乍) 사이에 만들어 속이다

음 詐欺 사기　詐欺師 사기꾼　詐称 사칭　詐取 사취

昨 어제 작: 잠깐(乍) 사이에 지나간 날(日)=어제

음 昨日＝きのう 어제　昨夜 어젯밤　昨年 작년　昨今 작금=요즘

搾 짤 착: 손(扌=手)으로 좁은 구멍(穴)을 통해 잠깐(乍) 사이에 짜내다

음 搾取 착취　搾乳 착유

酢 초 초: 술(酉)이 익으면 잠깐(乍 잠깐 사) 사이에 초로 변한다

＊酉: 뚜껑을 덮은 술병에 술이 담겨 있는 모습

음 酢酸 초산

呉 성씨 오: 두 손(廾 두 손으로 받들 공)으로 목을 뒤로 젖이고(ㄹ) 입(口)으로 크게 소리를 지르는 모습

음 呉服 포목=옷감　呉服屋 포목점　呉越同舟 오월동주

娛 **즐길 오**: 여자(女)들과 큰 소리(吳)로 노래를 부르면서 즐기다

　음　娛楽 오락

誤 **그르칠 오**: 말(言)을 큰소리(吳)로 하면 일을 그르친다

　음　誤解 오해　誤算 오산　誤字 오자　誤読 오독

虞 **염려할 우**: 호랑이(虍) 울음소리가 크게(吳) 들리니 염려된다

　* 虍는 虎(범 호)의 획 줄임

　음　虞美人草 양귀비꽃

　훈　虞 염려＝우려

里 **마을 리**: 밭(田)의 땅(土)에 형성된 마을. 마을과 마을 사이의 거리. 1里는 약 400m

　음　千里 천리　十里 10리

厘 **이 리**: 바위(厂 바위 엄) 밑에 형성된 아주 작은 마을(里). 비율의 단위로서 1할(割)
은 10분(分)의 1, 1푼(分)은 100분의 1, 1리(厘)는 1,000분의 1

　음　一厘 1리　二厘 2리　九分九厘 9분 9리＝거의

理 **다스릴 리**: 왕(王)이 마을(里)을 이치에 맞게 다스리다

　음　理由 이유　理科 이과　無理 무리　道理 도리　修理 수리

埋 **묻을 매**: 마을(里)에서 죽은 사람을 흙(土)으로 묻다

　음　埋設 매설　埋蔵 매장　埋没 매몰

野 **들 야**: 마을(里)이 들어설 예정(予 미리 예)인 들판

　음　野菜 채소　野球 야구　平野 평야　分野 분야

黒 검을 흑: 마을(里)이 불타서(灬=火 불 화) 검게 변하다.

음 暗黒 암흑　黒人 흑인　黒板 흑판＝칠판

黙 잠잠할 묵: 어두운(黒) 밤에는 마을의 개(犬 개 견) 소리가 잠잠하다

음 黙祷 묵도　黙認 묵인　沈黙 침묵　寡黙 과묵

墨 먹 묵: 검(黒)은 진흙(土)을 굳혀서 만든 먹

음 水墨画 수묵화

童 아이 동: 마을(里) 어귀에 서서(立) 놀고 있는 아이들

음 童話 동화　童顔 동안　児童 아동　神童 신동

憧 동경할 동: 마음(忄=心)은 언제나 어린아이(童) 시절을 동경한다

음 憧憬 동경

瞳 눈동자 동: 눈(目) 안에 있는 어린아이(童)처럼 작은 동자＝눈동자

음 瞳孔 동공＝눈동자

鐘 쇠북 종: 쇠(金) 소리가 어린아이(童) 소리처럼 맑은 종

음 鐘楼 종루＝종각　梵鐘 범종＝종루에 매다는 종　警鐘 경종

系 이을 계: 실(糸)을 길게 한(一) 줄로 묶어서 잇다

음 系統 계통　系列 계열　家系 가계　直系 직계

係 **맬 계**: 사람(人)을 이어서(系) 매다=묶다

음 関係 관계　係留 계류＝붙들어 맴　係争 계쟁＝법률상의 다툼

孫 **손자 손**: 실을 한 줄로 이은(系) 것처럼 끊임없이 이어지는 자손(子)=손자

음 子孫 자손　曾孫 증손　外孫 외손

遜 **겸손할 손**: 손자(孫)가 할아버지에게 갈(辶 갈 착) 때는 겸손해야 한다

음 遜色 손색　謙遜 겸손　不遜 불손

懸 **달 현**: 마음(心)에 걸리다(縣)=매달다

*縣(고을 현): 적군이나 죄수의 머리(首 머리 수)를 실(糸)로 한(一) 줄로 묶어서 거꾸로 매달아 놓은 모습. 나아가 그것을 실행하는 고을 또는 행정 관청

*県은 首를 뒤집어 놓은 모습

음 懸命 열심　懸賞 현상＝상품이나 상금을 내거는 것　懸念 걱정＝염려

県 **고을 현**: 縣(고을 현)의 생략형

음 県 현　県立 현립　県知事 현지사　県民 현민　都道府県 도도부현

来 **올 래**: 보리 이삭이 팬 모습. 보리는 중앙아시아로부터 들어온 외래종이므로 '오다'라는 의미를 갖게 됨

음 来月 다음 달　来年 내년　未来 미래　将来 장래

麦 **보리 맥**: 來(보리)가 '오다'라는 의미로 사용되자, '보리'는 麦으로 표기하게 됨. 麦의 의미는 무성한(丰 풀 무성할 개) 보리싹이 얼지 않게 발(夂 뒤져올 치)로 밟다. 이것은 가을에 파종하여 겨울을 넘겨야 하는 보리농사의 특성을 반영한 것

훈 麦 보리　小麦粉 밀가루　麦茶 보리차　麦飯 보리밥

181

麵 밀가루 면: 보리(麦) 가루를 사람의 얼굴(面)처럼 둥글고 납작하게 해서 만든 면

음 麵 면　麵棒 면봉＝밀대

面 낯 면: 사람 얼굴을 정면에서 그린 모습

* 一(머리)+口(얼굴 윤곽)+自(코)

음 面会 면회　面倒 돌봄＝귀찮음　正面 정면　前面 전면

坑 구덩이 갱: 흙(土)을 사람의 목(亢) 높이만큼 퍼 올려서 만든 구덩이

* 亢(높을 항/목 항): 머리(亠 머리 부분 두) 아래로 이어지는 목(几)의 모습

음 坑道 갱도　廃坑 폐광　炭坑 탄갱＝석탄을 캐는 구덩이

抗 겨룰 항: 손(扌=手)을 높이(亢) 들어 올려서 겨루다＝싸우다

음 抗議 상의　抗争 항쟁　対抗 대항　反抗 반항

航 배 항: 배(舟 배 주)가 돛을 높이(亢 높을 항) 세워서 바다를 건너다

음 航空 항공　航路 항로　運航 운항　欠航 결항

冬 겨울 동: 1년 중 뒤늦게(夂 뒤쳐올 치) 와서 얼음(冫 얼음 빙)이 어는 겨울

음 冬眠 동면　冬季 동계

終 마칠 종: 누에가 실(糸)을 만들어내는 것은 겨울(冬)이 오기 전에 마친다

음 終点 종점　修了 종료　最終 최종　始終 시종＝항상

泉 샘 천: 희고(白) 깨끗한 물(水)이 나오는 샘

음 泉水 샘물　温泉 온천　冷泉 냉천　源泉 원천

腺 샘 선: 몸(月 육달 월) 속의 샘(泉)

음 汗腺 땀샘　涙腺 눈물샘　扁桃腺 편도선　リンパ腺 림프선

線 줄 선: 실(糸)이 흐르는 샘물(泉)처럼 길게 줄을 이루다

음 線路 선로　電線 전선　直線 직선

젖을 습: 해(日)가 없어지면(北 달아날 배) 물기(氵=水)가 많아 습하다=젖다

* 北(달아날 배/북녘 북): 등을 보이고 사방으로 달아나는 모습=적군에게 등을 모이면 패배[달아날 배]. 패배를 하고 간 곳은 추운 북쪽[북녘 북]

음 湿疹 습진　多湿 다습　湿布 습포=파스

顕 나타날 현: 해(日)가 없어(北) 어두워도 사람의 이마(頁 머리 혈)는 잘 나타난다=보인다

음 顕著 현저　顕微鏡 현미경　顕示 현시=나타내어 보임

그릇 명: 받침이 있는 그릇 모습

훈 皿 그릇　小皿 작은 접시　灰皿 재떨이　皿洗い 설거지

盟 맹세 맹: 밝은(明) 달빛 아래에서 그릇(皿)에 정안수를 떠 놓고 신에게 맹세하다

음 盟友 맹우=동지　盟主 맹주　同盟 동맹　加盟 가맹

猛 사나울 맹: 개(犭 개 견)들의 우두머리(孟)는 무리를 이끌기 위해 사나워야 한다

* 孟(맏 맹): 아이가 태어나면 아들(子) 중에서 첫째=우두머리만 대야(皿)에 목욕을 시킨다

　음　猛暑 혹서　猛獸 맹수　猛烈 맹렬　猛毒 맹독

鹽 소금 염: 신하(臣)가 염전(鹵)을 감독하여(監 볼 감) 국가 전매품인 소금의 질과 유통을 감시하다

　* 鹵: 사람(人)이 개펄(囗)에서 소금의 결정(※)을 만들다

塩 소금 염: 염전=흙(土)에서 사람(人)이 먹을(口) 소금을 그릇(皿)에 담다

　음　塩分 염분　塩田 염전　食塩 식염

溫 따뜻할 온: 죄수(囚 가둘 수)에게 그릇(皿)에 물(氵=水)을 담아주니 마음이 따뜻한 사람

温 따뜻할 온: 물(氵)을 해(日)가 비치는 곳에 그릇(皿)에 담아두면 따뜻해진다

　음　温泉 온천　温水 온수　温度 온도　気温 기온

益 더할 익: 그릇(皿)에 물(氺=水)을 넘칠 정도로 채우다

　* 益의 윗부분은 水(물 수)를 90도 회전한 모습

益 더할 익: 그릇(皿)에 물(氺=水)을 넘칠 정도로 채우다=더하다=넉넉하다

　음　収益 수익　利益 이익　有益 유익

血 피 혈: 제사에 희생된 짐승의 피(丿)를 그릇(皿)에 담아놓은 모습

　음　血液 혈액　血圧 혈압　出血 출혈　献血 헌혈

衆 무리 중: 혈통(血)이 같은 사람들(乑=人+人+人)의 무리

　음　民衆 민중　公衆 공중　群集 군집　衆議院 중의원　衆生 중생

白 흰 백: 해(日)의 빛(丿)이 희다

　음　白紙 백지　紅白 홍백　告白 고백　白夜 백야

184　한자가 그린 세상의 천태만상

百 **일 백 백**: 하나(一)에서 백(百)까지. 100은 많다는 의미의 통칭

음　百年 백 년　百人 백 명　百円 백 원　百貨店 백화점

伯 **맏 백**: 형제 중에서 머리카락이 가장 흰(白) 사람(人)=맏이

음　伯爵 백작　画伯 화백　伯父 백부=큰아버지　伯母 백모=큰어머니

拍 **칠 박**: 손(扌=手)의 흰(白) 부분인 손바닥으로 치다

음　拍手 박수　脈拍 맥박　拍子 박자　四拍子 4박자

迫 **핍박할 박**: 핍박을 받아 하얗게(白) 질린 얼굴로 왔다 갔다(辶 갈 착) 하다

음　迫害 박해　迫力 박력　脅迫 협박　圧迫 압박

泊 **머무를/배댈 박**: 물(氵=水)이 얕아서 흰색(白)인 연안에 배를 대고 머무르다

음　宿泊 숙박　外泊 외박　停泊 정박　一泊二日 1박 2일

谷 **골짜기 곡**: 산이 양쪽으로 갈라져(八八) 입(口)처럼 움푹 파인 골짜기

* 八: 어떤 물체가 두 쪽으로 대칭되게 나누어진 모습

음　渓谷 계곡　峡谷 협곡

俗 **풍속 속**: 사람(人)들이 사는 골짜기(谷)마다 제각기 풍속이 다르다

음　俗世間 속세　俗語 속어　民俗 민속　風俗 풍속

浴 **목욕할 욕**: 물(氵=水)이 흐르는 골짜기(谷)에서 목욕하다

음　浴槽 욕조　浴室 욕실　入浴 입욕　海水浴 해수욕

欲 **하고자 할 욕**: 입을 골짜기(谷)처럼 크게 벌리고(欠 하품 흠) 뭐든지 먹고자 하다=

욕심

음 欲望 욕망　欲求 욕구　食欲 식욕　欲張り 욕심꾸러기

容 모양 용: 집(宀 집 면)에서 골짜기(谷)처럼 파인 용기에 물건을 보관하다. 나아가 容의 모습이 마치 사람의 얼굴과도 같아 얼굴이나 용모를 뜻하게 됨

음 容器 용기　容積 용적　美容 미용　形容 형용

溶 녹을 용: 용기(容)에 물(氵)을 넣으면 내용물이 녹는다

음 溶岩 용암　溶液 용액　溶接 용접　溶融 용융=융해

裕 넉넉할 유: 옷자락(礻=衣)이 골짜기(谷)처럼 커서 넉넉하다

음 裕福 유복　富裕 유부　富裕層 부유층　余裕 여유

沿 물 따라갈 연: 늪(㕣)을 따라 흐르는 물(氵=水)

＊㕣(산속 늪 연): 산속에서 흘러 내려온(八) 물이 고인(口) 곳=늪

＊八: 어떤 물체가 두 쪽으로 대칭되게 나누어진 모습

음 沿岸 연안　沿革 연혁　沿道 연도=길가

船 배 선: 물이 얕은 늪(㕣)을 따라서 다니는 배(舟 배 주)

＊선(船)은 배의 통칭. 고대에는 배가 깊지 않은 늪 근처만 다녔다

음 船長 선정　船員 선원　風船 풍선　漁船 어선

鉛 납 연: 늪(㕣)처럼 견고하지 않은 쇠(金)=납

음 鉛筆 연필　亜鉛 아연

周 **두루 주**: (주나라) 성(冂 성 경) 입구(口)를 흙(土)으로 두루 둘러싸다

* 冂: 국경을 지나는 관문을 그린 모습

* 두루: 여기저기 빠짐없이 골고루, 또는 여러 가지로 꼼꼼하게, 혹은 모든 사람에게 원만하게 대하는 것

음 周囲 ^{しゅうい} 주위 周期 ^{しゅうき} 주기 周辺 ^{しゅうへん} 주변 一周 ^{いっしゅう} 일주＝한 바퀴

週 **돌 주**: (주나라) 성 주위를 두루(周) 한 바퀴 도는(辶 갈 착) 데 일주일이 걸린다

음 毎週 ^{まいしゅう} 매주 今週 ^{こんしゅう} 이번 주 先週 ^{せんしゅう} 지난 주 週末 ^{しゅうまつ} 주말 週刊誌 ^{しゅうかんし} 주간지

調 **고를 조**: 말(言)을 두루(周) 고르게 하다

음 調節 ^{ちょうせつ} 조절 調子 ^{ちょうし} 상태 快調 ^{かいちょう} 쾌조 順調 ^{じゅんちょう} 순조

彫 **새길 조**: 터럭(彡 터럭 삼) 하나까지 두루(周) 빠짐없이 새기다

음 彫刻 ^{ちょうこく} 조각 彫像 ^{ちょうぞう} 조각상 木彫 ^{もくちょう} 목조

示 **보일 시**: 신에게 제물을 바치는 제단 모습, 여기에 신이 모습을 나타내다＝보이다

음 示威 ^{じい} 시위 指示 ^{しじ} 지시 表示 ^{ひょうじ} 표시 示唆 ^{しさ} 시사

奈 **어찌 나**: 사람(大)이 신(示)을 어찌 이길 수 있겠는가?

* 大(큰 대): 사람이 사지를 크게 벌리고 있는 모습

음 奈落 ^{ならく} 나락 奈良県 ^{ならけん} 나라현 神奈川県 ^{かながわけん} 가나가와현

宗 **마루 종**: 신(示)을 모시고 제사를 지내는 종갓집(宀 집 면)

* 마루: 어떤 사물의 첫째. 또는 어떤 일의 기준

음 宗教 ^{しゅうきょう} 종교 宗派 ^{しゅうは} 종파 宗徒 ^{しゅうと} 신도 改宗 ^{かいしゅう} 개종 宗家 ^{そうけ} 종가

崇 **높을 숭**: 종가(宗)는 가문의 으뜸이니 산(山)처럼 높이 받들어야 한다

　음　崇拜 숭배　崇高 숭고

踪 **자취 종**: 종가(宗)의 발(足) 자취

　음　失踪 실종

祭 **제사 제**: 고기(月 육달 월)를 손(又)으로 신(示)에게 올려 제사를 지내다

　음　祭日 신사 또는 궁중의 제삿날　祭祀 제사　祝祭 축제　前夜祭 전야제

際 **즈음 제**: 제사(祭)를 지내는 신성한 구역과 그 바깥의 일반 구역을 언덕(阝 언덕 부)으로 막아, 각각의 가장자리 즈음에서 만나 소통하다=교제하다

　음　際限 제한　国際 국제　交際 교제　実際 실제

察 **살필 찰**: 제사(祭)를 지낼 때는 집(宀 집 면) 구석구석을 살핀다

　음　警察 경찰　検察 검찰　診察 진찰

擦 **문지를 찰**: 손(扌=手)으로 살피다(察)=문지르다

　음　擦過傷 찰과상　摩擦 마찰　貿易摩擦 무역마찰

采 **풍채 채**: 원래의 뜻은 손(爫=爪 손톱 조)으로 나무(木)의 열매를 따다=손에 쥐다=집다. 현재는 풍채(風采), 갈채(喝采) 등의 의미로 사용되고 있음

　음　采 주사위　采配 지휘=지휘 채　風采 풍채　喝采 갈채

採 **캘 채**: 손(扌=手)으로 나물을 캐다(采)=따다

　음　採用 채용　採血 채혈　採点 채점

菜 **나물 채**: 풀(艹)을 따서(采) 만든 나물

음 菜食 채식　野菜 채소　白菜 배추　菜箸 음식을 덜 때 쓰는 긴 젓가락

彩 **채색 채**: 손으로 딴(采) 열매의 색깔이 바람에 날리는 머리카락(彡 터럭 삼)만큼이나 예쁘다

음 多彩 다채로움

刺 **찌를 자**: 가시(朿)처럼 예리한 칼(刂=刀)로 찌르다

＊朿(가시 자): 가시로 덮인(冖 덮을 멱) 나무(木)

음 刺激 자극　名刺 명함　風刺 풍자

策 **꾀 책**: 대나무(竹)로 만든 채찍(朿). 나아가 말을 달려 승리하기 위해서는 계책이 필요하다=꾀하다

＊꾀하다: 어떤 일을 이루려고 뜻을 두거나 힘을 쓰다=도모하다

음 策略 책략　対策 대책　政策 정책　散策 산책

浮 **뜰 부**: 물(氵=水)에서 손(爫=爪)으로 아이(子)를 떠올리다

음 浮上 부상＝떠오름　浮遊 부유　浮力 부력　浮標 부표

乳 **젖 유**: 어미가 손(爫)으로 아이(子)를 안고 젖(乙)을 먹이다

＊여기서 乙은 곡선으로 이루어진 새의 목과 여자의 젖가슴이 중첩된 모습

음 乳児 유아　乳製品 유제품　牛乳 우유　母乳 모유　乳母 유모

革 **가죽 혁**: 짐승의 날가죽(皮 가죽 피)에서 털을 제거한 모습. 즉 날가죽을 가공하여 입을 수 있는 가죽으로 고치다=바꾸다

음　革命 혁명　革新 혁신　改革 개혁　変革 변혁

靴 신 화: 가죽(革)의 모양을 바꾸어서(化 될 화) 만든 신발

음　長靴 장화　軍靴 군화

覇 으뜸 패: 몸(月 육달 월)에 가죽옷(革)을 덮어(覀=両 덮을 아) 입은 사람=으뜸

음　覇権 패권　覇者 패자　制覇 제패　連覇 연패

力 힘 력: 팔에 힘줄이 드러나 있는 모습

음　能力 능력　努力 노력　学力 학력　全力 전력　力説 역설

筋 힘줄 근: 몸(月 육달 월)에서 힘(力)을 쓰면 대쪽(竹)처럼 나타나는 힘줄

음　筋肉 근육　鉄筋 철근　腹筋 복근

協 화합할 협: 여럿이(十) 힘(力)을 합하다(劦 힘 합할 협)

음　協力 협력　協定 협정　協議 협의　妥協 타협

脅 위협할 협: 힘(力)을 합해서(劦) 몸(月)을 위에서 아래로 누르다=위협하다

음　脅威 위협　脅迫 협박

脇 옆구리 협: 몸(月)에서 힘(力)이 모여(劦) 있는 옆구리

훈　脇 겨드랑이＝곁　脇見 곁눈질　両脇 양쪽 겨드랑이

免 면할 면: 여자가 출산하는 모습. 아이가 산모의 뱃속에서 나오다=면하다

* 免의 위는 사람(ク=人)의 가운데는 몸통(中), 아래는 다리(儿)

음 免除 면제 免許 면허 免税 면세 任免 임면 = 임명과 면직

晚 늦을 만: 해(日)가 없으니(免) 늦은 밤이다

음 晚年 만년 今晚 오늘 밤 毎晚 매일 밤 晚秋 만추

勉 힘쓸 면: 산모가 출산(免)을 하면서 힘써다(力)

음 勉強 공부 勉学 면학 勤勉 근면

逸 편안할 일: 가(辶)는 것을 면(免)하니 편안하다 = 좋다

음 逸話 일화 逸品 일품 = 걸작

雨 비 우: 하늘(一)을 덮은(冖 덮을 멱) 구름이 물(氺=水)이 되어 흘러내리는 비

음 雨期 우기 雨季 우계 = 우기 雨天 우천

靈 신령 령: 무당(巫 무당 무)이 기우제를 지내며 비(雨)가 내리기를 간곡히(口口口) 비는 모습

霊 신령 령: 비(雨)가 오게 해달라고 무당(巫)이 음식(一)을 차려놓고 신령께 빌다

음 霊魂 영혼 霊安室 영안실 幽霊 유령 悪霊 악령

漏 샐 루: 비(雨)가 내리니 지붕(尸)에서 물(氵=水)이 새다

* 尸: ①집의 지붕과 처마를 그린 모습[집 시]. ②사람이 누워있는 모습[주검 시]

음 漏水 누수 漏電 누전

霧 눈날릴 분: 빗방울(雨)이 흩날려(分 나눌 분) 내리는 물안개. 나아가 그 분위기

음 雰囲気 분위기

雪 눈 설: 비(雨)가 얼어서 내린 눈을 손(彐=크 돼지 머리 계)으로 쓸다=씻다

* 彐=크: 오른손을 벌리고 있는 모습. 돼지의 머리는 사람의 손 역할

음 雪原 설원　積雪 적설　除雪 제설　雪辱 설욕

雷 우레 뢰: 비(雨) 내릴 때 밭(田)에서 나는 우레=천둥소리

음 雷鳴 천둥소리　雷雨 뇌우　地雷 지뢰　落雷 낙뢰

電 번개 전: 우레(雷)와 더불어 꼬리(ノ)를 물고 번쩍이는 불빛=번개

* 电: 申(거듭 신)의 변형. 밭(田)에서 번갯불이 길게(|) 거듭(申) 번쩍이는 모습

음 電気 전기　電話 전화　電車 전철　終電 마지막 전철

俺 나 암: 번개(电)처럼 하늘을 뒤덮을 정도로 위대한(大) 사람(人)=나

훈 俺 나(주로 남자가 씀)

龍 용 룡: 머리를 세우고(立) 비늘이 있는 몸(月)을 꿈틀거리면서 하늘로 오르는 용의 모습

竜 용 룡: 용이 머리를 세우고(立) 번개(电)처럼 하늘로 오르다

음 恐竜 공룡　竜頭蛇尾 용두사미

滝 비 올 롱: 비(氵=水) 올 때 용(竜)이 승천하는 곳=폭포

훈 滝 폭포　滝壺 용소＝폭포 웅덩이

籠 대바구니 롱: 대쪽(竹)을 용(龍)처럼 둥글고 길게 엮어서 만든 바구니

음 籠城 농성

襲 엄습할 습: 죽음이 엄습한 왕의 수의(衣 옷 의)에 대대로 이어온 관례에 따라 용무늬 (龍)를 새기다

* 엄습하다: 숨어서 갑자기 공격하거나 침입하다

음 襲擊 습격　踏襲 답습　逆襲 역습

耐 견딜 내: 손(寸)으로 길게 이어진(而) 수염을 깎는 고통을 견디다

* 而(말이을 이): 뺨의 수염이 길게 이어진 모습

음 耐震 내진　耐久 내구　耐熱 내열　忍耐 인내

端 끝 단: 이어진(而) 산(山)의 끝단(耑)에 서다(立)

음 端的 단적　端正 단정　先端 선단＝첨단

需 쓰일/쓸 수: 비(雨)가 이어져(而) 내리면 농사를 비롯하여 쓰임새가 많다

음 需要 수요　需給 수급　軍需 군수　必需品 필수품

儒 선비 유: 쓰임새(需)가 많은 사람(人)＝선비

음 儒教 유교　儒学 유학　儒学者 유학자

雲 구름 운: 비(雨)가 내리기 전에 모락모락 피어오르는 구름(云)

* 云은 雲의 획 줄임

음 雲海 운해＝구름바다　雷雲 소나기구름

曇 흐릴 담: 해(日)가 구름(雲)에 가려서 하늘이 흐리다

음 曇天 담천＝흐린 날씨

会 모일 회: 사람(人)이 구름(云)처럼 많이 모이다

음 会議 회의　会社 회사　会釈 가벼운 인사　一期一会 일생 한 번뿐인 만남

絵 그림 회: 여러 색깔의 실(糸)을 모아서(会) 자수로 그림을 그리다

음 <ruby>絵<rt>え</rt></ruby> 그림 <ruby>絵葉書<rt>えはがき</rt></ruby> 그림엽서 <ruby>絵具<rt>えのぐ</rt></ruby> 그림물감 <ruby>絵画<rt>かいが</rt></ruby> 회화

農 농사 농: 허리를 굽히고(曲 굽을 곡) 조개껍질(辰)로 부지런히 땅을 파서 농사를 짓다

＊辰: 조개의 厂껍질＋一혀＋𧘇발

음 <ruby>農業<rt>のうぎょう</rt></ruby> 농업 <ruby>農家<rt>のうか</rt></ruby> 농가 <ruby>農作物<rt>のうさくもつ</rt></ruby> 농작물 <ruby>農場<rt>のうじょう</rt></ruby> 농장

濃 짙을 농: 물(氵=水)이 농사(農)를 지을 만큼 짙다＝많다＝충분하다

음 <ruby>濃厚<rt>のうこう</rt></ruby> 농후＝진함 <ruby>濃淡<rt>のうたん</rt></ruby> 농담＝짙음과 얕음 <ruby>濃縮<rt>のうしゅく</rt></ruby> 농축 <ruby>濃霧<rt>のうむ</rt></ruby> 농무

唇 입술 순: 조갯살(辰)처럼 부드러운 입술(口)

음 <ruby>唇音<rt>しんおん</rt></ruby> 순음＝입술소리

娠 아이 밸 신: 배가 조개(辰)처럼 볼록한 여성(女)＝임신부

음 <ruby>妊娠<rt>にんしん</rt></ruby> 임신

辱 욕될 욕: 조개껍질(辰)을 손(寸)에 들고 고된 일을 하니 욕보다

＊욕보다: 고생스러운 일을 겪다. 치욕을 당하다

음 <ruby>屈辱<rt>くつじょく</rt></ruby> 굴욕 <ruby>雪辱<rt>せつじょく</rt></ruby> 설욕 <ruby>侮辱<rt>ぶじょく</rt></ruby> 모욕

振 떨칠 진: 손(扌=手)으로 조개(辰)를 만지니 떨치다＝진동하다＝움직이다

음 <ruby>振動<rt>しんどう</rt></ruby> 진동 <ruby>三振<rt>さんしん</rt></ruby> 삼진 <ruby>不振<rt>ふしん</rt></ruby> 부진

震 우레 진: 먹이를 포착한 조개(辰)의 격렬한 움직임처럼, 비(雨) 내릴 때 천지를 뒤엎을 기세의 우레＝천둥

음 <ruby>震災<rt>しんさい</rt></ruby> 진재＝지진 재해 <ruby>震度<rt>しんど</rt></ruby> 진도 <ruby>地震<rt>じしん</rt></ruby> 지진 <ruby>余震<rt>よしん</rt></ruby> 여진

虎 범 호: 호랑이를 그린 모습

음 虎穴〔こけつ〕 호랑이 굴　虎視眈々〔こしたんたん〕 호시탐탐

劇 심할 극: (연극에서는) 호랑이(虍)와 멧돼지(豕 돼지 시)의 싸움이 칼(刂=刀) 싸움만큼이나 심하다

＊虍는 虎의 획 줄임

음 劇場〔げきじょう〕 극장　劇団〔げきだん〕 극단　演劇〔えんげき〕 연극　悲劇〔ひげき〕 비극

慮 생각할 려: 범(虍)을 피해 갈 방법을 생각하다(思 생각 사)

음 考慮〔こうりょ〕 고려　遠慮〔えんりょ〕 사양　配慮〔はいりょ〕 배려　熟慮〔じゅくりょ〕 숙려

虜 사로잡을 로: 범(虍)을 사내(男)가 사로잡다=산 채로 잡다

음 捕虜〔ほりょ〕 포로　俘虜〔ふりょ〕 포로

膚 살갗 부: 호랑이(虍)의 내장(胃밥통 위)을 덮고 있는 가죽=살갗

＊盧(밥그릇 로): 청동으로 만든 식기의 한 종류

음 膚〔はだ〕 피부=살갗　皮膚〔ひふ〕 피부

虐 모질 학: 호랑이(虍)가 발톱(크=크 돼지머리 계)으로 모질게 할퀴다

음 虐待〔ぎゃくたい〕 학대　虐殺〔ぎゃくさつ〕 학살　残虐〔ざんぎゃく〕 잔학

虚 빌 허: 호랑이(虍)가 나타나니 다른 동물들이 모두 달아나(北) 들판이 텅 비다

＊北(북녘 북/달아날 배): 등을 보이고 사방으로 달아나는 모습. 적군에게 등을 보이면 패배. 패배를 하고 간 곳은 추운 북쪽

음 虚無〔きょむ〕 허무　虚偽〔きょぎ〕 허위　空虚〔くうきょ〕 공허　謙虚〔けんきょ〕 겸허　虚空〔こくう〕 허공

戲 놀이 희: 출정에 앞서 창(戈 창 과)을 든 병사들이 제단(豆)에 용맹의 상징인 호랑이(虍=虎) 문양을 걸어놓고 승리를 기원하는 축제=놀이를 벌이다

＊豆: 제단 위에 음식 따위의 제물(一)을 올려놓은 모습

戲 놀이 희: 창(戈)으로 호랑이를 쫓아내고(虛 빌 허) 축제=놀이를 벌이다

음 戲曲 희곡　遊戲 유희=놀이　悪戲 장난

田 밭/논 전: 가로 세로로 구획된 논밭 모습

음 田園 전원　塩田 염전　油田 유전　水田 수전=논

男 사내 남: 밭(田)에서 힘써(力) 일하는 사내

음 男性 남성　男女=なんにょ 남녀　男子 남자　長男 장남　次男 차남

思 생각 사: 밭(田) 농사가 잘되기를 마음(心)으로 생각하다

음 思考 사고　思想 사상　思春期 사춘기　意思 의사

細 가늘 세: 실(糸)처럼 가는 밭고랑(田)

＊밭고랑: 밭의 이랑과 이랑 사이에 물이 빠지도록 파놓은 좁고 긴 홈

음 細心 세심함　細胞 세포　詳細 상세　子細 자초지종

胃 밥통 위: 밭(田)에서 길러 만든 음식이 들어있는 몸(月 육달 월)의 기관=밥통=위장

음 胃 위　胃腸 위장　胃ガン 위암　胃薬 위장약

累 여러/자주 루: 실(糸)로 여러 번 묶다(田)=여러 번=자주

＊田: 어떤 물건을 실로 가로 세로로 묶어놓은 모습

음 累積 누적　累計 누계

壘 보루 루: 흙(土)을 묶어(田) 쌓아서 만든 보루. 보루가 3개 있는 모습

塁 보루 루: 흙(土)을 묶어(田) 쌓아서 만든 보루. 포수를 포함하여 4개의 보루가 있는

야구장을 본뜬 모습

* 보루: 적을 막기 위해 돌이나 흙 등으로 튼튼하게 쌓은 구축물

음 滿壘 만루 盗壘 도루 一壘 1루 壘審 누심

畏 두려워할 외: 농부가 밭(田)에 뿌린 씨앗(氏)이 자라지 못할까 두려워하다

음 畏怖 두려워함 畏敬 외경 = 경외

重 무거울 중: 천(千 일천 천) 리(里 마을 리)를 달리니 발걸음이 무겁다

음 重要 중요 重大 중대 体重 체중 厳重 엄중 貴重 귀중 尊重 존중

動 움직일 동: 무거운(重) 것도 힘(力)을 가하면 움직인다

음 動物 동물 動作 동작 運動 운동 移動 이동

働 일할 동: 사람(人)이 움직여서(動) 일을 하다

음 労働 노동 稼動 가동

種 씨 종: 벼(禾 벼 화) 파종을 위해 남겨둔 튼실하고 무거운(重) 씨앗

음 種類 종류 種目 종목 品種 품종 人種 인종

腫 종기 종: 살(月 육달 월)이 곪아 커지면서 무거워지는(重) 종기

음 腫瘍 종양 浮腫 부종

衝 찌를 충: 무거운(重) 것을 들고 길을 가면(行 갈 행) 부딪쳐서 찔리기 십상이다

음 衝突 충돌 衝撃 충격 緩衝 완충 折衝 절충

勲 공 훈: 중요한(重) 임무를 힘(力)을 불살라(灬=火) 이루어낸 공훈. 또는 불(灬)처럼 정열적인 활동(動)으로 이룬 공훈

음 勳章 ^{くんしょう} 훈장 殊勳 ^{しゅくん} 수훈 武勳 ^{ぶくん} 무훈＝무공

薰 향 풀 훈: 풀(卄)을 거듭＝많이(重) 태우니(灬＝火) 향기가 난다

음 薰風 ^{くんぷう} 훈풍

俊 준걸 준: 천천히(夋 천천히 걷는 모양 준) 진실한(允 진실로 윤) 마음으로 느릿하면서도(夂 뒤져서 올 치) 기품이 있는 사람＝준걸

＊允: 남을 손으로 끌어안아(厶 사사 사) 주는 어진 사람(儿 어진 사람 인)

＊준걸: 재주와 슬기가 매우 뛰어난 사람

음 俊敏 ^{しゅんびん} 준민＝두뇌 회전이 빠르고 행동이 날렵함 俊才 ^{しゅんさい} 준재＝아주 뛰어난 재주를 가진 사람

唆 부추길 사: 말(口)을 믿음직하게 천천히(夋) 해서 남을 부추기다

음 示唆 ^{しさ} 시사 教唆 ^{きょうさ} 교사＝남을 부추기다

逆 거스릴 역: 거꾸로(屰) 거슬러 가다(辶 갈 착)

＊屰: 사람이 거꾸로 선 모습

음 逆転 ^{ぎゃくてん} 역전 逆転勝ち ^{ぎゃくてん か} 역전승 逆流 ^{ぎゃくりゅう} 역류 逆効果 ^{ぎゃくこうか} 역효과 反逆 ^{はんぎゃく} 반역

塑 흙 빚을 소: 초승달(朔)이 점점 차올라 보름달이 되듯이, 흙(土)을 빚어 올려서 만든 사람이나 동물의 형상

＊朔(초하루 삭): 거꾸로 뜬 달＝초승달

음 彫塑 ^{ちょうそ} 조소

遡 거스를 소: 초승달(朔)이 점점 차올라 보름달이 되듯이 거꾸로 거슬러 올라가다(辶)

음 遡及 ^{そきゅう} 소급

屯 진칠 둔: 지면(一) 아래에 식물의 새싹(屮 싹 철)이 묻혀있는 것처럼, 땅속에 은폐해서 진을 치다

음 駐屯 주둔

頓 조아릴 돈: 머리(頁 머리 혈)가 땅에 묻힐(屯) 정도로 조아리다

* 조아리다: 이마가 땅에 닿을 정도로 머리를 자꾸 숙이다

음 整頓 정돈　頓挫 돈좌＝좌절　無頓着 개의치 않음＝무관심함

鈍 둔할 둔: 쇠(金)가 땅(一)에 묻힌 새싹(屮)처럼 부드러워 둔하다＝무디다

음 鈍感 둔감　鈍角 둔각　鈍器 둔기　愚鈍 우둔

純 순수할 순: 누에고치에서 뽑은 비단실(糸)과 땅(一) 밑에 묻혀있는 새싹(屮)은 가공하지 않은 순수한 흰색이다

음 純粹 순수　純白 순백　単純 단순　清純 청순

甚 심할 심: 달콤한(甘 달 감) 행동만 하는 짝은(匹 짝 필) 너무 심하다

음 甚大 심대함＝막심함　激甚 격심＝극심

匹 짝 필: 서로 감싸주는(匚 감출 혜) 사람(儿 사람 인)＝짝

음 匹敵 필적

四 넉 사: 콧구멍을 그린 모습. 원래의 의미는 콧구멍으로 숨을 쉬다

음 四月 4월　四季 사계　四時 4시　四日 4일　四歳 4살

勘 헤아릴 감: 심하게(甚) 힘(力)을 주어 반응을 헤아리다

음 勘 감＝육감　勘定 셈＝계산　勘弁 용서함　勘案 감안

堪 견딜 감: 땅(土)을 개간하기 위해서는 심한(甚) 노동도 견뎌야 한다

음 堪忍 견딤=인내   堪能＝かんのう 능란함＝뛰어남

巨 클 거: 손잡이(ㄷ)가 있는 큰 방패(匚) 모습

음 巨大 거대   巨人 거인   巨額 거액   巨木 거목

拒 막을 거: 손(扌=手)으로 큰 방패(巨)를 잡고 접근하는 자를 막다

음 拒否 거부   拒絶 거절

距 떨어질 거: 발(足 발 족)을 큰 방패(巨)처럼 크게 벌리다=떨어지다

음 距離 거리   長距離 장거리   短距離 단거리

酒 술 주: 뚜껑이 달린 술병(酉)에 술(氵=水)이 담겨(一) 있는 모습

* 酉(닭 유)는 12지지(地支) 10번째 오후 5시~7시. 추수가 끝난 10월에 술을 담아 신에게 제사를 지내고, 하루의 일과가 끝나는 5시~7시에 술을 마신다?

음 酒税 주세   洋酒 양주   禁酒 금주   お酒落 멋쟁이

配 나눌 배: 혼례에서 술(酉)을 나누어 마신 사람(己 몸 기)=배우자

음 配達 배달   配慮 배려   宅配 택배   心配 걱정

酸 실 산: 술(酉)이 오래되면 서서히(夋 천천히 걷는 모양 준) 신맛이 난다

음 酸素 산소   酸味 산미=신맛   炭酸 탄산   塩酸 염산

醒 깰 성: 취한 술(酉)이 별(星 별 성)처럼 반짝 깨다

음 覚醒 각성   覚醒剤 각성제

酬 갚을 수: 고을(州)에서 술잔(酉)을 주거니 받거니 하면서 돌리다=갚다

   ＊州(고을 주): 강줄기에 있는 삼각주. 삼각주는 토사가 밀려와 형성된 지역이므로
   땅이 기름지고 물이 좋은 곳=고을 또는 고을의 행정단위

   음 報酬 보수 応酬 응수

酌 술 부을 작: 작은 국자(勺 구기 작)로 술(酉)을 떠서 술잔에 붓다

   ＊勺: 소량(丶)의 물을 담는(勹 쌀 포) 작은 국자. 1홉의 10분의 1

   음 酌 술을 잔에 따름 晩酌 반작＝저녁 반주

酎 진한 술 주: 손(寸)으로 빚은 진한 술(酉)

   음 焼酎 소주

尊 높을 존: 두목(酋)을 손(寸)으로 높이 받들다

   ＊酋(두목 추): 술(酉)이 익어 향기(八)가 나듯이 경험이 많은 우두머리

   음 尊重 존중 尊敬 존경 尊厳 존엄 自尊 자존

遵 좇을 준: 두목(酋)의 말을 좇아가다(辶 갈 착)

   음 遵守 준수

猶 오히려 유: 개(犭)도 두목=우두머리(酋) 앞에서는 짖지 않고 오히려 망설이다=머뭇
거린다

   음 猶予 유예

既 이미 기: 이미(벌써) 맛있게 식사(皀)를 끝내고 목이 메어(旡) 고개를 돌리고 있는
모습

   ＊皀(고소할 급): 흰(白) 쌀밥+숟가락(匕)=그릇에 음식을 듬뿍 담은 모습

* 旡(목멜 기): 이미 배불리 먹고 목이 메어 고개를 돌려 트림을 하는 모습

既 **이미 기**: 이미 식사를 끝내고(皀) 목이 메어 고개를 돌리다

* 皀(멈출 간): 허리를 굽힌 채 시선을 내리깔고 있는, 신분이 낮은 사람을 그린 모습. 신분이 낮은 사람은 여러 면에서 한계가 있다

음 既決 기결 既婚 기혼 既存 기존 既製品 기성품

即 **곧 즉**: 하던 일을 멈추고(皀) 무릎을 꿇어(卩 병부 절) 곧바로=즉시 밥을 먹다

음 即位 즉위 即答 즉답 即席 즉석 即興 즉흥

節 **마디 절**: 대나무(竹 대 죽)가 자라면서 군데군데 멈추는(皀) 부분=마디

음 節約 절약 節電 절전 関節 관절 調節 조절

慨 **분할 개**: 이미(既) 그렇게 된 것을 마음(忄=心)으로 분하게 생각하다

음 感慨 감개 憤慨 분개

概 **대개 개**: 이미(既) 만들어 놓은 평미레(木)로 밀면 대개 용량이 같게 된다

* 평미레: 말이나 되에 곡식을 담아 그 위를 평평하게 밀어 정확한 양을 재는 데 쓰는 나무 방망이

음 概略 개략 概念 개념 概観 개관 概論 개론 概して 대개=일반적으로

爵 **벼슬 작**: 손(爫=爪)에 법망(罒망)을 쥔 왕이, 머물러(皀) 늘어서 있는 신하들에게 법도(寸)에 따라 벼슬=작위를 내리다

음 爵位 작위 公爵 공작 伯爵 백작 男爵 남작

郷 **시골 향**: 어릴(幺 작을 요) 적에 머물던(皀 멈출 간) 고을(阝 고을 읍)=시골

* 阝가 글자의 왼쪽에 있으면 [언덕 부], 오른쪽에 있으면 [고을 읍]

* 絲(실 사)를 반으로 줄인 糸(가는 실 사), 糸를 반으로 줄인 幺(작을 요)

음 郷土 향토＝태어난 곳　郷愁 향수　故郷 고향　同郷 동향

響 울릴 향: 고향의 시골(郷)에서 사람들이 모여서 부르는 노랫소리(音)가 사방으로 울리다

음 交響曲 교향곡　影響 영향　音響 음향

根 뿌리 근: 나무(木)를 지탱하는(艮 멈출 간) 하는 뿌리

＊艮(멈출 간): 허리를 굽힌 채 시선을 내리깔고 있는, 신분이 낮은 사람을 그린 모습. 신분이 낮은 사람은 여러 면에서 한계가 있다＝멈추다

음 根本 근본　根拠 근거　大根 무

眼 눈 안: 눈동자(目 눈 목)를 멈추고(艮 그칠 간) 바라보는 눈

음 眼科 안과　眼球 안구　近眼 근시　老眼 노안　開眼 개안

銀 은 은: 녹슬지 않고 광택이 그대로 머물러(艮) 있는 금속(金)＝은

음 銀行 은행　銀貨 은화　水銀 수은　銀杏 은행나무

退 물러날 퇴: 하던 일을 멈추고(艮) 물러가다(辶 갈 착)

음 退場 퇴장　退院 퇴원　辞退 사퇴　引退 은퇴

限 한할 한: 언덕(阝 언덕 부)을 한계로 더 나아가지 못하고 멈추다(艮)

음 限界 한계　限度 한도　制限 제한　期限 기한

恨 한 한: 마음(忄＝心)에서 지워지지 않고 멈춰있는(艮) 한

음 痛恨 통한　怨恨 원한

痕 **흔적 흔**: 병(疒 병질 역)이 나은 후에도 머물러(艮) 있는 상처=흔적

음 痕跡 흔적　血痕 혈흔　弾痕 탄흔

墾 **개간할 간**: 짐승(豸)이 가던 길을 멈추고(艮 그칠 간) 먹이를 찾아 땅(土)을 파다=개간하다

＊豸: 고양이나 호랑이와 같은 고양잇과 동물이 몸을 웅크리고 등을 굽혀 먹이에 덮쳐들려고 노리는 모습

음 開墾 개간

懇 **간절할 간**: 짐승(豸)이 가던 길을 멈추고(艮) 먹이를 찾을 수 있기를 간절히 바라다(心)

음 懇談会 간담회　懇願 간원＝간청　懇親 친목　懇意 친하고 지냄

貌 **모양 모**: 짐승(豸)이 사람(皃)의 얼굴 모양을 하고 있는 모습

＊皃: 사람의 얼굴을 강조한 모습. (⺊)머리＋(曰)얼굴＋(儿)목

음 美貌 미모　変貌 변모　容貌 용모　全貌 전모

良 **어질 량**: 풍구를 본뜬 모습. 풍구로 정선하면 좋아진다=좋다=어질다

＊풍구: 곡식에 섞인 쭉정이나 먼지 등을 날려 보내는 데 쓰는 도구

음 良好 양호　良心 양심　改良 개량　不良 불량

娘 **여자 낭**: 여자(女)가 가장 좋게(良) 보이는 것은 젊은 낭자 때

음 娘 딸　一人娘 외동딸　孫娘 손녀딸

朗 **밝을 랑**: 좋은(良) 달빛(月 달 월)=밝다

음 朗読 낭독　朗報 낭보　明朗 명랑

郎 사내 **랑**: 고을(阝 고을 읍)의 좋은(良) 사내=남자

*阝가 글자의 왼쪽에 있으면 언덕[언덕 부], 오른쪽에 있으면 고을[고을 읍].

음 新郎 신랑　野郎 녀석

廊 행랑 **랑**: 사내(郎)가 거처하는 집(广 집 엄)=행랑

음 廊下 복도　画廊 화랑　回廊 회랑

浪 물결 **랑**: 물(氵=水)이 보기 좋게(良) 출렁이다=물결

음 浪費 낭비　浪人 낭인　放浪 방랑

食 밥/먹을 **식**: 사람(人) 몸에 좋은(良) 밥

음 食堂 식당　食事 식사　朝食 조식　昼食 점심　断食 단식

飲 마실 **음**: 밥=음식(食)을 하품하듯(欠 하품 흠) 마시다

음 飲酒 음주　飲料水 음료수　飲食 음식

曹 무리 **조**: 가축 무리가 구유(曰)에 들어있는 풀(艹)을 입(曰)으로 먹는 모습

* 曰: 입(口)안에 있는 혀(一)

* 구유: 가축에게 먹이를 주는 그릇

음 法曹 법조

槽 구유 **조**: 나무(木)로 만든 구유(曹)

음 水槽 수조　浴槽 욕조

遭 만날 **조**: 길(辶)에서 한 무리(曹)의 사람들과 우연히 만나다=조우하다

음 遭遇 조우　遭難 조난　遭難者 조난자

曾 일찍/거듭 증: 화덕(日) 위의 시루에 떡 따위의 음식을 중첩되게 거듭 올려놓으면 곧(일찍) 김(八)이 나온다

* 시루: 떡이나 쌀 등을 찔 때 쓰는 둥근 모양의 질그릇

* 曾 글자의 가운데 부분은 시루에 음식 따위가 중첩되게 올려져 있는 모습

曾 일찍/거듭 증: 화덕(日) 위의 시루(田)에 올려놓은 음식은 일찍 거듭 김(八)이 나온다. 나아가 일찍부터 거듭되어 온 가계의 대대손손

- 음 曾孫 증손자   曾祖父 증조부   曾祖母 증조모

僧 중 승: 불도를 거듭(曾) 닦은 사람(人)=중=승려

- 음 僧侶 승려   高僧 고승   禪僧 선승

增 더할 증: 흙(土)을 거듭(曾) 더하다=쌓다

- 음 增加 증가   增減 증감   倍增 배증   激增 격증

憎 미울 증: 미워하는 마음(忄=心)이 거듭되다(曾)

- 음 憎惡 증오   愛憎 애증

贈 줄 증: 재물(貝)을 남에게 거듭(曾) 주다

- 음 贈与 증여   贈賄 증뢰=뇌물을 줌   寄贈＝きぞう 기증

層 층 층: 집(尸(집 시)을 층층이 거듭(曾) 쌓아 올리다

* 尸: ①집의 지붕과 처마를 그린 모습[집 시]. ②사람이 누워있는 모습[주검 시]

- 음 地層 지층   高層 고층   階層 계층   斷層 단층

偶 짝 우: 사람(人)과 원숭이(禺)는 서로 닮은 짝

* 禺(원숭이 우): (사람을 닮은) 원숭이를 그린 모습

- 음 偶像 우상   偶數 우수=짝수   偶然 우연   配偶者 배우자

遇 **만날 우**: 길(辶 갈 착)에서 우연히 원숭이(禺)를 만나다

음 境遇 경우　優遇 우대　不遇 불우　処遇 처우

愚 **어리석을 우**: 원숭이(禺) 수준의 마음(心)=어리석다

음 愚問 우문＝어리석은 질문　愚鈍 우둔　愚直 우직　愚痴 푸념

隅 **모퉁이 우**: 언덕(阝 언덕 부)의 길모퉁이에서 원숭이(禺)가 멍하게 앉아 있는 모습

음 一隅 한구석

復 **회복할 복/다시 부**: 갔다가(彳 걸을 척) 다시 뒤돌아 오다(复)=회복하다=거듭하다

* 复(돌아올 복): 사람(人)은 해(日)가 지면 천천히(夂 뒤쳐올 치) 집으로 다시 돌아 온다

음 復習 복습　復学 복학　往復 왕복　回復 회복　復興 부흥

履 **밟을 리**: 집(尸)을 짓기 위해 땅을 거듭(復) 밟다

* 尸: ①집의 지붕과 처마를 그린 모습[집 시]. ②사람이 누워있는 모습[주검 시]

음 履歴書 이력서　履修 이수　履行 이행

複 **겹칠 복**: 옷(衤=衣)을 거듭(复) 겹쳐서 입다

음 複雑 복잡　複製 복제　複合 복합　重複＝ちょうふく 중복

腹 **배 복**: 살(月 육달 월)이 거듭(复) 겹쳐있는 곳=배

음 腹痛 복통　腹部 복부　空腹 공복　満腹 만복＝배부름

覆 **뒤집을 복/덮을 부**: 뚜껑(覀 덮을 아)을 덮어[덮을 부], 거듭(復) 흔들면 내용물이 뒤집어진다[뒤집을 복]

음 覆面 복면　転覆 전복

滋 불을 자: 작고(幺 작을 요) 작은(幺) 풀(艹 풀 초)을 무성하게(茲 무성할 자) 키우기 위해 물(氵=水)을 주다=자라다=붇다

* 붇다: 물에 젖어서 부피가 커지거나, 양이나 수가 많아짐

음　滋養 자양　滋賀県 시가현

慈 사랑 자: 마음(心)을 크게 불려서(茲) 남에게 베푸는 사랑

음　慈悲 자비　慈善 자선　慈愛 자애

磁 자석 자: 돌(石)에 쇠가 무성하게(茲) 붙어있는 자석

음　磁気 자기　磁石 자석　陶磁器 도자기　青磁 청자

羊 양 양: 양을 정면에서 본 모습

음　羊毛 양모=양털　羊羹 양갱

達 통달할 달: 양(羊)은 풀이 많은 땅(土)으로 가는(辶 갈 착) 길에 통달해 있다

음　達人 달인　達筆 달필　配達 배달　速達 속달

美 아름다울 미: 양(羊)이 사람(大)처럼 아름답다

음　美術 미술　美容 미용　美人 미인　美女 미녀

祥 상서로울 상: 신(礻=示 보일 시)에게 양(羊)을 바치는 것은 상서로운 일이다

* 상서롭다: 복되고 좋은 일이 있을 조짐이 있다

음　発祥 발상　発祥地 발상지　不祥事 불상사

詳 자세할 상: 신에게 양(羊)을 바치면서 바라는 바를 자세하게 말하다(言)

음　詳細 상세　詳述 상술　未詳 미상　不詳 불상

善 착할 선: 신을 모신 제단(口)에 양(羊)을 받들어(丷 = 廾 두 손으로 받들 공) 올리니 착하다=선하다=좋다

음 善処 선처   善人 선인   最善 최선   改善 개선

膳 반찬 선: 좋은(善) 고기(月 육달 월)로 만든 반찬, 또는 몸(月)에 좋은(善) 반찬

음 配膳 배식   食膳 밥상   客膳 손님상

繕 기울 선: 실(糸)로 예쁘게(善) 깁다

* 기우다: '깁다'의 방언

음 修繕 수선

羨 부러워할 선: 양고기(羊)가 먹고 싶어 하품하듯(欠 하품 흠) 입을 크게 벌리고 침(氵)을 흘리면서 부러워하다

음 羨望 선망

鮮 고울 선: 물고기(魚)와 양고기(羊)는 상하기 쉬우므로 때깔이 고울 때 먹어야 한다

음 鮮明 선명   鮮魚 선어   新鮮 신선   生鮮 생선

羞 부끄러울 수: 신에게 부끄럽지 않도록 양(羊)과 소(丑)를 한꺼번에 묶어서(丿) 바치다

* 丑(소 축): 12지지의 2번째=소

음 羞恥 수치   羞恥心 수치심

洋 큰 바다 양: 양(羊)이 떼를 지어 초원을 휩쓰는 것 같은 물(氵=水)=큰 바다

음 洋食 양식   洋風 서양식   洋式 양식   太平洋 태평양

養 기를 양: 양(羊)에게 먹이(食)를 먹여 기르다

음 養殖 양식=기르고 번식시키는 것   養育 양육   栄養 영양   教養 교양

様 모양 양: 나무(木) 밑에서 양(羊)이 물(氺=水)을 먹는 모양

음 様子 모습=상황 様式 약식 模様 무늬=상황 同様 같음

遅 더딜/늦을 지: 양(羊)이 길(辶 갈 착)을 잃어 집(尸) 도착이 늦다

*尸: ①집의 지붕과 처마를 그린 모습[집 시]. ②사람이 누워있는 모습[주검 시]

음 遅刻 지각 遅延 지연 遅滞 지체

差 다를 차: 같은 양(羊) 털(丿삐침 별)로 만들었지만(工 장인 공) 각각의 물건은 차이가 있다=다르다

음 差額 차액 差別 차별 時差 시차 格差 격차

着 붙을 착: 양(羊) 털(丿)이 자라면 눈(目)에 붙는다

음 着陸 착륙 着実 착실 到着 도착 愛着 애착

魚 물고기 어: 물고기의 머리, 몸통, 꼬리를 그린 모습

음 金魚 금붕어 熱帯魚 열대어

漁 고기 잡을 어: 물(氵=水)에서 물고기(魚)를 잡다

음 漁業 어업 漁場 어장 漁船 어선

僅 겨우 근: 사람(人)이 진흙(堇 진흙 근) 밭에서 농사를 지으며 겨우 살아가다

음 僅差 근소한 차이 僅少 근소함

勤 부지런할 근: 진흙(堇 진흙 근) 밭에서 힘써(力) 부지런히 일하다

음 勤務 근무 勤勉 근면 夜勤 야근 常勤 상근

謹 삼갈 근: 말(言)을 진흙(堇) 길 걸어가듯 조심하고 삼가다

음 謹慎 근신 (きんしん)　謹厳 근엄 (きんげん)　謹啓 삼가 아룀 (きんけい)　謹賀新年 근하신년 (きんがしんねん)

難 어려울 난: 진흙(堇=莫)에 빠진 새(隹 새 추)는 날기 어렵다

음 難題 난제 (なんだい)　難関 난관 (なんかん)　苦難 고난 (くなん)　避難 피난 (ひなん)

嘆 탄식할 탄: 진흙(堇=莫)에서 빠져나오지 못해 입(口)으로 탄식하다

음 嘆息 탄식 (たんそく)　悲嘆 비탄 (ひたん)　感嘆 감탄 (かんたん)

漢 한나라 한: 진흙(堇=莫)이 많은 양자강(氵=水) 유역에 세운 한나라

음 漢字 한자 (かんじ)　漢族 한족 (かんぞく)　漢方薬 한방약 (かんぽうやく)　漢文 한문 (かんぶん)

僚 동료 료: 횃불(尞)을 밝히고 함께 일하는 사람(人)=동료

*尞(횃불 료): 해(日)는 크든(大) 작든(小) 밝게 빛난다(八)

*八을 180° 회전하면 두 손으로 횃불을 높이 들고 있는 모습

음 同僚 동료 (どうりょう)　閣僚 각료 (かくりょう)　官僚 관료 (かんりょう)　幕僚 막료=참모 (ばくりょう)

寮 동관 료: 동년배들과 함께 횃불(尞)을 밝히고 공부하는 집(宀 집 면)=동관

*동관: 같은 관아의 동급 관리

음 寮 기숙사 (りょう)　寮生 기숙생 (りょうせい)　独身寮 독신 기숙사 (どくしんりょう)

療 병 고칠 료: 횃불(尞)을 밝혀서 병(疒 병질 역)을 고치다

음 治療 치료 (ちりょう)　診療 진료 (しんりょう)　医療 의료 (いりょう)　療養 요양 (りょうよう)

瞭 밝을 료: 눈(目)이 횃불(尞)처럼 밝다

음 明瞭 명료 (めいりょう)　不明瞭 불명료 (ふめいりょう)

品 물건 품: 쌓아놓은 물건(品)

음 品質 품질　品種 품종　商品 상품　返品 반품

操 잡을 조: 손(扌=手)으로 나무(木) 위에서 지저귀는(品) 새들을 잡다

＊品: 새들이 입(口)으로 지저귀는 모습

음 操縱 조종　操作 조작　体操 체조　情操 정조

繰 고치 켤 조: 나무(木)로 만든 선반 위에 누에고치(品)를 올려놓고 비단실(糸)을 반복적으로 켜다=뽑다

＊켜다: 누에고치나 목화 등에서 실을 뽑다

훈 繰り返す 반복하다＝되풀이하다　繰り広げる 펼치다＝벌이다

燥 마를 조: 나무(木) 위에 물품(品)을 올려놓고 불(火)을 지펴 말리다. 불을 지펴 말릴 때는 탈까 봐 초조하다

음 乾燥 건조　焦燥 초조　焦燥感 초조감

藻 마름 조: 물속(氵=水)에서 나무(木) 위의 누에고치(品)처럼 꿈틀거리는 풀(艹)=마름

＊마름: 물속에서 자라는 한해살이풀

음 藻類 조류　緑藻 녹조류　海藻 해초＝바닷말

夫 지아비 부: 성인식을 마치고 머리에 비녀(一)를 꽂은 사람(大)=지아비

＊大: 사람이 사지를 크게 벌리고 서 있는 모습

＊지아비: 남편을 예스럽게 이르는 말

음 夫人 부인　夫妻 부처　農夫 농부　夫婦 부부　工夫 궁리

渓 시내 계: 물(氵=水)에서 사내(夫)가 손(爫=爪)으로 머리를 감는 시내

음 渓谷 계곡

規 법 규: 사내(夫)의 견해(見 볼 견)가 법이자 규칙

음 規則 규칙 規定 규정 定規 자 正規 정규

扶 도울 부: 지아비(夫)가 손(扌=手)으로 가족을 돕다

음 扶養 부양 扶助 부조 扶助金 부조금

贊 도울 찬: 앞다투어(先先 먼저 선) 재물(貝)을 주어 돕다

賛 도울 찬: 두 사내(夫夫)가 재물(貝)을 남에게 주어 돕다

음 贊成 찬성 贊辞 찬사 自讚 자찬 絶賛 절찬

替 바꿀 체: 두 사내(夫夫)가 뜨거운 햇볕(日)에 지쳐서 임무를 바꾸다=교대하다

음 交替 교체=교대 代替 대체

潛 잠길 잠: 물(氵)에서 두 사내(夫夫)가 아래위로 번갈아(替) 잠기다

음 潛伏 잠복 潛水 잠수 潛入 잠입 潛在 잠재

峽 골짜기 협: 산(山 뫼 산)에 낀(夾 낄 협) 골짜기

＊夾: 큰 사람(大)이 작은 사람을(人人) 양쪽 겨드랑이에 끼고 있는 모습

峡 골짜기 협: 산(山)에 낀(夾) 골짜기

음 峽谷 협곡 海峽 해협

挾 낄 협: 손(扌=手)으로 양쪽 겨드랑이에 끼우다(夾)

음 挾擊 협격=협공

狹 좁을 협: 개(犭 큰 개 견)도 낄(夾) 정도로 좁다

음 狹義 협의 狹心症 협심증 偏狹 편협

頰 **뺨 협**: 머리(頁 머리 혈) 양쪽에 낀(夾) 뺨

  훈 頰 뺨=볼 ｛ほお｝

僕 **종 복**: 무성한 풀(丵)을 양손(廾)에 드니 번거롭다(業 번거로울 복). 번거로운(業) 일을 맡아서 하는 사람(人)=종

  * 丵(풀 무성할 착): 풀이 무더기로 나란히 자라는 모습
  * 大는 廾(두 손으로 받들 공)의 변형
  음 僕 나 公僕 공복 ｛ぼく｝｛こうぼく｝

撲 **칠 박**: 손(扌=手)으로 번거로운(業) 것을 치다=때리다

  음 撲滅 박멸 撲殺 박살 相撲 일본씨름 ｛ぼくめつ｝｛ぼくさつ｝｛すもう｝

業 **업 업**: 무성한 풀(丵)을 나무(木)로 만든 지게로 짊어지고 가는 것이 업이다

  * 업: 과거의 행위로 인해 현재의 삶에 장애를 초래하는 것
  음 業務 업무 業種 업종 授業 수업 卒業 졸업 実業 실업 ｛ぎょうむ｝｛ぎょうしゅ｝｛じゅぎょう｝｛そつぎょう｝｛じつぎょう｝

乙 **새 을**: 목과 가슴이 굽은 새의 모습

  음 甲乙 갑을 乙女 소녀=처녀 ｛こうおつ｝｛おとめ｝

乞 **빌 걸**: 사람(人)이 새(乙)처럼 몸을 굽이고 빌다=구걸하다

  훈 乞食 거지 物乞い 구걸 ｛こじき｝｛ものご｝

孔 **구멍 공**: 아이(子)가 새(乙)처럼 생긴 어미 젖(乙)을 빠는 모습. 젖이 나오는 구멍

  음 孔子 공자 瞳孔 공동 鼻孔 콧구멍 ｛こうし｝｛どうこう｝｛びこう｝

禮 예도 례: 제단(示)에 음식을 풍성하게(豊 풍성할 풍) 차리는 것은 신에 대한 예의

礼 예도 례: 신(礻=示 보일 시) 앞에서 몸을 새(乙)처럼 굽혀서 예를 표하다

음 礼儀 예의   礼服 예복   失礼 실례   敬礼 경례

札 편지 찰: 글을 적은 나무(木) 팻말을 단단히 고정한 갈고리(乙) 모습

음 札束 돈뭉치   改札 개찰   入札 입찰   落札 낙찰

右 오른쪽 우: 말(口)을 잘 듣는 손(ナ). 또는 밥을 먹는(口) 손=오른손

＊ナ는 又의 변형. 又는 오른손 주먹을 쥔 모습. 그러나 ナ는 시대의 흐름에 따라 좌·우 구분이 없이 '손'으로 활용됨

음 右折 우회전   左右 좌우

若 같을 약: 논에 모를 심을 때는 좌측부터 심는다. 따라서 우측(右)의 모(艹 풀 초)는 비슷비슷 같기는 하지만 약간 어리다

음 若干 약간   若輩 젊은이＝풋내기＝애송이   老若男女 남녀노소

諾 허락할 낙: 젊은이(若)의 말(言)이 내 생각과 같으니 허락하다. 또는 말(言)이 내 생각과 같으니(若) 허락하다

음 承諾 승낙   受諾 수락   許諾 허락   快諾 쾌락

匿 숨길 닉: 굴 또는 상자(匚 상자 방) 속에 젊은이(若)를 숨기다

음 匿名 익명   隱匿 은닉   秘匿 감춤

左 왼 좌: 손(ナ)에 연장(工 장인 공)을 들고 오른손(右)을 돕는 왼손(左)

음 左折 좌절＝좌회전

佐 **도울 좌**: 윗사람(人)을 좌측(左)에서 돕다

음 大佐 대좌＝대령　中佐 중좌＝중령　少佐 소좌＝소령

惰 **게으를 타**: 제사에 사용하는 고기(月 육달 월)를 부정한 왼손(左)으로 다루다가 땅에 떨어트리는 것은 마음(忄＝心)이 게으르기 때문이다

음 惰性 타성＝관성　怠惰 나태＝게으름

友 **벗 우**: 손(ナ)과 손(又)을 마주 잡은 벗

음 親友 친우＝친구　友人 우인＝친구　友好 우호　友情 우정

拔 **뽑을 발**: 손(扌＝手)으로 개(犬 개 견) 털(丿)을 뽑다

抜 **뽑을 발**: 손(扌+ナ+又)을 합쳐서 뽑다

음 抜粋 발췌　抜歯 발치　海抜 해발　選抜 선발

髮 **터럭 발**: 길게(镸) 자란 털(彡 터럭 삼)을 두 손(ナ+又)으로 뽑다

＊ 镸는 長의 획 줄임

음 頭髮 두발　理髮 이발

暖 **따뜻할 난**: 해(日)를 끌어당기니(爰) 따뜻하다

＊ 爰(당길 원): 손(爫＝爪)으로 한(一) 사람의 벗(友)을 끌어당기다

음 暖房 난방　暖炉 난로　温暖 온난　寒暖 한란＝추위와 따뜻함

緩 **느릴 완**: 실(糸)을 당기면(爰) 늘어나서 느슨해진다

음 緩和 완화　緩慢 완만　緩急 완급　弛緩 이완

援 **도울 원**: 손(扌=手)으로 당겨서(爰) 돕다

> 음 援助 원조 応援 응원 救援 구원 支援 지원

媛 **미인 원**: 마음이 끌리는(爰) 여자(女)=미인

> 음 才媛 재원

有 **있을 유**: 손(ナ)으로 고기(月 육달 월)를 들고 있는 모습

> 음 有名 유명 有料 유료 所有 소유 有無 유무

隨 **따를 수**: 진지가 있는 언덕(阝 언덕 부)에서 수행 보좌관이 몸(月 육달 월)을 상관의 왼쪽(左)에 두고 뒤에서 따르다(辶 갈 착)

随 **따를 수**: 진지=언덕(阝)에서 상관과 함께 있으면서(有) 뒤에서 따르다(辶 갈 착)

> 음 随行 수행 随分 매우=몹시 随筆 수필 附随 부수

墮 **떨어질 타**: 제사에서 땅(土)에 떨어진 고기(月)는 신이 거부한 것이므로, 왼쪽(左)에 제쳐두었다가 언덕(阝) 아래로 떨어뜨리다

堕 **떨어질 타**: 언덕(阝)에 있는(有) 흙(土)을 아래로 떨어뜨리다

> 음 堕落 타락 堕胎 낙태

賄 **뇌물 회**: 가지고 있는(有) 돈(貝)을 남에게 주다

> 음 賄賂 뇌물 贈賄 증회=뇌물을 줌 収賄 수회=뇌물을 받음

穏 **편안할 온**: 벼(禾 벼 화)를 양손(爫+⺕)으로 무사히 수확하니 마음(心)이 편안하다

> *⺕=크=彑(돼지머리 계). 돼지의 뾰족한 코 앞이 위로 드러나 있는 모습. 돼지의 주둥이는 사람의 손 역할

음 　平穩 <ruby>へいおん</ruby> 평온

隠 **숨을 은**: 병사들이 무기를 두 손(爫+크)에 들고 초조한 마음(心)으로 언덕(阝언덕 부)에 올라가 숨다

　음 　隠居 <ruby>いんきょ</ruby> 은거　隠退 <ruby>いんたい</ruby> 은퇴　隠蔽 <ruby>いんぺい</ruby> 은폐

緑 **푸를 록**: 가공하지 않은 실(糸)을 칼로 깎으면(彔) 속이 푸르다

　* 彔(깎을 록): 돼지머리(크=彐=彑)로 물(氺=水)이 나올 정도로 긁어서 깎다

　음 　緑茶 <ruby>りょくちゃ</ruby> 녹차　緑地 <ruby>りょくち</ruby> 녹지　緑化 <ruby>りょっか</ruby> 녹화　新緑 <ruby>しんりょく</ruby> 신록

録 **기록할 록**: 쇠(金)를 깎아서(彔) 글을 기록하다=새기다

　음 　録音 <ruby>ろくおん</ruby> 녹음　録画 <ruby>ろくが</ruby> 녹화　記録 <ruby>きろく</ruby> 기록　目録 <ruby>もくろく</ruby> 목록

剝 **벗길 박**: 칼(刂=刀)로 깎아서(彔) 벗기다

　음 　剝製 <ruby>はくせい</ruby> 박제　剝離 <ruby>はくり</ruby> 박리　剝奪 <ruby>はくだつ</ruby> 박탈

萬 **일만 만**: 풀숲(艹)에 원숭이(禺 원숭이 우)가 무리를 지어있는 모습=많다

万 **일만 만**: 万은 卍의 속자(俗字). 卍은 萬의 고자(古字)

　* 卍은 부처님의 공덕이 크고 수없이 많다는 의미

　음 　一万円 <ruby>いちまんえん</ruby> 만 엔　万が一 <ruby>まんがいち</ruby> 만에 하나　万年筆 <ruby>まんねんひつ</ruby> 만년필　万歳 <ruby>ばんざい</ruby> 만세　万能 <ruby>ばんのう</ruby> 만능

励 **힘쓸 려**: 기슭(厂) 아래서 수많은(万) 사람들이 살아가기 위해 힘쓰다(力)

　* 厂(기슭 엄): 언덕의 바위가 앞으로 튀어나와 그 아래에 사람이 거주할 수 있는 공간이 있는 모습

　음 　激励 <ruby>げきれい</ruby> 격려　奨励 <ruby>しょうれい</ruby> 장려

比 **견줄 비**: 사람(匕)과 사람(匕)을 많이 모아서 견주다

* 匕(비수 비): 사람(人)이 비수를 맞고 웅크리고 앉아 있는 모습

음 比例 비례   比率 비율   比重 비중   対比 대비

批 **비평할 비**: 손(扌=手)에 나란히 놓고 견주다(比)=비평하다

음 批評 비평   批判 비판   批准 비준

昆 **벌레 곤**: 태양(日) 아래에서 서로 견주듯이(比) 돌아다니는 벌레

음 昆虫 곤충   昆虫採集 곤충채집   昆布 다시마

混 **섞을 혼**: 물(氵=水)에 벌레(昆)가 섞여 있으니 혼탁하다

음 混雑 혼잡   混乱 혼란   混同 혼동   混合 혼합

陛 **대궐 섬돌 폐**: 언덕(阝 언덕 부) 위에 섬돌(坒)을 나란히 쌓아 만든 대궐. 나아가 대궐에 사는 황제

* 坒(섬돌 비): 흙(土) 위에 돌을 나란히(比) 늘어놓은 모습
* 섬돌: 집채의 앞뒤에 오르내릴 수 있게 만든 돌층계

음 陛下 폐하   天皇陛下 천황폐하   皇后陛下 황후 폐하

皆 **다 개**: 나란히(比) 쌓은 섬돌은 모두 다 흰(白) 화강석이다

음 皆無 전무   皆勤 개근

階 **섬돌 계**: 흰(白) 화강암을 나란히(比) 언덕(阝 언덕 부)처럼 높이 쌓아 올린 섬돌

* 궁궐에서는 섬돌이 높은 층에 서는 신하일수록 품계(계급)가 높다

음 階段 계단   階級 계급   一階 1층   段階 단계

楷 **본보기 해:** 나무(木)가 모두 다(皆) 곧게 자라듯이, 글씨를 흘려 쓰지 않고 정자로 바르게 쓴 서체의 본보기=해서

음 楷書 _{かいしょ} 해서

諧 **화할 해:** 말(言)이 모두 다(皆) 같으니 화하다

* 화하다: 따뜻하고 부드럽다

음 諧謔 _{かいぎゃく} 해학=익살

鹿 **사슴 록:** 사슴을 본뜬 모습

음 馴鹿 _{じゅんろく} 순록

麗 **고울 려:** 쌍을 이룬 뿔이 고운(丽 고울 려) 사슴(鹿)

음 綺麗 _{きれい} 예쁨 華麗 _{かれい} 화려 秀麗 _{しゅうれい} 수려 美辞麗句 _{びじれいく} 미사여구

麓 **산기슭 록:** 사슴(鹿)이 서식하는 산기슭의 숲(林 수풀 림)

* 산기슭: 산의 비탈이 끝나는 아랫부분

음 山麓 _{さんろく} 산록=산기슭

慶 **경사 경:** 경사가 있는 집에 사슴(鹿의 획 줄임) 가죽을 선물로 보자기에 싸서(冖 덮을 멱) 축하하는 마음(心)으로 가다(夂 뒤져올 치)

음 慶事 _{けいじ} 경사 慶弔 _{けいちょう} 경조 慶賀 _{けいが} 경하 内弁慶 _{うちべんけい} 집 안에서만 큰소리치는 사람

薦 **천거할 천:** 초야(艹)에 은거하는 해태(廌) 같은 사람을 천거하다=추천하다

* 해태: 중국 전설상의 동물로, 시비 판단이 명확한 정의의 상징

음 推薦 _{すいせん} 추천 自薦 _{じせん} 자천 他薦 _{たせん} 타천

直 곧을 직: 많은(十) 눈(目)은 숨길(匚 감출 혜) 수 없으니 곧고 바르게 살아야 한다

* ㄴ은 匚의 획 줄임

음 直接 직접 直線 직선 正直 정직

植 심을 식: 나무(木)를 곧게(直) 심다

음 植物 식물 植民地 식민지 移植 이식 植樹 식수

殖 불릴 식: 생물은 죽음(歹 뼈 앙상할 앙)이 임박하면 곧바로(直) 자손을 불린다

음 繁殖 번식 養殖 양식 生殖 생식

置 둘 치: 짐승이나 물고기를 잡기 위해, 거물(罒)을 곧게(直) 설치해 두다

음 置換 치환 位置 위치 処置 처치 配置 배치

値 값 치: 사람(人)은 곧아야(直) 값어치가 있다

음 価値 가치 数値 수치 平均値 평균치

德 덕 덕: 곧은(直) 마음(心)으로 살아가면서(彳걸을 척) 덕을 베풀다

* 十+目은 直의 획 줄임

음 道德 도덕 悪德 악덕 美德 미덕 功德 공덕

聴 들을 청: 귀(耳 귀 이)를 열고 곧은(直) 마음(心)으로 남의 말을 듣다

음 聴衆 청중 聴解 청해 傾聴 경청

雌 암컷 자: 수컷(雄) 새(隹) 가까이(此)에 있는 암컷 새

* 此(이 차): 사람(匕)이 멈추어(止) 있는 곳=이곳=여기=가까운 곳
* 匕: 사람이 몸을 웅크리고 있는 모습

음 雌雄 자웅 = 암컷과 수컷

紫 **자주빛 자**: 가까이(此)에서 볼 수 있는 자줏빛 직물(糸). 자금성을 비롯하여, 중국인이 좋아하는 색. 일본어에서는 자색을 むらさき(무라사키)라고 하고, 무리를 지어 핀다(群がり咲く)고 하는 것을 보면 가까이에서 볼 수 있는 색

음 紫外線 자외선

同 **한가지 동**: 성(冂)에서 사람들이 둥글게(口=○) 함께(一) 모이다

＊ 한자에서 ○는 口로 표기

음 同時 동시　同一 동일　合同 합동　共同 공동

洞 **골 동/밝을 통**: 물(氵=水)을 함께(同) 쓰는 작은 마을 = 동네[골 동]. 나아가 작은 마을인 만큼 주민 모두가 서로를 잘 안다 = 밝다 = 통하다 = 꿰뚫다[밝을 통]

음 洞窟 동굴　洞察 통찰　鍾乳洞 종유동

銅 **구리 동**: 금(金)과 같은(同) 색의 광물 = 구리

음 銅像 동상　銅貨 동전　青銅 청동　銅メダル 동메달

胴 **몸통 동**: 몸(月 육달 월)에서 통(同)처럼 둥근 부분 = 몸통

음 胴体 동체 = 몸통　胴衣 조끼　胴上げ 헹가래

筒 **통 통**: 대나무(竹)로 만든 둥근(同) 통

음 水筒 수통　封筒 봉투

向 **향할 향**: 집(宀 집 면)에서 하늘로 향하는 창문(口)

음 向上 향상　方向 방향　傾向 경향　意向 의향

穴 구멍 혈: 입구 양쪽에 받침목(八)을 세워 만든 동굴 집(宀 집 면)=굴

음 虎穴 ^{こけつ} 호랑이 굴 洞穴 ^{どうけつ} 동굴

空 빌 공: 구멍(穴)을 만드니(工) 속이 비다

음 空気 ^{くうき} 공기 空間 ^{くうかん} 공간 空港 ^{くうこう} 공항

控 당길 공: 손(扌=手)으로 당겨서 비우다(空). 나아가 비어 있는 공간=대기실

음 控除 ^{こうじょ} 공제 控訴 ^{こうそ} 공소

突 갑자기 돌: 굴(穴)에서 갑자기 개(犬 개 견)이 뛰어나오다

突 갑자기 돌: 굴(穴)에서 갑자기 사람(大)이 뛰어나오다

＊大: 사람이 사지를 벌리고 있는 모습

음 突然 ^{とつぜん} 돌연=갑자기 突破 ^{とっぱ} 돌파 衝突 ^{しょうとつ} 충돌 激突 ^{げきとつ} 격돌

窯 기와 가마 요: 굴속(穴)에 양(羊)처럼 생긴 질그릇 넣어서 불(灬=火)로 굽는 가마

＊질그릇: 진흙을 구워 만든 투박하고 연약한 그릇. 기와는 질그릇의 일종

음 窯業 ^{ようぎょう} 요업

窓 창 창: 동굴 집(穴)에서 사사로운(厶 사사 사) 마음(心)을 달랠 수 있는 창

음 同窓 ^{どうそう} 동창 車窓 ^{しゃそう} 차창 学窓 ^{がくそう} 학창

價 값 가: 상인(人)이 장사(賈 장사 고)할 때 부르는 값

価 값 가: 상인(人)이 물건을 쌓아서 덮어놓고(覀=襾 덮을 아) 부르는 값

음 価値 ^{かち} 가치 価格 ^{かかく} 가격 物価 ^{ぶっか} 물가 定価 ^{ていか} 정가

慄 **떨릴 률**: 밤송이(栗)에 맞을까 봐 떨리는 마음(忄=心)

* 栗(밤 률): 가시에 덮인(覀) 나무(木) 열매=밤송이

음 戰慄 _{せんりつ} 전율

煙 **연기 연**: 흙(土)으로 불(灬=火)을 덮으면(覀) 연기가 난다

음 煙突 _{えんとつ} 굴뚝　煙幕 _{えんまく} 연막　禁煙 _{きんえん} 금연　喫煙 _{きつえん} 끽연

遷 **옮길 천**: (장례에서) 사람(大)의 몸(己 몸 기)을 덮어서(覀) 옮겨가다(辶 갈 착)

* 大: 사람이 사지를 크게 벌리고 서 있는 모습.

음 遷都 _{せんと} 천도　変遷 _{へんせん} 변천　左遷 _{させん} 좌천

票 **표 표**: 뚜껑을 덮은(覀) 상자에 들어있는 표시(示 보일 시)=쪽지=꼬리표

음 票決 _{ひょうけつ} 표결　開票 _{かいひょう} 개표　得票 _{とくひょう} 득표　伝票 _{でんぴょう} 전표

標 **표할 표**: 나무(木)에 꼬리표(票)를 매달아 방향을 표시하다

음 標識 _{ひょうしき} 표식　標的 _{ひょうてき} 표적　目標 _{もくひょう} 목표　商標 _{しょうひょう} 상표

漂 **떠다닐 표**: 종이쪽지(票)처럼 가벼운 것이 물(氵=水) 위를 떠다니다

음 漂泊 _{ひょうはく} 표백　漂白剤 _{ひょうはくざい} 표백제　漂着 _{ひょうちゃく} 표착　漂流 _{ひょうりゅう} 표류

火 **불 화**: 불이 타오르는 모습

음 火曜日 _{かようび} 화요일　火事 _{かじ} 화재　火山 _{かざん} 화산

炎 **불꽃 염**: 火+火=강하게 타오르는 불꽃

음 炎症 _{えんしょう} 염증　炎上 _{えんじょう} 타오름　火炎 _{かえん} 화염　肺炎 _{はいえん} 폐렴

淡 맑을 담: 물(氵=水)을 타오르는 불(炎)로 끓이면 맑아진다

음 淡水 담수=민물　淡白 담백　冷淡 냉담

談 말씀 담: 불이 활활 타오르듯(炎) 말(言)을 활발하게 하다

음 談話 담화　談判 담판　相談 상담　面談 면담

灰 재 회: 손(ナ)으로 불(火)을 피워 남은 재

*ナ는 又의 변형. 又는 주먹을 쥔 모습

灰 재 회: 집(厂 집 엄)에서 불(火)을 피워 남은 재

*厂(기슭 엄): 언덕의 바위가 앞으로 튀어나와 그 아래에 사람이 거주할 수 있는 공
간이 있는 모습

음 石灰 석회

炭 숯 탄: 산(山)에서 나무 따위가 타고 남은 재(灰)=숯

음 炭鉱 탄광　炭素 탄소　石炭 석탄　練炭 연탄

立 설 립: 땅(一) 위에 서 있는 사람(大) 모습

*大: 사람이 사지를 벌리고 서 있는 모습

음 立派 훌륭함　国立 국립　設立 설립　建立 건립

拉 끌 랍: 손(扌=手)으로 서(立) 있는 사람을 끌고 가다

음 拉致=らっち 납치

粒 낟알 립: 쌀(米 쌀 미)처럼 작은 물건이 독립적으로 서 있는(立) 낟알

음 粒 낟알　素粒子 소립자　微粒子 미립자

位 **자리 위**: 사람(人)이 서(立) 있는 자리

음 位置 위치　順位 순위　單位 단위　学位 학위

泣 **울 읍**: 서서(立) 눈물(氵=水)을 흘리면서 울다

* 泣은 눈물의 흘리면서 우는 것. 哭(울 곡)은 입으로 소리를 내서 우는 것

음 感泣 감읍　号泣 통곡

束 **묶을 속**: 나무(木)를 끈으로 둥글게 에워싸서(口=에운담 위) 묶다

음 束縛 속박　約束 약속　結束 결속　拘束 구속

速 **빠를 속**: 묶어서(束) 가면(辶 갈 착) 빠르다

음 速度 속도　速達 속달　高速 고속　急速 급속

賴 **의뢰할 뢰**: 묶어(束) 둔 물건을 칼(刀)로 풀어서, 그것을 팔아 마련한 돈(貝)에 의뢰하다=의지하다

頼 **의뢰할 뢰**: 돈다발(束)을 머리(頁 머리 혈)에 이고 가서 의뢰하다=의지하다

음 依頼 의뢰　信頼 신뢰

瀬 **여울 뢰**: 물(氵=水)에 의지(頼)하는 여울

* 여울: 해협이나 강의 폭이 좁아서 물살이 빠르게 흐르는 곳. 즉 죽느냐 사느냐가 물살의 강약에 달린 곳

훈 瀬戸際 운명의 갈림길　瀬戸物 도자기　年の瀬 연말

整 **가지런할 정**: 나무 묶음(束)을 두드려서(攵 칠 복) 가지런히(正 바를 정) 하다

음 整理 정리　整備 정비　調整 조정

勅 칙서 칙: 속박할(束) 힘(力)이 있는 왕이 내린 칙서

* 칙서: 황제가 내리는 명령이나 지시를 담은 문서

음 勅使 칙사＝특사　勅書 칙서　密勅 밀칙＝은밀히 내리는 조칙

東 동녘 동: 東은 ①물건을 끈으로 묶어서(曰) 나무(木) 막대기에 달고 다니는 모습＝배낭 ②나무(木) 사이로 아침 해(日)가 비치니 동녘＝동쪽

음 東京 도쿄　関東 관동　東洋 동양　東海 동해

凍 얼 동: 배낭(東) 속의 물건이 얼다(冫 얼음 빙)

음 凍傷 동상　凍死 동사　冷凍 냉동　解凍 해동

棟 마룻대 동: 동쪽(東)을 향하는 나무(木)＝마룻대＝용마루.

* 집은 남향이므로 마룻대는 서쪽에서 동쪽을 향한다

음 棟梁 동량＝마룻대와 들보　病棟 병동　一棟 한 동　二棟 두 동

欄 난간 란: 나무(木)를 배낭처럼 묶어서(東) 문(門)을 막다. 나아가 그 공간＝난간＝책이나 신문 따위의 지면에 글이나 그림 따위를 게재하기 위해 마련한 자리

음 欄 ～란　欄干 난간　備考欄 비고란　空欄 공란

練 익힐 련: 실(糸)로 베를 짜는 방법을 동쪽(東)에서 해가 뜨는 아침까지 반복해서 익히다＝단련하다

음 練習 연습　訓練 훈련　試練 시련　練炭 연탄

錬 불릴/단련할 련: 좋은 쇠(金)를 만들기 위해 동쪽(東)에서 해가 뜨는 아침까지 불리다

* 불리다: 불에 달구어 단련하다.

음 鍛錬 단련　錬金術 연금술

陳 베풀/묵을 진: 언덕(阝 언덕 부)에 있는 적의 진지를 공략하기 위해 식량이나 무기 따위를 넣은 배낭(東)을 풀어놓고[베풀 진], 장시간 묵으면서[묵을 진] 기회를 엿보다

음 陳列 진열　陳謝 진사 = 까닭을 말하며 사과함　陳述 진술　陳腐 진부함

非 아닐 비: 새의 두 날개가 양쪽으로 나란히 펼쳐져 있는 모습 = 어긋나다 = 아니다

음 非常 비상　非常口 비상구　非難 비난　非売品 비매품

悲 슬플 비: 심장(心)이 양쪽(非)으로 찢어지도록 슬프다

음 悲鳴 비명　悲劇 비극　悲運 비운　慈悲 자비

扉 사립문 비: 양쪽(非)으로 여닫는 문(戸 문 호) = 사립문

음 門扉 문짝

俳 배우 배: 양쪽(非)에서 마주 보고 연기를 하는 사람(人) = 배우

음 俳優 배우　俳句 하이쿠 = 5·7·5형식의 단시　俳人 시인

排 밀칠 배: 손(扌=手)으로 양쪽(非)으로 밀치다

음 排水 배구　排出 배출　排気 배기　排他的 배타적

輩 무리 배: (전투를 앞두고) 양쪽(非)으로 나란히 줄지어 선 차(車 수레 차)들의 무리

음 輩出 배출　先輩 선배　後輩 후배　同輩 동년배

罪 허물 죄: 법망(罒=网 그물 망)을 양쪽(非)으로 펼쳐 허물이 있는 죄인을 잡다

음 罪名 죄명　犯罪 범죄　有罪 유죄　罪状 죄상

不 아닐 불/아닐 부: 하나(一 한 일)의 작은(小 작을 소) 잘못도 저질러서는 아니 된다

음 不安 불안 不足 부족 不正 부정 不良 불량 不気味 불길함

否 아닐 부: 아닌(不) 것을 입(口)으로 아니라고 말하다=부정하다

음 否定 부정 否認 부인 拒否 거부 可否 가부

杯 잔 배: 나무(木)로 만든 크지 않은(不) 잔=술잔

음 乾杯 건배 賞杯 우승컵 祝杯 축배

豆 콩 두: 제사 때 사용하는 굽이 높은 제기를 그린 것. 그 모습이 콩알이 들어 있는 콩 꼬투리와 비슷하다 하여 만들어진 글자

＊꼬투리: 콩과 식물의 열매를 싸고 있는 껍질

음 豆腐 두부 豆乳 두유 納豆 낫토

短 짧을 단: 투호 놀이에서 화살(矢 화살 시)이나 막대기를 투호 항아리(豆)에 던져넣는 모습. 나아가 투호 놀이로 쓰는 화살이나 막대기는 짧다

＊豆: 一는 항아리에 던져진 화살 모양의 막대기, 口는 볼록하게 생긴 항아리 몸체, ㅛ=廾(두 손으로 받들 공)는 항아리 받침대

＊투호: 병이나 항아리 따위에 붉은 화살과 푸른 화살을 던져 넣어 화살의 개수로 승부를 가리는 놀이

음 短所 단점 短気 성미가 급함 短期 단기 短縮 단축

頭 머리 두: 콩(豆)처럼 둥근 머리(頁 머리 혈)

음 頭角 두각 先頭 선두 頭脳 두뇌 頭痛 두통 音頭 선봉＝선창자

闘 싸움 투: 문(門) 안에서 손(寸)으로 콩(豆)을 볶듯 치열하게 싸우다

음 闘争 투쟁 闘病 투병 乱闘 난투 戦闘 전투

登 오를 **등**: 제물이 담긴 제기(豆)를 등에 지고(癶 등질 발) 사당이 있는 곳으로 올라가다

* 癶: 발가락을 그린 모습, 또는 뭔가를 등에 지고 걸어 올라가는 모습

음 登校 <ruby>とうこう</ruby> 등교　登錄 <ruby>とうろく</ruby> 등록　登場 <ruby>とうじょう</ruby> 등장　登山 <ruby>とざん</ruby> 등산

澄 맑을 **징**: 물(氵=水)은 산 정상으로 올라갈수록(登) 맑다

음 清澄 <ruby>せいちょう</ruby> 맑고 깨끗함

發 필 **발**: 전투를 위해 활(弓)과 몽둥이 또는 창(殳 창/몽둥이 수)을 등에 지고(癶) 발을 펴서 적군의 진지가 있는 언덕으로 올라 가다

発 필 **발**: 발(癶)을 펴서(开) 올라 가다

* 开(열 개): 양손(廾 두 손으로 받들 공)으로 빗장(一)을 올려서 닫힌 문을 열다

* 피다: '펴다'의 방언

음 発明 <ruby>はつめい</ruby> 발명　開発 <ruby>かいはつ</ruby> 개발　出発 <ruby>しゅっぱつ</ruby> 출발　発展 <ruby>はってん</ruby> 발전　発足 <ruby>ほっそく</ruby> 발족　発作 <ruby>ほっさ</ruby> 발작

廢 폐할/버릴 **폐**: 집(广 집 엄)은 사람이 떠나고(癶) 열어(开) 두면 폐허가 된다

음 廃棄 <ruby>はいき</ruby> 폐기　廃業 <ruby>はいぎょう</ruby> 폐업　荒廃 <ruby>こうはい</ruby> 황폐　撤廃 <ruby>てっぱい</ruby> 철폐

燈 등불 **등**: 불꽃(火)이 위로 올라가는(登) 등불

灯 등불 **등**: 고무래(丁 고무래 정)처럼 높이 있는 불(火)=등불

음 灯台 <ruby>とうだい</ruby> 등대　電灯 <ruby>でんとう</ruby> 전등　街灯 <ruby>がいとう</ruby> 가로등

證 증거 **증**: 제단(豆)에 올라가(癶 발 지) 신에게 알리다=밝히다=증명하다

証 증거 **증**: 말(言)을 바르게(正) 해서 증거를 밝히다

음 証明 <ruby>しょうめい</ruby> 증명　証拠 <ruby>しょうこ</ruby> 증거　許可証 <ruby>きょかしょう</ruby> 허가증　確証 <ruby>かくしょう</ruby> 확증

永 **길 영**: 한 방울(丶)의 물(水)이 흐르고 흘러서 강을 이루니 그 길이나 시간이 길다

음 永久 영구　永遠 영원　永住 영주　永眠 영면

泳 **헤엄칠 영**: 물(氵=水)에 오래(永) 떠서 헤엄치다

음 水泳 수영　競泳 경영＝수영을 겨룸

詠 **읊을 영**: 말(言) 소리를 길게(永) 내어서 읊다

＊읊다: 리듬에 맞추거나 음의 고저 강약을 살려서 외거나 읽다

음 詠嘆 영탄　朗詠 낭영＝낭송　詠じる 읊다

世 **인간/대 세**: 새끼줄(一)로 스물(廿 스물 입)과 (十 열 십)을 묶은 모습=30. 인간의 한 세대=30년

음 世紀 세기　近世 근세　世間 세간＝세상　世代 세대　出世 출세

葉 **잎 엽**: 나무(木) 잎(艹)의 한 세대(世)=낙엽

음 紅葉＝もみじ 단풍　針葉樹 침엽수

易 **바꿀 역/쉬울 이**: 해(日)가 없어졌다(勿 말 물) 나타났다 하듯 쉽게[쉬울 이] 바꾸다 [바꿀 역]

음 交易 교역　貿易 무역　容易 용이＝손쉬움　難易 난이＝어려움과 쉬움

物 **물건 물**: 소(牛 소 우)를 팔아 없애서(勿) 받은 돈으로 산 물건

음 物価 물가　植物 식물　荷物 화물　食物＝しょくぶつ 음식물

賜 **줄 사**: 상으로 준 물건은 돈(貝)으로 쉽게 바꿀 수 있다(易)

음 下賜 하사　恩賜 은사＝하사

陽 별 양: 햇살(昜)이 언덕(阝 언덕 부)을 비추다

* 昜(별 양): 밤새 없던(勿 말/없을 물) 해(日)가 지평선(一) 위로 높이 떠오르니 아침(旦 아침 단) 햇살이 따뜻하다

음　陽性 양성　陽気 양기　太陽 태양　陰陽 음양

傷 다칠 상: 사람(亻)이 화살(丿)에 맞아 다친 상처 때문에 몸에서 햇살(昜)처럼 뜨거운 열이 나다

* 丿는 矢(화살 시)의 획 줄임

음　傷害 상해　傷心 상심　重傷 중상　負傷 부상

揚 날릴 양: 해가 솟아오르듯(昜) 손(扌=手)으로 높이 들어 올리다=날리다

음　揚水 양수=물을 퍼 올림　揚力 양력　髙揚 고양

瘍 헐 양: 해가 솟아오르듯(昜) 살갗이 돋아 올라 허는 병(疒 병들 역)

음　腫瘍 종양　潰瘍 궤양　胃潰瘍 위 궤장

場 마당 장: 흙(土)이 햇살(昜)처럼 펼쳐져 있는 장소=마당

음　場内 장내　工場 공장　会場 회장　運動場 운동장

腸 창자 장: 몸(月 육달 월) 안에 햇살(昜)처럼 퍼져있는 창자

음　胃腸 위장　大腸 대장　盲腸 맹장

湯 끓일 탕: 햇살(昜)처럼 뜨거운 물(氵=水)=끓인 국물

음　銭湯 대중목욕탕　熱湯 열탕　薬湯 약탕

耳 귀 이: 귀 모양을 본뜬 모습

음　耳目 이목　耳鼻科 이비(인후)과

敢 감히 감: 적을 쳐서(攷 칠 공) 감히 귀(耳 귀 이)를 잘라서 가져오니 용감하다

음 敢行 감행　敢闘 감투＝과감하게 싸움　果敢 과감　勇敢 용감
<small>かんこう</small> <small>かんとう</small> <small>かかん</small> <small>ゆうかん</small>

嚴 엄할 엄: 용감한(敢) 장수가 바위(厂 바위 엄) 절벽에 올라가 엄하게 부르짖다(口口 부르짖을 훤)

厳 엄할 엄: 용감한(敢) 장수가 바위(厂 바위 엄) 위에 올라가 엄하게 불호령(``´´)을 내리다

음 厳禁 엄금　厳重 엄중　戒厳 계엄　威厳 위엄　荘厳 장엄
<small>げんきん</small> <small>げんじゅう</small> <small>かいげん</small> <small>いげん</small> <small>そうごん</small>

攝 당길 섭: 국민을 다스리기 위해 손(扌=手)으로 소곤거리는 국민의 귀를 잡아서(聶 소곤거릴/잡을 섭) 당기다

摂 당길 섭: 사방(+)에서 들려오는 국민의 목소리를 듣기 위해 손(扌=手)으로 귀(耳)를 잡아서 당기다

음 摂取 섭취　摂政 섭정　摂氏 섭씨
<small>せっしゅ</small> <small>せっしょう</small> <small>せっし</small>

餌 미끼 이: 귓불(耳)처럼 부드러운 먹이(食)=미끼

훈 餌 먹이＝미끼　餌付け 길들이기　餌食 희생물＝제물
<small>えさ</small> <small>えづ</small> <small>えじき</small>

取 가질 취: 적군의 귀(耳)를 손(又)으로 잘라서 가지다=취하다

음 取材 취재　取得 취득　先取 선취
<small>しゅざい</small> <small>しゅとく</small> <small>せんしゅ</small>

最 가장 최: 하루(日) 동안에 적의 귀(耳)를 가장 많이 손(又)으로 잘라서 가져온 병사가 최고다

음 最高 최고　最新 최신　最大 최대　最後 최후
<small>さいこう</small> <small>さいしん</small> <small>さいだい</small> <small>さいご</small>

撮 사진찍을 촬: 손(扌=手)으로 가장(最) 좋은 부분을 골라서 사진을 찍다

음 撮影 촬영　盗撮 도촬
<small>さつえい</small> <small>とうさつ</small>

趣 뜻 취: 달려가서(走 달릴 주) 뜻하는 바를 취하다(取)

음 趣味 취미　趣旨 취미　趣向 취향

恥 부끄러울 치: 마음(心)에서 부끄러움을 느끼면 귓불(耳)이 붉어진다

음 恥辱 치욕　破廉恥 파렴치　羞恥 수치　厚顔無恥 후안무치

音 소리 음: 해(日)가 뜨면(立 설 립) 들리는 소리. 또는 소리(音)가 나는 악기를 세워둔 모습

음 音楽 음악　音声 음성　高音 고성　福音 복음

暗 어두울 암: 해(日)가 져서 소리(音)만 들리니 어둡다

음 暗記 암기　暗号 암호　暗室 암실　明暗 명암

闇 숨을 암: 문(門 문 문) 안에 숨어서 소리(音)만 들리니 보이지 않는다

훈 闇夜 암야＝캄캄한 밤　闇市 암시장

章 글 장: 많은(十 열 십) 소리(音 소리 음)를 글로 적다

음 文章 문장　勲章 훈장　楽章 악장　憲章 헌장

障 막을 장: 위험한 언덕(阝 언덕 부)에 글(章)을 써 붙여서 출입을 막다

음 障害 장해　障壁 장벽　故障 고장　保障 보장

彰 드러날 창: 글(章)을 예쁜 머릿결(彡)처럼 드러나게 잘 써서 받은 표창장

음 表彰 표창　表彰状 표창장

意 뜻 의: 마음(心)의 소리(音 소리 음)가 그 사람이 지향하는 뜻

음 意思 의사 意見 의견 意味 의미 決意 결의 注意 주의

億 억 억: 사람(人)이 그 뜻(意)을 이해할 수 있는 최대의 숫자=억

음 一億 1억 数億 수억 億万長者 억만장자

憶 생각할 억: 마음(忄=心)에 그 뜻(意)을 새겨다=생각하다=기억하다

음 憶測 억측 憶説 억설 記憶 기억 追憶 추억

臆 가슴 억: 몸(月 육달 월)에서 그 뜻(意)을 담아두는 곳=가슴

* 고대인은 심장이 뇌 역할을 하는 것으로 생각?

음 臆病 겁이 많음 臆病者 겁쟁이 臆面 기가 죽은 모습

原 언덕 원: 바위(厂 굴바위 엄) 밑에 흰(白 흰 백) 물이 작게(小 작을 소) 솟는 언덕

* 원래는 '근원'을 의미했으나, 이후 '평원 또는 들판'이라는 뜻으로 쓰이게 되자, '근원'은 源으로 분화

음 原因 원인 原子力 원자력 原油 원유 高原 고원

源 근원 원: 물(氵=水)이 끊임없이 흐르는 언덕(原)=물의 근원

음 源流 원류 電源 전원 資源 자원 起源 기원

願 원할 원: 언덕(原)에서 흐르는 샘물을 떠 놓고 머리(頁 머리 혈)를 조아리고 원하는 것을 빌다=원하다

음 願望 원망 願書 원서 祈願 기원 出願 출원

遠 멀 원: 상복(衣 옷 의) 차림에 지팡이(一)를 짚고 입(口)으로 곡을 해서 망자를 멀리
(袁) 보내다(辶 갈 착)

음 <ruby>永遠<rt>えいえん</rt></ruby> 영원 <ruby>遠足<rt>えんそく</rt></ruby> 소풍 <ruby>遠慮<rt>えんりょ</rt></ruby> 사양함 <ruby>久遠<rt>くおん</rt></ruby> 구원

園 동산 원: 담으로 길게(袁) 에워싼(口 에운담 위) 동산

음 <ruby>公園<rt>こうえん</rt></ruby> 공원 <ruby>幼稚園<rt>ようちえん</rt></ruby> 유치원 <ruby>動物園<rt>どうぶつえん</rt></ruby> 동물원

猿 원숭이 원: 개(犭 큰 개 견)를 멀리하는(袁) 원숭이

음 <ruby>類人猿<rt>るいじんえん</rt></ruby> 유인원 <ruby>犬猿<rt>けんえん</rt></ruby> 견원＝개와 원숭이

困 곤할 곤: 뭔가에 에워싸인(口) 나무(木)는 자라기가 곤란하다

음 <ruby>困難<rt>こんなん</rt></ruby> 곤란 <ruby>困惑<rt>こんわく</rt></ruby> 곤혹 <ruby>困窮<rt>こんきゅう</rt></ruby> 곤궁 <ruby>貧困<rt>ひんこん</rt></ruby> 빈곤

菌 버섯 균: 잡초(艹 풀 초)에 에워싸인(口) 벼(禾 벼 화)는 균이 많다

음 <ruby>菌類<rt>きんるい</rt></ruby> 균류 <ruby>細菌<rt>さいきん</rt></ruby> 세균 <ruby>殺菌<rt>さっきん</rt></ruby> 살균 <ruby>雑菌<rt>ざっきん</rt></ruby> 잡균

團 둥글 단: 오로지(專) 같은 목적으로 둥글게(口) 모이다

＊專(오로지 전): 손(寸)으로 물레를 돌리고 있는 모습. 물레는 오로지 한쪽으로만
돈다

＊專의 윗부분은 물레, 한가운데 있는 一 모양은 실을 방추형으로 감아둔 북

＊북: 베틀에서 날실의 틈으로 왔다 갔다 하면서 씨실을 푸는 기구

団 둥글 단: 손(寸)을 둥글게(口＝○) 잡다

＊한자에서 ○는 口로 표기

음 <ruby>団体<rt>だんたい</rt></ruby> 단체 <ruby>団結<rt>だんけつ</rt></ruby> 단결 <ruby>財団<rt>ざいだん</rt></ruby> 재단 <ruby>劇団<rt>げきだん</rt></ruby> 극단

圖 그림 도: 일정 구역(口)을 우두머리(亠)의 명령(口)으로 돌아다니면서(回 돌아올
회) 도면을 그리다

図 **그림 도**: 네모난(口) 판자를 예리한(乂) 칼(刂)로 베어서(刈 벨 예) 그림이나 글자를 그리다

＊図에서 ヽヽ는 刂(칼 도)의 변형

음 図表 도표　合図 신호　図書館 도서관　意図 의도

四 **넉 사**: 사람(儿 사람 인)이 사방(口)에 모여 있는 모습

음 四月 4월　四季 사계

西 **서녁 서**: 새가 둥지에 앉아 있는 모습. 새가 둥지에 있을 때는 해가 서쪽으로 질 때 (닭을 비롯한 날짐승은 일찍 자고 일찍 일어난다)

음 西洋 서양　西欧 서구　西部 서부　東西南北 동서남북

囚 **가둘 수**: 사람(人)을 울타리로 에워싸서(口) 가두다

음 囚人 죄수　死刑囚 사형수

回 **돌아올 회**: 물이 소용돌이를 치면서 둥글게(○) 돌아가는 모습

음 回送 회송　回転 회전　回答 회답　次回 다음번

因 **인할 인**: 사람(大)이 자리(口)를 깔고 눕다=기대다=의지하다

＊大: 사람이 사지를 벌리고 있는 모습

＊인하다: 어떤 사실로 말미암다

음 因果 인과　因縁 인연　原因 원인　起因 기인

姻 **혼인 인**: 여자(女)가 의지할(因) 곳은 혼인한 남편 또는 친척

음 姻戚 인척　婚姻 혼인

咽 **목구멍 인**: 입(口)으로 인해서(因) 생기는 목구멍

음　咽喉 인후＝목구멍　耳鼻咽喉科 이비인후과

恩 **은혜 은**: 마음(心)으로 의지하다(因)＝은혜

음　恩師 은사＝스승　恩人 은인　恩恵 은혜　謝恩 사은

女 **여자 녀**: 여자가 두 손을 앞으로 모으고 다소곳이 앉아 있는 모습

음　女性 여성　男女＝なんにょ 남녀　女子 여자　女房 아내　老若男女 남녀노소

妃 **왕비 비**: 왕과 한 몸(己)인 여자(女)＝왕비

* 己(몸 기): 사람이 몸을 구부리고 있는 모습

음　王妃 왕비

櫻 **앵두 앵**: 어린 여자(女)가 자개 목걸이를 목에 겹으로 치장한(賏 꾸밀 패) 것 같은 예쁜 나무(木)＝앵두

桜 **앵두 앵**: 여자(女)가 빨간 횃불(``)을 들고 있는 것처럼, 나무(木)에 빨간 열매가 열리는 앵두나무

음　桜桃 버찌　桜花 벚꽃

如 **같을 여**: 여자(女)가 남자의 말(口)에 뜻을 같이하다

음　如実 여실＝있는 그대로　如来 여래

接 **이을 접**: 첩(妾 첩 첩)을 가까이 두고 손(扌=手)으로 수발을 들게 하다=가까이 두다=잇다=접하다

음　接続 접속　接近 접근　面接 면접　直接 직접　接する 접하다

妥 **온당할 타**: 손(爫=爪 손톱 조)으로 여자(女)의 머리를 눌러 복종시키는 것은 온당하다=마땅하다

- 음 妥当 타당　妥協 타협　妥結 타결

妬 **샘낼 투**: 남의 행복이 샘나서 돌(石)을 던지고 싶은 여자(女)의 마음=샘내다

- 음 嫉妬 질투

好 **좋을 호**: 여자(女)가 아이(子)를 안고 좋아하는 모습

- 음 好意 호의　好感 호감　愛好 애호　友好 우호

姫 **계집 희**: 신하(臣)처럼 신분이 높은 여자(女)

- 훈 姫 공주　白雪姫 백설공주

奴 **종 노**: 여자(女)를 손(又)으로 잡아 두다=종=노예

- 음 奴隷 노예　農奴 농노　売国奴 매국노　守銭奴 수전노

努 **힘쓸 노**: 종(奴)이 힘써(力) 일하다. 또는 종(奴)처럼 힘써(力) 일하다

- 음 努力 노력

怒 **성낼 노**: 분노로 가득한 종(奴)의 마음(心)=성내다

- 음 激怒 격노　喜怒哀楽 희로애락　怒鳴る 소리치다 = 고함치다

安 **편안 안**: 집(宀 집 면)에서 여자(女)가 편안하게 머무르다

- 음 安心 안심　安全 안전　安定 안정　不安 불안　治安 치안

案 책상 안: 편히(安) 앉을 수 있게 나무(木)로 만든 책상. 나아가 책상에서 짠 계획이나 생각

음 案内 안내　答案 답안　提案 제안　案外 예상외＝의외　案じる 염려하다＝걱정하다

宴 잔치 연: 편안한(安) 날(日)을 잡아 연회를 열다

음 宴会 연회　宴席 연회석　披露宴 피로연　酒宴 주연＝술자리

要 요긴할 요: (회임과 출산을 위해 몸을 따뜻하게) 여자(女)는 중요한 부분을 덮는(覀＝襾 덮을 아) 것이 요긴하다

＊요긴하다: 꼭 필요하고 중요하다

음 要点 요점　要求 요구　必要 필요　概要 개요

腰 허리 요: 여자(女)의 몸(月 육달 월)에서 반드시 덮어야(覀) 하는 곳＝허리

음 腰痛 요통　弱腰 약한 태도＝소극적

妻 아내 처: 남편이 비녀(十)를 손(⺕ 돼지머리 계)으로 꽂아준 여자(女)＝아내

＊⺕(돼지머리 계): 돼지머리는 사람의 손 역할

음 妻子 처자　夫妻 부처＝부부　良妻 양처　良妻賢母 현모양처

凄 쓸쓸할 처: 시집살이에 마음이 얼음(冫 얼음 빙)처럼 얼어붙은 쓸쓸한 아내(妻)

음 凄惨 처참함　凄絶 처절함

數 셈 수: 무식한(毋) 여자(女)가 묶어서(中) 쌓아놓은 물건을 막대기로 하나하나 치면서(攵 칠 복) 세다＝셈하다

* *母*(말 무): '하지 말라'와 같은 금지, 또는 '불필요하다'는 문법적 의미를 나타내는 조동사

* *中*: 물건(口)을 끈(丨)으로 묶어놓은 모습

数 셈 수: 여자(女)가 쌀가마니(米)를 하나하나 치면서(攵) 세다=셈하다

음 数学 수학 数字 숫자 点数 점수 人数 인원수

楼 다락 루: 여자(女)가 쌀(米)을 보관하기 위해 나무(木)를 엮어서 만든 다락

음 楼門 2층으로 된 문 蜃気楼 신기루 摩天楼 마천루

元 으뜸 원: 하늘(一)과 땅(一) 사이에 사람(儿 사람 인)이 으뜸이다

음 元気 기운 紀元 기원 根元 근원 元日 설날 元来 원래

冠 갓 관: 옷을 으뜸(元)으로 차려입고 손(寸)으로 갓을 쓰다(冖 덮을 멱)

* *寸*: 손끝에서 맥박이 뛰는 손목까지의 길이=손

음 王冠 왕관 月桂冠 월계관 冠婚葬祭 관혼상제

完 완전할 완: 집(宀 집 면)을 으뜸(元)으로 완전하게 짓다

음 完璧 완벽 完成 완성 完全 완전 補完 보완

玩 희롱할 완: 노리개의 으뜸(元)인 옥(王)을 갖고 놀다=희롱하다

* *王*(임금 왕)은 玉(구슬 옥)의 획 줄임

음 玩具＝おもちゃ 완구＝장난감 愛玩 애완

頑 완고할 완: 으뜸(元)으로 딱딱한 머리(頁 머리 혈)를 가진 사람은 완고하다

음 頑固 완고 頑丈 튼튼함 頑強 완강 頑張る 힘내다

院 집 원: 군이 주둔하는 언덕(阝 언덕 부)에 지은, 보안성과 독립성이 보장되는 완벽한 (完) 집

음 院長 원장　入院 입원　医院 의원　大学院 대학원

苗 모 묘: 논밭(田)에서 자라는 어린 새싹(艹)＝묘

음 育苗 육묘＝묘목이나 모를 기름　苗字 성씨

描 그릴 묘: 손(扌＝手)으로 어린 묘(苗)처럼 부드러운 붓으로 섬세하게 그리다

음 描写 묘사　素描 소묘

猫 고양이 묘: 묘(苗)처럼 작고 유연성이 있는 개과(犭 큰 개 견)의 짐승＝고양이

음 猫額 고양이 이마＝아주 좁음

牛 소 우: 뿔이 달린 소머리를 그린 모습

음 牛肉 쇠고기　牛乳 우유　牛丼 소고기덮밥

件 물건 건: (농경사회에서) 사람(人)과 소(牛)가 함께 만들어낸 물건. 사람(人)이 소(牛)를 팔아서 받은 돈으로 산 물건. 사람(人)이 소(牛)에 받힌 사건의 개수

음 事件 사건　条件 조건　用件 용건　物件 물건

牧 칠 목: 소(牛)를 치다(攵 칠 복)＝기르다

음 牧場 목장　牧師 목사　放牧 방목　遊牧 유목

牲 희생 생: 살아있는(生 살 생) 소(牛)를 희생물로 바치다

음 犠牲 희생

犧 **희생 희**: 제사 때는 빼어나게(秀 빼어날 수) 좋은 소(牛)와 양(羊=羊)을 창(戈)으로 잡아 제물로 바치다=희생시키다

犧 **희생 희**: 제사 때는 좋은(義 옳을 의) 소(牛)를 골라서 희생시키다

 음 犧牲 ^{ぎせい} 희생 犧打 ^{ぎだ} 희생타

石 **돌 석**: 암벽(厂 굴바위 엄)에서 떨어져 나온 돌덩어리(口)

 음 石油 ^{せきゆ} 석유 宝石 ^{ほうせき} 보석 化石 ^{かせき} 화석 磁石 ^{じしゃく} 자석

巖 **바위 암**: 산(山)에 있는 엄한(嚴 엄할 엄) 돌=바위

 *嚴(엄할 엄): 용감한(敢) 장수가 바위(厂 바위 엄) 절벽에 올라가 엄하게 부르짖다 (口口 부르짖을 훤)

岩 **바위 암**: 산(山)을 형성하는 큰 돌(石). 또는 산(山)처럼 큰 돌(石)

 음 岩石 ^{がんせき} 암석 岩塩 ^{がんえん} 암염=돌소금 溶岩 ^{ようがん} 용암 砂岩 ^{さがん} 사암

拓 **넓힐 척/박을 탁**: 손(扌=手)으로 돌(石)을 옮겨서 경작지를 넓히다[넓힐 척]. 또는 손 (扌)으로 돌(石)에 새긴 글씨를 옮겨 쓰다[박을 탁]

 음 干拓 ^{かんたく} 간척 開拓 ^{かいたく} 개척 拓本 ^{たくほん} 탁본

小 **작을 소**: 물건을 칼(丨)로 자르면(八) 작아진다

 *八: 어떤 물체가 두 쪽으로 대칭되게 나누어진 모습

 음 小学生 ^{しょうがくせい} 초등학생 小説 ^{しょうせつ} 소설 中小 ^{ちゅうしょう} 중소

肖 **닮을/작을 초**: 고기(月 육달 월)를 작게(小) 자르다[작을 초]. 나아가 고기를 작게 잘라 놓으면 종류와는 관계없이 비슷하게 닮다[닮을 초]

 음 肖像 ^{しょうぞう} 초상 不肖 ^{ふしょう} 불초=아버지를 닮지 않고 못남

削 깎을 삭: 작게(肖) 칼(刂=刀)로 깎다

음 削除 삭제　削減 삭감　掘削 굴삭　添削 첨삭

消 사라질 소: 물(氵=水)이 작아져서(肖) 수증기가 되어 사라지다

음 消化 소화　消灯 소등　消費 소비　解消 해소

宵 밤 소: 집(宀 집 면)에 달빛이 작게(肖) 비치니 밤이다

음 徹宵 철야＝밤을 샘

鎖 쇠사슬 쇄: 쇠(金)를 조개(貝)처럼 작게(小) 만들어 엮은 사슬

음 鎖国 쇄국　連鎖 연쇄　閉鎖 폐쇄

硝 화약 초: 물에 넣으면 작아서(肖) 잘 보이지 않다가 물이 증발하면 돌(石)처럼 단단해지는, 화약이나 유리의 원료인 초산칼륨

음 硝酸 초산＝질산　硝薬 화약　硝子 유리

少 적을 소: 小(작을 소)에서 분화된 글자로, 주로 양이 적음을 나타낸다

음 少年 소년　少女 소녀　少量 소량　少々 조금＝잠깐

劣 못할 렬: 적은(少) 힘(力)으로는 미치지 못한다

음 劣等 열등　劣勢 열세　優劣 우열　卑劣 비열

妙 묘할 묘: 나이가 적은(少) 어린 여자(女)는 묘한 부분이 있다

음 妙案 묘안　奇妙 기묘　絶妙 절묘

砂 모래 사: 돌(石)이 작게(少) 부서져 만들어진 모래

音　砂糖 사탕　砂漠 사막　黄砂 황사　砂利 자갈

沙 **모래 사**: 돌이 물(氵=水)에 부딪혀 작게(少) 된 모래

　　* 砂는 주로 내륙에서, 沙는 주로 바다에서 만들어진 모래

　　음　ご無沙汰 격조＝무소식

省 **살필 성/덜 생**: 눈(目)을 작게(少) 뜨고 살피다[살필 성]. 또는 눈(目)이 작아지다
(少)=눈감아주다=생략하다[덜 생]

　　음　反省 반성　帰省 귀성　省略 생략　法務省 법무성

秒 **분초 초**: 벼(禾 벼 화)에서 가장 작은(少) 까끄라기

　　* 까끄라기: 벼나 보리 등의 낟알 껍질에 붙어있는 깔끄러운 수염=작다

　　음　秒速 초속　秒針 초침　一秒 1초　毎秒 매초

抄 **뽑을 초**: 손(扌=手)으로 필요한 부분만 작게(少) 뽑아서 베끼다

　　음　抄本 초본　抄録 초록＝발췌　抄訳 초역＝필요한 부분을 뽑아서 번역함

九 **아홉 구**: 九는 久(오랠 구)의 변형. 九는 한 자릿수 중에서 가장 큰 수=많다

　　음　九人 아홉 명　九階 9층　九歳 아홉 살　九時 아홉 시　九月 9월

究 **연구할 구**: 동굴(穴 구멍 혈)의 가장 마지막(九)까지 연구하다

　　음　究明 구명　研究 연구　追究 추구　探究 탐구

軌 **바퀴자국 궤**: 차(車)가 지나가면 많은(九) 바퀴 자국이 남는다

　　음　軌道 궤도　軌跡 궤적

染 물들 염: 나무(木)에서 채취한 염료를 여러 번(九) 물(氵=水)에 담가서 물들이다

음 染色 염색 染料 염료 感染 감염 汚染 오염

雑 섞일 잡: 색깔이나 종류가 다른 많은(九) 새(隹)들이 나무(木) 위에 섞여서 모이다
(集 모을 집)

음 雑誌 잡지 複雑 복잡 混雑 혼잡 雑巾 걸레

卒 마칠 졸: 우두머리(亠 머리 두) 밑에 있는 많은(十) 사람들(人人)=졸병. 나아가 졸병은 전쟁터에서 갑자기 죽는다=생을 마치다

음 卒業 졸업 脳卒中 뇌졸중 大卒 대졸

丸 둥글 환: 작은(丶) 약재 덩어리를 여러 번(九) 굴려서 둥글게 만들다

음 丸薬 환약 弾丸 탄환 砲丸 포환 一丸 한 덩어리

十 열 십: 나뭇가지(丨)를 새끼줄로 묶은(一) 모습

음 十月 10월 十分 = じっぷん 10분 十回 = じっかい 10회 十人 10명

計 셀 계: 말(言)로써 1에서 10까지 세다

음 計画 계획 計算 계산 合計 합계 体温計 체온계

迅 빠를 신: 많은(十) 새(乙 새 을)가 빠르게 날아가다(辶 갈 착)

음 迅速 신속

汁 즙 즙: 물(氵=水)이 많은(十) 즙

음 果汁 과즙

針 바늘 침: 쇠(金)를 여러 번(十) 갈아서 만든 바늘

음 針灸 침구＝침과 뜸　方針 방침　秒針 초침　針金 철사

砕 부술 쇄: 돌(石)로 아홉(九) 번 열(十) 번 여러 번(卆) 쳐서 부수다

음 砕石 쇄석＝돌을 잘게 부숨　破砕 파쇄　粉砕 분쇄　粉骨砕身 분골쇄신

粋 순수할 수: 쌀(米)을 아홉(九) 번 열(十) 번 여러 번(卆) 씻다＝순수하다

음 純粋 순수　抜粋 발췌　国粋 국수＝자기 나라의 전통문화만 믿는 태도

酔 취할 취: 술(酉)을 아홉(九) 잔 열(十) 잔 많이(卆) 마시면 취한다

* 酉: 뚜껑이 있는 술병에 술이 들어있는 모습

음 麻酔 마취　泥酔 만취　心酔 심취

享 누릴 향: 높은(宀+口=高의 획 줄임) 사당에서 조상신을 잘 섬기면 자식(子)이 행복을 누린다

음 享受 향수＝누림　享年 향년　享楽 향락

郭 둘레 곽: 행복을 누리기(享) 위해 고을(阝 언덕 부) 둘레에 성곽을 쌓다

*阝가 글자의 오른쪽에 있으면 [고을 읍], 왼쪽에 있으면 [언덕 부]

음 輪郭 윤곽　城郭 성곽　遊郭 유곽　胸郭 흉곽

熟 익을 숙: 음식은 누구(孰)나 불(灬=火)에 익혀서 먹는다

* 孰(누구 숙): 행복을 누리면서(享) 둥글게(丸 둥글 환) 살기를 누구나 바란다

음 熟語 숙어　熟練 숙련　未熟 미숙　成熟 성숙

塾 글방 숙: 누구(孰)나 가는, 흙(土)으로 만든 글방＝행랑방

음 塾 학원　学習塾 입시학원　塾長 학원장

幸 다행 행: 군웅이 할거하는 춘추전국과 같은 상황에서는, 양쪽의 영토(土)를 통합하면(土=土) 다행히(幸) 모두가 전쟁이 없는 행복을 누리지만, 만약에 어느 한쪽이 긴 칼(一)을 빼 들고 다른 한쪽을 공격해 오면 매운맛(辛 매울 신)을 보여야 한다

음 幸運 행운   幸福 행복   不幸 불행   多幸 다복

報 갚을/알릴 보: 전장에서 무릎을 꿇고(卩=巳 병부 절) 손(又)이 뒤로 묶이는 수모를 당했으나, 다행히(幸) 아직 굴복당하지는 않았음을 알리고 [알릴 보], 언젠가는 원수를 갚아 줄 것이다[갚을 보]

음 報告 보고   報道 보도   情報 정보   予報 예보

執 잡을 집: 다행히(幸) 한꺼번에 통째(丸 둥글 환)로 잡다

음 執行 집행   執筆 집필   固執 고집   執念 집념   執着 집착

摯 잡을 지: 손(手)으로 잡다(執)

음 真摯 진지함

保 지킬 보: 사람(人)이 갓난아이(呆)를 지키다

*呆(어리석을 매): 강보(口)에 싸인 갓난아이가 누워있는(木) 모습

음 保健 보건   保険 보험   保育 보육   確保 확보

褒 기릴 포: 갓난아이를 돌보는(保) 사람에게 상으로 옷(衣 옷 의)을 내려 그 공을 기리다=칭찬하다

음 褒賞 포상   褒美 상=포상

舍 집 사: 지붕(人)+벽(干)+주춧돌(口)=집

*干(방패 간): (여기서는) 비바람을 막는 벽

舍 집 사: 지붕(人)+흙벽(土)+주춧돌(口)=집. 나아가 집(亼)에 많은(十) 식객(口)이 머무는 집=객사

* 亼(삼합 집): 양쪽으로 갈라져 있는 지붕(人)과 대들보(一)가 잘 어울려 딱 들어맞는 모습

음 校舍 교사=학교 건물   寄宿舍 기숙사   駅舎 역사=역 건물

捨 버릴 사: 임시로 살던 객사(舍)를 손(扌=手)으로 버리다

음 取捨選択 취사선택   四捨五入 사사오입=반올림

餘 남을 여: 객사(余)에서 손님을 위해 음식(食)을 남겨두다

余 나/남을 여: ① 객사(余)에서 손님을 위해 음식을 남겨두다 [남을 여]. ② 1인칭 대명사 나(余)는 이후에 가차한 것[나 여]

* 余: 나무(木) 위에 지은 작은 집(亼 삼합 집). 舍(집 사)의 원래 글자
* 가차(假借): 뜻은 다르나 음이 같은 다른 글자를 빌려 쓰는 것

음 余命 여명=여생   余裕 여유   余白 여백   残余 잔여=나머지

途 길 도: 나(余 나 여)만 다니는(辶 갈 착) 좁은 길. 또는 집(余)으로 가는(辶) 길

음 途中 도중   途上国 개발도상국   用途 용도   別途 별도

塗 칠할 도: 집(余)에 물(氵=水)이 새지 않도록 벽에 흙(土)을 칠하다

음 塗料 도료=칠감   塗装 도장=칠을 함

叙 펼 서: 손(又)으로 목재를 펼쳐놓고 집(余)을 짓다

음 叙事詩 서사시   叙述 서술   叙勲 서훈=훈장을 수여함

徐 천천히 서: 천천히(彳 조금 걸을 척) 집(余)으로 가다

음 徐行 서행   徐々に 천천히

除 덜 제: 언덕(阝 언덕 부)에 집(余)을 짓기 위해 흙을 덜다

　＊덜다: 무엇인가를 줄이거나 덜어내는 행위

　음　除去 제거　除草 제초　解除 해제　削除 삭제　掃除 청소

茶 차 차/차 다: 집(余)에서 달여 마시는 풀(艹)＝차

　＊茶자는 茶에서 一 획 줄임

　음　お茶 차　紅茶 홍차　緑茶 녹차　喫茶店 찻집　茶道 다도

句 글귀 구: 짧은 구절(口)을 여러 개 묶은(勹 쌀 포) 글귀＝묶다

　음　句点 마침표　語句 어구　文句 문구, 불평＝트집

拘 잡을 구: 손(扌=手)으로 묶어서(句) 잡다. 또는 손(扌)을 묶어서(句) 잡다

　음　拘束 구속　拘留 구류　拘置 구치　拘置所 구치소

駒 망아지 구: 작은(句) 말(馬)＝망아지

　훈　駒 망아지　手駒 부하＝수하　持ち駒 예비로 둔 사람이나 물건

勾 굽을 구: 사람이 뭔가에 싸여(勹 쌀 포) 몸을 구부리고(厶) 있는 모습＝굽다

　＊厶(사사 사): 팔을 몸 안쪽으로 굽혀서 끌어당기는 모습

　음　勾留 구류＝구금　勾配 기울기＝경사

敬 공경 경: 마음을 다스려서(攵 칠 복) 진실(苟)하게 대하다＝공경하다

　＊苟(진실로 구): 초야(艹)에 묻혀 글귀(句)만 읽으면서 진실하게 살다

　음　敬語 경어　尊敬 존경　畏敬 외경＝공경하면서 두려워함

警 깨우칠 경: 공경한(敬) 말(言)로 깨우쳐 주다

음 警察 경찰　警報 경보　警告 경고　警備 경비

驚 놀랄 경: (원래 잘 놀라는 특성이 있는) 말(馬)은 공경하게(敬) 대해도 놀란다

음 驚異的 경이적　驚嘆 경탄　驚愕 경악

大 큰 대: 사람이 사지를 크게 벌리고 서 있는 모습

음 大学 대학　大会 대회　大陸 대륙　大丈夫 괜찮음

太 클 태: 큰(大) 것에 점(丶)을 하나 더하니 더 크다

음 太陽 태양　太古 태고　太平洋 태평양　丸太 통나무

汰 사치할 태: 물(氵=水)을 많이(太) 사용하여 깨끗이 씻다=사치하다

음 淘汰 도태　表沙汰 표면화　ご無沙汰 격조＝무소식

駄 짐 실을 태: 짐을 실어 나르는 큰(太) 말(馬)

음 駄目 안 됨　無駄 소용없음　下駄 나막신

馬 말 마: 말의 모습을 본뜬 모습

음 馬車 마차　乗馬 승마　競馬 경마　木馬 목마

篤 도타울 독: 대(竹)로 만든 말(馬)을 함께 타고 놀던 죽마고우(竹馬故友)는 우정이 도탑다

＊도탑다: 서로의 관계에서 사랑이나 인정이 깊고 돈독하다

음 篤実 독실　篤学 독학＝학문에 크게 힘씀　危篤 위독

罵 꾸짖을 매: 입에 그물(罒=罓=网 그물 망)을 씌워 폭주하는 말(馬)을 꾸짖다

음 罵倒 매도　罵声 욕하는 소리

騷 떠들 소: 벼룩(蚤 벼룩 조)에 물린 말(馬)이 소란스럽게 떠들다

騷 떠들 소: 말(馬)이 자꾸만(又 또 우) 벌레(虫 벌레 충)에 물리니 소란스럽게 떠들다

음 騷音 소음　騷動 소동　騷乱 소란　物騷 뒤숭숭함

化 될 화: 산 사람(人)이 죽은 사람(匕)이 되다=변하다

＊匕(비수 비): 사람이 비수를 맞아 몸을 웅크리고 있는 모습

음 化学 화학　化石 화석　文化 문화　進化 진화　化粧 화장

花 꽃 화: 풀잎(艹)이 변한(化) 꽃

음 花瓶 꽃병　花粉 화분＝꽃가루　開花 개화

貨 재물 화: 조개껍질(貝)이 변한(化) 돈=재물

음 貨幣 화폐　貨物 화물　金貨 금화　百貨店 백화점

倫 인륜 륜: 사람(人)이 둥글게(侖) 모이면 지켜야 하는 인륜=윤리

＊侖(둥글 륜): 글이 적힌 대나무를 모아서(스 삼합 집) 둥글게 묶은 책(冊)

＊스: 양쪽으로 갈라져 있는 지붕(人)과 대들보(一)가 잘 어울려 딱 들어맞는 모습

음 倫理 윤리　倫理学 윤리학　人倫 인륜　不倫 불륜

論 논할 론: 둥글게(侖) 모여 앉아 말(言)로 논하다

＊논하다: 이론적으로 이치를 따지어 말하다

음 論文 논문　論述 논술　反論 반론　結論 결론

輪 바퀴 륜: 차(車)에 달린 둥근(侖) 바퀴

음 **輪郭** 윤곽 **車輪** 차륜＝차바퀴 **競輪** 경륜

輸 보낼 수: 육지에서 차(車)로 운반해 온 물건 따위를 지붕(亼 삼합 집)이 있는 배(舟)에 실어 칼(刂=刀)을 들고 헤치고 나아가서(俞) 보내다

* 月은 배(舟 배 주)의 변형

음 **輸入** 수입 **輸出** 수출 **運輸** 운수 **空輸** 공수

愉 즐거울 유: 마음(忄=心)이 앞으로 나아가니(俞) 즐겁다

음 **愉快** 유쾌 **愉悅** 유열＝즐겁고 기쁨 **愉快犯** 유쾌범＝쾌감을 맛보기 위해 저지르는 범죄

喩 깨우칠 유: 말(口)로써 앞으로 나아가게(俞) 하여 깨우치다

음 **比喩** 비유 **直喩** 직유 **隱喩** 은유 **暗喩** 암유

諭 타이를 유: 말(言)로써 앞으로 나아가도록(俞) 타이르다

음 **諭旨** 유지＝취지나 이유를 깨우쳐 알림 **教諭** 교사

癒 병나을 유: 병(疒 병질 역)이 즐거운(愉) 방향으로 나아가니 낫다

음 **癒着** 유착 **治癒** 치유 **快癒** 쾌유

峰 봉우리 봉: 산(山)에서 뒤져서(夊 뒤져올 치) 오는 사람을 손(手)으로 끌어(夆 끌 봉) 만나게 하는 곳=봉우리=뾰족하다

* 여기서 丰은 손(手)의 변형

음 **最高峰** 최고봉

蜂 벌 봉: 뾰족한(夆) 침을 가진 벌레(虫 벌레 충)=벌

음 蜂起 봉기 養蜂 양봉

縫 꿰맬 봉: 실(糸)이 가서(辶 갈 착) 찢어진 부분을 서로 만나게(夆) 하여 꿰매다. 또는 실(糸)로 찢어진 곳을 서로 만나게(逢 만날 봉) 하여 꿰매다=봉하다

음 縫合 봉합 裁縫 재봉

青 푸를 청: 우거진 초목(丰 풀 무성할 봉)과 우물(円) 속의 물은 푸르다=맑다=깨끗하다=젊다

＊ 円은 井(우물 정)의 변형

青 푸를 청: 사람의 몸(月 육달 월)이 초목(丰)처럼 푸르다

음 青少年 청소년 青春 청춘

情 뜻 정: 맑고 깨끗한(青) 마음(忄=心)에서 우러나오는 정

음 情勢 정세 情緒 정서 感情 감정 愛情 애정

精 정할 정: 깨끗하게(青) 쌀(米)을 찧다. 또는 얇게 찧은 쌀(米)은 표면이 푸르다(青)

＊ 정하다: 맑고 깨끗하다

음 精神 정신 精密 정밀 妖精 요정 精進 정진 丹精 정성을 들임

晴 갤 청: 날(日)이 푸르다(青)=개다

음 晴天 맑은 하늘 快晴 쾌청

清 맑을 청: 물(氵=水)이 푸르다=맑다

음 清潔 청결 清酒 청주 清掃 청소 清浄＝せいじょう 청정

請 청할 청: 맑고 깨끗한(青) 말(言)로 정중하게 청하다

爭 다툴 쟁: 양손(爪+크)으로 갈고리(亅 갈고리 궐)를 들고 다투다=싸우다

＊크=크=彑(돼지머리 계): 돼지의 주둥이는 사람의 손 역할

争 다툴 쟁: 사람(⺈=人 사람 인)이 손(크)에 갈고리(亅)를 들고 다투다=싸우다

음 争奪 쟁탈 争点 쟁점 戦争 전쟁 競争 경쟁

浄 깨끗할 정: 물(氵=水)이 서로 다투듯이(争) 흘러내리면서 깨끗해지다

음 浄化 정화 清浄 청정=맑고 깨끗함 洗浄 세정=세척

静 고요할 정: 다툼(争)이 끝나니 깨끗하게(青) 고요해지다

음 静止 정지 静粛 정숙 冷静 냉정 安静 안정 静脈 정맥

害 해할 해: 집(宀 집 면)에서 이런저런 말(口)이 무성하면(丰 풀 무성할 개) 해롭다

음 害虫 해충 被害 피해 災害 재해 妨害 방해

割 벨 할: 해(害)가 되는 것을 칼(刂)로 베어내다

음 割愛 할애 割賦 할부 割腹 할복 分割払い 할부

轄 다스릴 할: 차(車)를 타고 다니면서 해(害)가 되는 지역을 다스리다

음 管轄 관할 直轄 직할 総轄 총할=전체를 두루 살펴봄

憲 법 헌: 해(宝)가 되는 사람을 눈(罒=目)으로 찾아내어 양심(心)에 따라 벌을 주다

＊宝는 害의 획 줄임

음 憲法 헌법 憲兵 헌병 合憲 합헌 違憲 위헌

育 **기를 육**: 산모 몸(月 육달 월)에서 머리(亠)부터 거꾸로 나오는 아이를 손(厶)으로 받아서(厶) 기르다

* 厶(사사 사): 팔을 몸 안쪽으로 굽혀서 끌어당기는 모습

음 育児 육아　育成 육성　教育 교육　体育 체육

徹 **통할 철**: 자식 교육(育)을 하기 위해서는 회초리로 때려서라도(攵 칠 복) 직접 데리고 다니면서(彳 걸을 척) 세상의 물리가 통할 때까지 철저하게 해야 한다

음 徹夜 철야　徹底 철저　冷徹 냉철　貫徹 관철

撤 **거둘 철**: 때려서(攵 칠 복) 기른(育) 자식을 손(扌=手)으로 거두다

음 撤収 철수　撤回 철회　撤去 철거　撤廃 철폐

棄 **버릴 기**: 기르던(育) 아이를 나무(木)로 만든, 손잡이(一)가 있는 들것(凵+一)에 담아서 버리다

음 棄却 기각　棄権 기권　廃棄 폐기　放棄 방기=포기

充 **채울 충**: 태어난(厶) 아기 배에 어미(儿 사람 인)가 젖을 채우다

* 厶: 산모 몸에서 머리(亠)부터 거꾸로 나오는 아이를 손(厶)으로 받는(厶) 모습

음 充分 충분　充電 충전　補充 보충　拡充 확충

銃 **총 총**: 쇠(金) 탄환을 채워서(充) 쏘는 총. 또는 쇠(金)에 화약을 채워서(充) 쏘는 총

음 銃 총　銃弾 총탄　拳銃 권총　猟銃 엽총

統 **거느릴 통**: 실타래(糸)에 가득 채운(充) 실을 풀기 위해서는 그것을 거느리는 실마리를 찾아야 한다

음 統一 통일　統治 치통　伝統 전통　系統 계통

流 흐를 류: 출산(厽) 때 흘러내리는(川) 물(氵=水)=양수

음 流行 유행　流通 유통　交流 교류　一流 일류　流布 유포

硫 유황 류: (불을 가하면) 흘러내리는(厹) 돌(石)=유황

음 硫酸 황산　硫黄 유황

唐 당황할/당나라 당: 집(广 집 엄)에서 손(크)에 회초리(丨)를 들고 입(口 입 구)으로 크게 고함을 지르니 당황스럽다[당황할 당]. (당시의 입장에서) 크고 좋은 당나라[당나라 당]

음 唐 당나라　唐辛子 고추　唐詩 당시　唐突 당돌　遣唐使 견당사

糖 엿 당: 쌀(米)로 만든, 달고 맛이 좋은(唐) 엿

음 糖分 당분　糖尿病 당뇨병　砂糖 사탕　製糖 제당

柳 버들 류: 나무(木) 중에서 왕성하게(卯) 빨리 자라는 버드나무

＊卯(묘): 12지지 4번째 토끼, 아침 5시~7시. 아침에 토끼가 문을 양쪽으로 활짝 열어놓고 왕성하게(卯) 풀을 먹는 모습

음 花柳界 화류계

卵 알 란: 수정을 위해 정자(丶)와 난자(丶)가 마주 보고 왕성하게(卯) 움직이는 모습=알

음 産卵 산란　鶏卵 계란＝달걀

留 머무를 류: 왕성하게(卯) 일하면서 밭(田 밭 전)에 머무르다

음 留学 유학　留意 유의　保留 보류　残留 잔류　留守 부재중

瑠 **맑은 유리 류**: 옥(王) 중에서도 푸른빛이 왕성한(卯) 유리=청금석(青金石)

    * 청금석: 유리처럼 투명하고 광택이 있는 군청색 또는 담청색의 보석

    * 王(임금 왕): 玉(구슬 옥)의 획 줄임

    음   瑠璃 칠보의 하나=청금석

貿 **무역할 무**: 문을 활짝 열어놓고 왕성하게(卯) 재화(貝)를 바꾸어서 무역하다

    음   貿易 무역   貿易風 무역풍   貿易港 무역항

冒 **무릅쓸 모**: 눈(目)에 가리개(日)를 씌우면 위험하다=무릅쓰다

    음   冒險 모험   冒涜 모독   冒頭 모두=첫머리

帽 **모자 모**: 머리에 수건(巾 수건 건)을 덮어쓰다(冒)=모자

    음   帽子 모자   帽章 모장=모표   脱帽 탈모

漫 **흩어질 만**: 물(氵=水)을 끌어와서(曼) 사방으로 뿌리니 질펀하게 흩어지다=넘치다
=마음대로

    * 曼(끌 만): 햇볕(日) 밑에서 눈(目)을 감고 손(又)을 늘어뜨리고 있는 모습=게으르
다=일 따위를 질질 끌다

    음   漫画 만화   漫才 만담   浪漫 낭만

慢 **거만할 만**: 자신의 마음(忄=心)이 끌리는(曼) 데로만 하니 거만하다

    음   慢性 만성   自慢 자만   我慢 참음   高慢 거만함

母 **어머니 모**: 아이를 안고 젖(ヽヽ)을 먹이는 여자(女)=어머니

    음   母校 모교   母国 모국   母性 모성   母音 모음   母乳 모유

每 매양 매: 장식용 비녀(亠)를 하나 꽂은 평범한 어머니(母) 모습. 어머니는 자식에 대한 애정이 매양(항상) 변함이 없다

每 매양 매: 매양 비녀를 꽂은 어머니

음 每度 매번　每朝 매일 아침　每日 매일　每週 매주　每月 = まいつき 매월

毒 독 독: 장식용 비녀를 세 개 이상 화려하게(丰 예쁠 봉) 꽂은 여인(母)은 남자를 파멸로 이끄는 독과 같은 존재이다

* 毒(음란할 애): 장식용 비녀 두 개를 꽂은 여인(母)

음 毒薬 독약　消毒 소독　中毒 중독　解毒 해독

梅 매화 매: 출산의 고통을 인내한 어머니(每)처럼, 겨울의 추위를 견디고 이른 봄에 꽃을 피우는 매화나무(木)

음 梅雨 = つゆ 장마

侮 업신여길 모: 자식(人)이 나이가 많은 어머니(每)를 업신여기다

음 侮蔑 모멸　侮辱 모욕　侮辱罪 모욕죄

敏 민첩할 민: 자식을 민첩하게 움직이게 하는 어머니(每)의 회초리(攵 칠 복)

음 敏感 민감　敏捷 민첩　過敏 과민　鋭敏 예민

繁 번성할 번: 민첩하게(敏) 실(糸)을 짜니 가정이 번성한다

음 繁盛 번성　繁栄 번영　繁華街 번화가　頻繁 빈번

海 바다 해: 물(氵=水)의 어머니(每)=바다

음 海外 해외　海水浴 해수욕

悔 뉘우칠 회: 어머니(每)의 마음(忄=心)을 헤아리지 못한 것에 대한 뉘우침

음 悔恨 회한 = 뉘우침　後悔 후회　懺悔 참회

北 북녘 북/달아날 배: 두 사람이 등을 지고 달아나는 모습[달아날 배]. 달아나서 가는 곳은 추운 북쪽[북녘 북]

음 北東 ^{ほくとう} 북동 北上 ^{ほくじょう} 북상 北極 ^{ほっきょく} 북극 北海道 ^{ほっかいどう} 홋카이도 敗北 ^{はいぼく} 패배

背 등 배: 서로 등지고(北) 있는 몸(月 육달 월)=등

음 背後 ^{はいご} 배후 背景 ^{はいけい} 배경 背信 ^{はいしん} 배신 背任 ^{はいにん} 배임＝임무를 저버림

奔 달릴 분: 사람(大)이 풀밭(卉) 위를 높이 뛰어서 달리다

* 大(큰 대): 사람이 사지를 크게 벌리고 있는 모습

* 卉(풀 훼): 많은(十) 풀(艹)=풀밭

음 狂奔 ^{きょうほん} 광분 東奔西走 ^{とうほんせいそう} 동분서주

噴 뿜을 분: 입(口)으로 높이(賁) 내뿜다

* 賁(클 분): 많은 풀(卉)이 조개무덤(貝)처럼 높이 솟아오르다

음 噴水 ^{ふんすい} 분수 噴射 ^{ふんしゃ} 분사 噴火 ^{ふん か} 분화 噴出 ^{ふんしゅつ} 분출

憤 분할 분: 마음(忄=心)에 높이 쌓은 조개무덤(賁)처럼 큰 응어리가 들어있으니 분하다

음 憤慨 ^{ふんがい} 분개 憤激 ^{ふんげき} 분격＝격분 憤怒＝ふんど 분노 義憤 ^{ぎふん} 의분 鬱憤 ^{うっぷん} 울분

墳 무덤 분: 흙(土)을 조개무덤(賁)처럼 높이 쌓아서 만든 무덤

음 墳墓 ^{ふん ぼ} 분묘＝무덤 古墳 ^{こ ふん} 고분

深 깊을 심: 물(氵=水)이 깊다(罙)

* 罙(점점 미): 위쪽이 덮인(冖 덮을 멱) 동굴 속을 사람(儿 사람 인)이 나무(木)로 횃불을 밝혀 점점 깊은 곳으로 들어가다

| | 深海 심해　深夜 심야　深刻 심각　水深 수심 |

探 찾을 탐: 손(扌=手)을 깊이(罙) 넣어서 찾다

음 　探検 탐험　探偵 탐정　探索 탐색　探究 탐구

沈 잠길 침: 물(氵=水)이 사람(人)을 덮어서(冖 덮을 멱) 오도 가도 못하고 잠기다=머물다

＊잠기다: 물이 높이 차 있는 상태

음 　沈没 침몰　沈黙 침묵　撃沈 격침　意気消沈 의기소침

枕 베개 침: 머리에 나무토막(木)이 머물다(尤)=베개=목침

훈 　枕 베개　腕枕 팔베개

佛 부처 불: 사람(人)이면서도 사람이 아닌(弗) 부처

＊弗(아닐 불): 하나의 활(弓)로 두 개의 화살(丨丨)을 한꺼번에 쏘는 것이 아니다

＊참고로, 미국 화폐 $(달러)를 弗(불)로 표기하는 것은 시각적 유사성 때문

仏 부처 불: 사람(人)을 불러보아서(厶) 계도하는 부처

＊厶(사사 사): 팔을 몸 안쪽으로 굽혀서 끌어당기는 모습

음 　仏像 불상　仏教 불교　石仏 석불　大仏 대불

払 떨칠 불: 손(扌=手)과 손(厶), 즉 두 손으로 떨쳐 내다

음 　払拭 불식

費 쓸 비: 돈(貝)을 다 써서 없애다(弗)

음 　費用 비용　経費 경비　食費 식비　消費 소비

沸 끓을 비: 물(氵=水)이 끓으면 물이 아닌(弗) 기체로 변한다

음 沸騰 비등＝끓어오름　沸点 끓는점　煮沸 자비＝펄펄 끓음

必 반드시 필: 심장(心)에 칼(丿)을 꽂으면 반드시 죽는다. 반드시＝빈틈없이＝빽빽하게

음 必要 필요　必修 필수　必読 필독　必然 필연

密 빽빽할 밀: 산속(山)의 집(宀)을 빈틈없이(必) 잠그니 한적하고 은밀하다

음 密約 밀약　密猟 밀렵　秘密 비밀　過密 과밀

蜜 꿀 밀: 집=벌통(宀) 안에서 빈틈없이 빽빽하게(必) 붙어서 사는 벌레(虫)=벌. 나아
가 벌이 만든 꿀

음 蜂蜜 벌꿀　蜜月 밀월　蜜柑 귤

秘 숨길 비: 벼(禾 벼 화)를 추수하면 반드시(必) 은밀한 장소에 숨겨야 한다

음 秘密 비밀　秘書 비서　極秘 극비　神秘 신비

泌 분비할 비: 몸에 물(氵=水)이 빽빽하게(必) 차면 분비한다＝분비물이 나온다

음 分泌＝ぶんぴ 분비　泌尿器科 비뇨기과

先 먼저 선: 사람(儿 사람 인)이 소(生)보다 먼저 나간다. 또는 소(生)가 사람(儿)보다 먼
저 나간다

＊生는 牛(소 우)의 획 줄임

음 先生 선생님　先週 지난주　先月 지난달　先輩 선배

洗 씻을 세: 사람이 집에 들어오면 먼저(先) 물(氵=水)로 발을 씻는다

음 洗剤 세제　洗濯 세탁　洗浄 세정　洗顔 세안

述 펼 술: 삽주 뿌리(朮)처럼 여러 갈래로 뻗어나가다(辶 갈 착)=펼치다

＊朮(삽주 뿌리 출): 국화과에 속하는 여러해살이풀. 뿌리는 굵고 마디가 있으며 줄기 뒷부분에서 많은 가지가 갈라진다

음 述語 술어　記述 기술　陳述 진술　詳述 상술

術 재주 술: 삽주 뿌리(朮)처럼 여러 갈래로 뻗어나가는(行 갈 행) 재주

음 芸術 예술　手術 수술　技術 기술

崩 무너질 붕: (지진 등으로) 산(山)이 양쪽(朋)으로 무너지다

＊朋(벗 붕): 두 사람의 몸(月 육달 월)이 양쪽(朋)으로 나란히 서 있으니 벗

음 崩壊 붕괴　崩落 폭락　崩御 붕어＝승하

棚 사다리 붕: 나무(木)를 양쪽(朋)으로 묶어서 만든 사다리

음 棚 선반＝시렁　本棚 책장　食器棚 식기 선반　大陸棚 대륙붕

牙 어금니 아: 코끼리 어금니를 본뜬 모습=상아

음 牙城 아성＝중요한 근거지　象牙 상아

邪 간사할 사: 고을(阝 고을 읍)에서 어금니(牙)로 남을 씹고 다니는 사람은 간사하다

음 邪魔 방해　邪悪 사악　風邪 감기

芽 싹 아: 풀(艹)의 싹이 어금니(牙)처럼 뾰족하게 돋아나다

음 発芽 발아　萌芽 맹아＝싹틈

263

雅 **맑을 아**: 새(隹 새 추) 소리가 상아(牙)가 부딪히는 소리처럼 맑다

음 雅楽 아악 優雅 우아 風雅 풍아＝ 서화나 문장 등에 취미나 소양이 있음

亞 **버금 아**: 사면을 둘러싼 중국의 큰 주택을 그린 모습. 하지만 궁궐에는 비할 바가 안 되는 버금＝2류

亜 **버금 아**: 사면을 둘러싼 중국의 큰 주택을 그린 모습. 하지만 궁궐에는 비할 바가 안 되는 버금＝2류

음 亜鉛 아연 亜熱帯 아열대 亜細亜 아시아

悪 **악할 악/미워할 오**: 버금(亜)인 2류의 마음(心)은 으뜸인 1류에 대한 악하고[악할 악] 미워함[미워할 오]

음 悪意 악의 悪化 악화 極悪 극악 悪寒 오한 嫌悪 혐오

愛 **사랑 애**: 손(爪 손톱 조)으로 뛰는 심장(心)을 누르고(冖 덮을 멱) 떠나지 못하고 서성거리는(夊 천천히 걸을 쇠) 사랑

음 愛情 애정 愛着 애착 親愛 친애 恋愛 연애 愛する 사랑하다

曖 **희미할 애**: 뜨거운 사랑(愛)도 날(日)이 지나면 희미해진다＝식는다

음 曖昧 애매

樂 **즐길 락/노래 악**: 손잡이(ˋ)가 있는 악기(白)에 가는 줄(幺 작을 요)을 맨 현악기를 나무(木) 받침대에 올려놓고 즐겁게 노래하다

＊絲(실 사)를 반으로 줄인 糸(가는 실 사), 糸를 반으로 줄인 幺(작을 요)

楽 **즐길 락/노래 악**: 손잡이(ˋ)가 있는 악기(白)를 나무(木) 받침대에 올려놓고 연주하

니[노래 악], 그 소리가 사방(+)으로 울려 퍼지다=즐겁다[즐거울 락]

- 음 <ruby>楽園<rt>らくえん</rt></ruby> 낙원 <ruby>楽々<rt>らくらく</rt></ruby> 편안히 <ruby>音楽<rt>おんがく</rt></ruby> 음악 <ruby>声楽<rt>せいがく</rt></ruby> 성악

薬 약 약: 환자를 즐겁게(楽) 하는 풀(艹)=약

- 음 <ruby>薬品<rt>やくひん</rt></ruby> 약품 <ruby>薬物<rt>やくぶつ</rt></ruby> 약물 <ruby>火薬<rt>かやく</rt></ruby> 화약

約 맺을 약: 실(糸)을 국자(勺)처럼 구부려서 매듭을 맺다

* 勺(구기 작): 소량(丶)의 물을 담는(勹 쌀 포) 작고 굽은 국자

- 음 <ruby>約束<rt>やくそく</rt></ruby> 약속 <ruby>予約<rt>よやく</rt></ruby> 예약 <ruby>契約<rt>けいやく</rt></ruby> 계약 <ruby>要約<rt>ようやく</rt></ruby> 요약

的 과녁 적: 중심에 있는 흰색(白)이 국자(勺)처럼 작게 칠해진 과녁

- 음 <ruby>的中<rt>てきちゅう</rt></ruby> 적중 <ruby>的確<rt>てきかく</rt></ruby> 적확 <ruby>目的<rt>もくてき</rt></ruby> 목적 <ruby>具体的<rt>ぐたいてき</rt></ruby> 구체적

釣 낚시 조: 쇠(金)를 국자(勺)처럼 구부린 갈고리로 물고기를 낚다

- 음 <ruby>釣魚<rt>ちょうぎょ</rt></ruby> 조어=낚시질

均 고를 균: 흙(土)을 손으로 싸서(勹) 양쪽의 높이가 똑같게 고르다(二). 즉 흙(土)을 고르다(勻 고를 균)

- 음 <ruby>均衡<rt>きんこう</rt></ruby> 균형 <ruby>均一<rt>きんいつ</rt></ruby> 균일 <ruby>均等<rt>きんとう</rt></ruby> 균등 <ruby>平均<rt>へいきん</rt></ruby> 평균

升 되 승: 곡식(丿) 따위를 두 손(廾 두 손으로 받들 공)으로 퍼 올려서 담는 되

- 음 <ruby>一升<rt>いっしょう</rt></ruby> 한 되 <ruby>一升瓶<rt>いっしょうびん</rt></ruby> 한 되 병

昇 오를 승: 해(日)처럼 높이 오르다(升)

- 음 <ruby>昇進<rt>しょうしん</rt></ruby> 승진 <ruby>昇華<rt>しょうか</rt></ruby> 승화 <ruby>昇給<rt>しょうきゅう</rt></ruby> 승급 <ruby>上昇<rt>じょうしょう</rt></ruby> 상승

飛 날 비: 새(乙 새 을)가 날개(羽 깃 우)로 떠올라서(升) 날다

음 飛行機 ^{ひこうき} 비행기   飛躍 ^{ひやく} 비약   突飛 ^{とっぴ} 엉뚱함＝별남

斗 말 두: 북두칠성처럼 생긴 큰 국자＝말

음 斗酒 ^{としゅ} 두주＝말술   北斗七星 ^{ほくとしちせい} 북두칠성

科 과목 과: 벼(禾 벼 화)를 말(斗)로 되어 나누다＝과목＝분류한 조목

음 科学 ^{かがく} 과학   科目 ^{かもく} 과목   教科書 ^{きょうかしょ} 교과서   学科 ^{がっか} 학과

斜 비낄 사: 담고 남(余)은 곡식은 되(斗)를 비스듬히 기우려서 들어낸다. 비끼다＝비스듬하게 놓다

＊余(남을 여): 객사(余)에서 손님을 위해 음식을 남기다

음 斜面 ^{しゃめん} 경사면   斜線 ^{しゃせん} 사선   斜陽 ^{しゃよう} 사양＝쇠퇴   傾斜 ^{けいしゃ} 경사

王 임금 왕: 천(一)·지(一)·인(一)을 꿰뚫는(丨) 왕

음 王様 ^{おうさま} 임금님   大王 ^{だいおう} 대왕   国王 ^{こくおう} 국왕   王子 ^{おうじ} 왕자

皇 임금 황: 왕(王) 중에서도 머리카락이 더 흰(白 흰 백) 우두머리 왕＝황제

음 皇帝 ^{こうてい} 황제   皇居 ^{こうきょ} 황거   皇室 ^{こうしつ} 황실   皇子 ^{おうじ} 황자＝천황의 아들

旺 왕성할 왕: 왕(王)처럼 널리 빛(日)을 발하니 만물의 성장이 왕성하다

음 旺盛 ^{おうせい} 왕성

弄 희롱할 롱: 옥(王)을 손에 들고(廾 두 손으로 받들 공) 놀다＝희롱하다

＊王: 玉(구슬 옥)의 획 줄임

음 愚弄 ^{ぐろう} 우롱   嘲弄 ^{ちょうろう} 조롱   翻弄 ^{ほんろう} 농락

微 작을 미: 걸어서(彳 걸을 척) 산(山)으로 가서 책상(几)을 만들기 위해 나무를 치고 (攵 칠 복) 보니 너무 작다

음 微妙 미묘 微生物 미생물 微熱 미열 微細 미세

徵 부를 징: 전장에서 산(山)으로 도망간(彳 걸을 척) 병사를 몽둥이로 때려서(攵 칠 복) 잡아 왕(王)의 명령으로 불러들이다=징집하다

음 徵収 징수 徵兵 징병 象徵 상징 特徵 특징

懲 징계할 징: 불러들여서(徵) 마음(心)을 고쳐먹게 징계하다

음 懲戒 징계 懲罰 징벌 懲役 징역 懲悪 징악

玉 구슬 옥: 임금(王)이 곁에 두고 아끼는 물건(丶)=옥구슬

음 玉石 옥석 玉体 옥체

寶 보배 보: 집(宀 집 면)에 옥(王)과 재화(貝)가 장군(缶 장군 부) 안에 잔뜩 쌓여있는 모습=보배

* 王는 玉의 획 줄임

* 장군: 액체를 담는 그릇의 하나=can

宝 보배 보: 집(宀 집 면)에 있는 옥(玉)은 가정의 보배

음 宝石 보석 国宝 국보 家宝 가보

爽 시원할 상: 사람(大)의 양쪽 겨드랑이에 성글게 짠(爻 사귈 효) 베를 넣어 시원한 바람이 통하게 하다

음 爽快 상쾌

璽 **옥새 새**: 왕이 가까이(爾)에 두고 사용하는, 옥(玉)으로 만든 도장=옥새

*爾(너 이): '너'는 2인칭 대명사=가깝다

음 御璽 _{ぎょじ} 옥새　国璽 _{こくじ} 국새　玉璽 _{ぎょくじ} 옥새

彌 **미륵 미**: 가까이(爾) 있는 중생을 활(弓)의 길이처럼 길게 구제하는 미륵

弥 **미륵 미**: 가까이(尔) 있는 중생을 활(弓)의 길이처럼 길게 구제하는 미륵

*尔는 爾(너 이)의 생략형.

*미륵: 미륵보살의 준말=돌부처

음 弥勒 _{みろく} 미륵　弥勒菩薩 _{みろくぼさつ} 미륵보살

稱 **일컬을 칭**: 벼(禾)를 손(爪=爪)으로 저울(冉)에 올려서 그 무게를 일컫다=부르다=칭하다

称 **일컬을 칭**: 벼(禾)를 사람(人)이 저울(小)로 재어서 그 무게를 일컫다

음 称賛 _{しょうさん} 칭찬　名称 _{めいしょう} 명칭　対称 _{たいしょう} 대칭　称する _{しょう} 칭하다

戀 **그리워할 련**: 마음(心)이 어지러울(䜌) 정도로 그리워하다

*䜌(어지러울 련): 그리워서 말(言)이 실타래(絲)가 꼬이듯이 횡설수설하다

*횡설수설: 조리가 없이 되는대로 지껄임

恋 **그리워할 련**: 그립고 또(亦) 그리운 마음(心)

*亦(또 역): 사람(大)이 겨드랑이 양쪽(八)에 또 뭔가를 끼고 있는 모습

음 恋愛 _{れんあい} 연애　恋情 _{れんじょう} 연정　失恋 _{しつれん} 실연　悲恋 _{ひれん} 비련

蛮 **오랑캐 만**: 또(亦) 자꾸만 벌레(虫)처럼 달려드는 오랑캐

음 蛮行 _{ばんこう} 만행　野蛮 _{やばん} 야만

湾 **물굽이 만**: 물(氵=水)이 또(亦) 잇달아 활(弓)처럼 굽어 흐르는 물굽이

湾曲 만곡＝활처럼 굽음　港湾 항만　台湾 대만＝타이완

変 변할 변: 또(亦) 잇달아 때리면(攵 칠 복) 변한다

음 変化 변화　変更 변경　大変 큰일＝대단함　異変 이변

跡 발자취 적: 발(足)로 밟고 또(亦 또 역) 밟아서 만들어진 발자취

음 遺跡 유적　追跡 추적　筆跡 필적　奇跡 기적

赤 붉을 적: 큰(土) 불꽃(灬=火)이 타오르는 모습＝붉다

* 土는 大의 변형

음 赤十字 적십자　赤道 적도

赦 용서할 사: 붉은(赤) 색으로 명단에 표기하고 호통을 친(攵 칠 복) 후에 용서하다＝사면하다

음 赦免 사면　大赦 일반 사면　容赦 용서　特赦 특사＝특별사면

嚇 성낼 혁: 입(口)으로 불호령(赤赤)을 내리다＝성내다

음 威嚇 위협

木 나무 목: 가지가 달린 나무 모습

음 木曜日 목요일　木造 목조　木材 목재　土木 토목

森 수풀 삼: 나무(木)가 빽빽하게 많이 모여 있는 수풀

음 森林 삼림

枚 **낱 매**: 나무(木)를 도끼로 쳐서(攵 칠 복) 갈라진 하나하나=낱개

음 枚数 매수   枚挙 하나하나 셈   一枚 한 매=한 장   何枚 몇 매

床 **평상 상**: 집(广 집 엄)에서 나무(木)로 만든 평상

음 起床 기상   臨床 임상   病床 병상   温床 온상

条 **가지/조목 조**: 나무(木)에서 천천히(攵 뒤져서 올 치) 자라나는 가지=조목

＊조목: 하나하나의 항목이나 조항

음 条件 조건   条例 조례   条約 조약   信条 신조

休 **쉴 휴**: 사람(人)이 나무(木) 밑에서 쉬다

음 休日 휴일   休学 휴학   休憩 휴게   休刊 휴간

栃 **상수리나무 회**: 사람(人)이 상수리나무(木)에 수없이 많이(万) 달린 상수리 열매를 따다

＊상수리 열매는 도토리의 한 종류

훈 栃木県 도치기현

林 **수풀 림**: 나무(木)가 모여 있는 수풀

음 林野 임야   林業 임업

禁 **금할 금**: 신(示=ネ)을 모신 곳에 나무(林)로 엮은 울타리를 만들어 출입을 금하다

음 禁止 금지   禁煙 금연   解禁 해금=금지령을 해제   厳禁 엄금   禁じる 금하다

襟 **옷깃 금**: 여자의 옷깃(ネ=衣)은 출입 금지(禁)

* 옷깃: 옷의 목을 둘러 앞에서 여밀 수 있게 댄 부분=칼라(collar)

음 胸襟 흉금＝가슴속에 품은 생각

鬱 막힐 울: 워낙 획수가 많고 어원도 명확하지 않아 일본에서도 대부분이 가나글자 うつ로 표기하고 있음

음 うつ病 우울증　憂うつ 우울　沈うつ 침울

근본 본: 나무(木)의 아랫부분(一)에 있는 둥근 뿌리=근본

음 本 책　本屋 책방　本気 진심　本物 진짜　日本＝にっぽん 일본

鉢 바리때 발: 쇠(金)를 둥글게(本) 만든 승려의 공양 그릇=바리때

음 植木鉢 화분　火鉢 화로

體 몸 체: 뼈(骨)와 풍성한(豊 풍성할 풍) 살=몸

体 몸 체: 사람(人)의 근본(本)은 몸

음 体育 체육　体力 체력　身体 신체　肉体 육체　世間体 세상에 대한 체면

삼나무 삼: 머리카락(彡 터럭 삼)이 자라듯이 쑥쑥 높이 자라는 나무(木)=삼나무

훈 杉 삼나무　杉並木 삼나무 가로수　杉花粉 삼나무 꽃가루

診 진찰할 진: 의사(人)가 말(言)로써 머리카락(彡)처럼 꼼꼼하게 물어서 진찰하다

음 診察 진찰　診療 진료　診断 진단　聴診 청진

珍 보배 진: 사람(人)의 머릿결(彡)처럼 윤이 나는 옥(王)은 보배다

* 王(임금 왕): 玉(구슬 옥)의 획 줄임

* 보배: 매우 귀하고 소중한 물건 또는 사람

🔊 珍味 ^{ちんみ} 진미　珍品 ^{ちんぴん} 진품　珍奇 ^{ちんき} 진기

参 **참여할 참/석 삼:** 머리카락(彡)처럼 많은 사람(人)이 손(厶)에 손(厶)을 잡고 모이다=
참여하다

* 厶(사사 사): 팔을 몸 안쪽으로 굽혀서 끌어당기는 모습

参 **참여할 참/석 삼:** 머리카락(彡)처럼 많은 사람(人)이 손(厶)을 잡고 모이다=참여하다

* 参(석 삼)은 숫자 三의 변조 장치

🔊 参加 ^{さんか} 참가　参考 ^{さんこう} 참고　降参 ^{こうさん} 항복　持参 ^{じさん} 지참

三 **석 삼:** 막대기 3개를 늘어놓은 모습

🔊 三年 ^{さんねん} 3년　三年生 ^{さんねんせい} 3학생　三人 ^{さんにん} 세 명　三枚 ^{さんまい} 세 장

惨 **참혹할 참:** 참여하고(参) 싶지만 가지 못하는 마음(忄=心)=참혹하다

🔊 惨劇 ^{さんげき} 참극　惨状 ^{さんじょう} 참상　悲惨 ^{ひさん} 비참　惨殺 ^{ざんさつ} 참살

机 **책상 궤:** 나무(木)에 기대어(几) 공부하는 책상

* 几(안석 궤): 앉아서 몸을 뒤로 기대는 데 사용하는 방석

🔊 机上 ^{きじょう} 탁상

肌 **살 기:** 몸(月 육달 월)에 기대고(几) 있는 살=피부

🔊 肌 ^{はだ} 피부=살갗　肌色 ^{はだいろ} 피부색　鳥肌 ^{とりはだ} 닭살=소름

飢 **주릴 기:** 밥(食 밥 식)을 못 먹어서 바로 서지도 못하고 뭔가에 기대다(几)=주리다

🔊 飢餓 ^{きが} 기아　飢饉 ^{ききん} 기근

冗 **쓸데없을 용**: 이불(冖 덮을 멱)에 기대어(几), 즉 이불을 뒤집어쓰고 밤새도록 쓸데없는 농담만 하다

음 冗談 농담

處 **곳 처**: 호랑이(虍)가 머무르는 곳(処)=처=장소

* 虍는 虎(범 호)의 획 줄임

* 処는 處의 원래 글자

処 **곳 처**: 천천히 걸어서(夂 뒤져올 치) 안석(几)처럼 편한 곳에 앉다

음 処理 처리 処分 처분 処罰 처벌 対処 대처

據 **근거 거**: 손(扌)으로 호랑이(虍)나 멧돼지(豕)와 같은 맹수와 싸워서 그 근거지를 차지하다

拠 **근거 거**: 손(扌=手)이 닿는 곳(処)에 있는 근거

음 根拠 근거 依拠 의거 占拠 점거 証拠 증거

凡 **무릇 범**: 배의 돛을 그린 모습. 돛은 바람을 받기 위해 무릇 폭이 넓다

* 무릇: 대강, 모두, 보통, 평범, 일반적으로

음 凡人 범인 非凡 비범 平凡 평범 凡例 범례

汎 **넓을 범**: 물(氵=水)이 돛(凡)처럼 넓게 퍼지다

음 汎用 범용＝여러 방면에 씀 汎論 범론＝통론

帆 **돛 범**: 천(巾 수건 건)으로 만든 돛(凡)

음 帆船 범선 出帆 출범

風 **바람 풍**: 무릇(보통)(凡) 바람이 불면 벌레(虫 벌레 충)가 많이 날아다닌다

음 風景 풍경 風呂 목욕탕

嵐 **남기 람**: 원래는 깊은 산(山)에 생기는 깨끗하고 수려한 바람(風)=남기. 일본에서는 '폭풍우'의 뜻으로 사용

   음 晴嵐(せいらん) 상쾌한 바람

恐 **두려울 공**: 위험한 공사(工 장인 공)에 강제로 동원된 평범한(凡) 인부들의 마음(心)=두렵다

   음 恐怖(きょうふ) 공포　恐慌(きょうこう) 공황　恐竜(きょうりゅう) 공룡　恐縮(きょうしゅく) 죄송하게 여김

築 **쌓을 축**: 무릇(凡) 장인(工)은 대(竹)와 나무(木)로 집을 짓고 축대를 쌓는다

   음 築造(ちくぞう) 축조　建築(けんちく) 건축　新築(しんちく) 신축　増築(ぞうちく) 증축

米 **쌀 미**: 88세를 미수(米壽)라 하듯이, 재배에 약 88일(八十八)이 걸리는 쌀=벼

   음 米国(べいこく) 미국　米寿(べいじゅ) 미수　白米(はくまい) 백미　玄米(げんまい) 현미　新米(しんまい) 햅쌀

菊 **국화 국**: 꽃이 쌀알(米)을 한 움큼 쥐고(勹 쌀 포) 있는 모습의 풀(艹)=국화

   음 菊(きく) 국화　野菊(のぎく) 들국화　春菊(しゅんぎく) 쑥갓

料 **헤아릴 료**: 쌀(米)을 말(斗 말 두)로 헤아려서 값을 받다

   음 料理(りょうり) 요리　料金(りょうきん) 요금　無料(むりょう) 무료　材料(ざいりょう) 재료　史料(しりょう) 사료

類 **무리 류**: 쌀밥(米)을 먼저 먹기 위해 머리(頁 머리 혈)를 맞대고 달려드는 개(犬)의 무리

類 **무리 류**: 쌀밥(米)을 먼저 먹기 위해 머리(頁 머리 혈)를 맞대고 달려드는 사람(大)의 무리

   음 書類(しょるい) 서류　種類(しゅるい) 종류　人類(じんるい) 인류　分類(ぶんるい) 분류

迷 **미혹할 미**: 쌀(米)을 흩어놓은 것처럼, 길(辶 갈 착)이 여러 갈래로 뻗어있어 갈피를 잡지 못하다=미혹하다

* 미혹하다: 무엇인가에 홀려 정신을 차리지 못하거나, 정신이 헷갈려 갈팡질팡 헤매는 상태

［음］ 迷路 미로　迷惑 폐=성가심　混迷 혼미　低迷 침체　迷子 미아

謎 **수수께끼 미**: 말(言)로써 미혹시키는(迷) 수수께끼

［훈］ 謎 수수께끼　謎解き 수수께끼 풀기

奧 **깊을 오**: 사람(大)이 집(宀 집 면)에 있는 벼(禾 벼 화)를 깊이 숨기다

奥 **깊을 오**: 사람(大)이 집(宀 집 면)에 있는 쌀(米)을 깊이 숨기다

［음］ 奧義 비결

鳥 **새 조**: 꼬리가 긴 새를 그린 모습

［음］ 鳥類 조류　白鳥 백조　一石二鳥 일석이조

鷄 **닭 계**: 사내(夫 지아비 부)가 손(爫=爪 손톱 조)으로 잡은 새(鳥)=닭

［음］ 鷄卵 계란　鷄肉 닭고기　鷄舍 닭장　養鷄 양계

鳴 **울 명**: 새(鳥)가 입(口)으로 지저귀다=울다

［음］ 共鳴 공명　悲鳴 비명

島 **섬 도**: 철새(鳥)가 바다를 건너다가 쉬어서 가는 산(山)=섬

［음］ 島民 도민　列島 열도　無人島 무인도

雄 수컷 웅: 굉장히(厷) 힘이 센 새(隹)=수컷

＊厷(팔뚝 굉): ① ナ는 손, ② ム(사사 사): 팔을 몸 안쪽으로 굽혀서 끌어당기는 모습

＊隹(새 추): 꼬리가 짧은 새 모습

음 雄弁 ゆうべん 웅변　雄大 ゆうだい 웅대　雄姿 ゆうし 웅자=씩씩한 모습　英雄 えいゆう 영웅

誰 누구 수: 말(言)을 새(隹) 꼬리처럼 짧게 하니 누가 알아듣겠는가?

훈 誰 だれ 누구냐?

維 벼리 유: 실(糸)로써 새(隹)가 날아가지 못하게 묶어두는 줄=밧줄=벼리

＊벼리: 일이나 글에서 뼈대가 되는 줄거리

음 維持 いじ 유지　繊維 せんい 섬유

羅 벌일 라: 새(隹)를 잡기 위해 실(糸)로 만든 그물(罒 그물 망)을 벌이다

＊벌이다: 옆으로 하나씩 하나씩 놓아서 모두 잘 보이게 하다=늘어놓다

음 羅針盤 ら しんばん 나침반　羅列 られつ 나열　網羅 もうら 망라

唯 오직 유: 새(隹)의 입(口)에서 나오는 소리는 오직 '짹' 뿐이다

음 唯物論 ゆいぶつろん 유물론　唯心論 ゆいしんろん 유심론　唯一 ゆいいつ 유일

準 준할 준: 횟대(十)에 앉아 있던 송골매(隹)가 먹이를 잡아채기 위해 거의 물(氵=水)에 닿을 높이로 날다. 즉 물에 닿은 것에 준해서 날다

＊준하다: 어떤 본보기에 비추어 그대로 좇다.

음 準備 じゅんび 준비　準優勝 じゅんゆうしょう 준우승　基準 きじゅん 기준　水準 すいじゅん 수준

准 승인할 준: 얼음(冫=氷 얼음 빙)이 얼어 철새(隹)가 이동하는 시기는 비슷비슷하다. 나아가 비슷비슷해서 별로 차이가 없으니 승인하다

＊準은 어느 수준에 가까운 것, 准은 어느 수준에 도달한 것

음 准教授 _{じゅんきょうじゅ} 준교수　批准 _{ひじゅん} 비준

進 나아갈 진: 새(隹)는 앞으로만 나아간다(辶 갈 착)

음 進化 _{しん か} 진화　進学 _{しんがく} 진학　前進 _{ぜんしん} 전진　先進国 _{せんしんこく} 선진국

集 모을 집: 새(隹)가 나무(木) 위에 모이다

음 集合 _{しゅうごう} 집합　集中 _{しゅうちゅう} 집중　募集 _{ぼしゅう} 모집　収集 _{しゅうしゅう} 수집

焦 탈 초: 새(隹)를 불(灬=火)로 태우다. 나아가 새를 태워서 구울 때는 태우지 않게 초조한 마음으로 지켜봐야 한다

음 焦点 _{しょうてん} 초점　焦燥 _{しょうそう} 초조

礁 암초 초: 바다에서 부딪히지 않도록 초조한(焦) 마음으로 피해야 하는 돌(石)=암초

음 暗礁 _{あんしょう} 암초　座礁 _{ざしょう} 좌초　珊瑚礁 _{さんごしょう} 산호초

催 재촉할 최: 사람(人)에게 높이(崔 높을 최) 오르라고 재촉하다. 나아가 높이 올라 잔치를 열다

* 崔(높을 최): 새(隹)가 산꼭대기(山)까지 높이 날다

* 催는 인위적으로 재촉하다. 促(재촉할 촉)은 서두르다

음 催促 _{さいそく} 재촉　催眠 _{さいみん} 최면　開催 _{かいさい} 개최　主催 _{しゅさい} 주최

推 밀 추: 손(扌=手)으로 새(隹)를 밀어서 날려 보내다

음 推移 _{すいい} 추이　推薦 _{すいせん} 추천　推理 _{すいり} 추리　類推 _{るいすい} 유추

椎 등골 추: 나무(木) 위에 앉아 있는 새(隹) 모습이 등골처럼 굽어있다

* 등골=등뼈: 척추의 한가운데로 고랑이 진 곳

음 脊椎 _{せきつい} 척추　頚椎 _{けいつい} 경추 = 목등뼈

脊 **등마루 척**: 脊의 윗부분은 등뼈(二+人+二), 月(육달 월)은 등살

 * 등마루: 등골뼈가 있는, 등의 가운데 두두룩하게 줄진 곳=등뼈=척추

 음 脊椎 척추 ^{せきずい} 脊髓 척수 脊柱 척주=등뼈

奮 **떨칠 분**: 어미(大) 품에 안겨있던 어린 새(隹)가 스스로 밭(田)에서 먹이를 찾기 위해 둥지를 떨쳐 나가다

 음 奮発 분발 奮起 분기 奮鬪 분투 興奮 흥분

奪 **빼앗을 탈**: 어미(大) 품에 안겨있던 어린 새(隹)가 찾은 먹이를 다른 큰 새가 손(寸)=발톱으로 빼앗다

 음 奪還 탈환 強奪 강탈 争奪 쟁탈

堆 **쌓을 퇴**: 새(隹)가 먹이와 함께 물어와서 쌓인 흙(土)=퇴비

 음 堆肥 퇴비 堆積 퇴적

稚 **어릴 치**: 새(隹)가 쪼아먹기 좋아하는 벼(禾 벼 화)의 어린싹

 음 稚拙 치졸 稚魚 치어 幼稚園 유치원

隻 **외짝 척**: 새(隹) 한 마리를 손(又)에 들고 있는 모습

 음 隻眼 외눈 一隻 한 척 二隻 두 척

雙 **두/쌍 쌍**: 새(隹) 한 쌍 즉 두 마리를 손(又)에 들고 있는 모습

双 **두/쌍 쌍**: 두 손(双)=쌍

 음 双生児 쌍생아 双眼鏡 쌍안경 双璧 쌍벽 双方 쌍방

桑 **뽕나무 상**: 누에를 키우기 위해 여러 사람의 손(又)으로 잎을 따는 나무(木)=뽕나무

 훈 桑 뽕나무 桑畑 뽕나무밭 桑の実 오디

携 이끌 휴: 둥지에 있는 새(隹)를 잡아서 끌어낼 때는 손(扌=手)이 빨라야(乃) 한다

* 乃(이에 내): 이러하여서 곧. 이에 ○○할 것이다=곧 ○○할 것이다

음 携帯 휴대 提携 제휴

獲 얻을 획: 사냥개(犭 개 견)를 풀어 풀숲(艹)에 있는 새(隹 새 추)를 손(又)으로 얻다= 잡다

음 獲得 획득 捕獲 포획 乱獲 남획

護 도울 호: 말(言) 소리를 내어 풀숲(艹)에 있는 새(隹)가 사람의 손(又)에 잡히지 않고 달아나게 돕다

음 護衛 호위 保護 보호 警護 경호 弁護 변호

穫 거둘 확: 벼(禾 벼 화)를 풀숲(艹)에 있는 새(隹)들이 먹기 전에 손(又)으로 거두다

음 収穫 수확

躍 뛸 약: 새(隹)가 날갯짓(羽 깃 우)을 하면서 발(𧾷=足 발 족)로 뛰어오르다

음 躍動 약동 躍起 애가 타서 안달함 飛躍 비약 一躍 일약

曜 빛날 요: 새(隹)의 화려한 깃털(羽)처럼 해(日)가 빛나다

음 曜日 요일 何曜日 무슨 요일?

濯 씻을 탁: 새(隹)가 물(氵=水)에서 날갯짓(羽)을 하여 몸을 씻다

음 洗濯 세탁 洗濯機 세탁기

鶴 학 학: 꼬리가 긴 새(鳥)와 짧은 새(隹)를 망라한(冖 덮을 멱) 최상의 새=학

🔊 鶏群の一鶴 군계일학
けいぐん いっかく

確 굳을 확: 돌(石)에 맞은(冖 덮을 멱) 새(隹)는 죽을 가능성이 굳다=확실하다

🔊 確実 확실 確率 확률 正確 정확 的確 적확
かくじつ   かくりつ   せいかく   てきかく

觀 볼 관: 황새(雚)처럼 목을 길게 빼고 보다(見 볼 견)

* 雚(황새 관): 나무(艹) 위에 올라가서 목을 길게 빼고 두 눈(口 口)으로 보는 새(隹)

観 볼 관: 사람(人)이 새(隹)를 보다(見)

🔊 観客 관객 観光 관광 楽観 낙관 悲観 비관
かんきゃく   かんこう   らっかん   ひ かん

権 권세 권: 높은 나무(木)에 앉아 있는 황새(雚) 모습. 높을 곳에 있으니 권력자

🔊 権力 권력 権限 권한 人権 인권 選挙権 선거권
けんりょく   けんげん   じんけん   せんきょけん

勧 권할 권: 힘(力)을 길러 황새(雚)처럼 높은 사람이 되라고 권하다

🔊 勧誘 권유 勧告 권고 勧奨 권장 勧善懲悪 권선징악
かんゆう   かんこく   かんしょう   かんぜんちょうあく

歓 기쁠 환: 황새(雚)처럼 춤추면서 하품(欠 하품 흠)하듯 입을 크게 벌리고 노래하니 기쁘다

🔊 歓迎 환영 歓喜 환희 歓談 환담 歓楽街 환락가
かんげい   かん き   かんだん   かんらくがい

讓 사양할 양: 말(言)을 수북하게(襄) 해서 사양하다

* 襄(도울 양=돋울 양): 장례에서 사자의 옷깃에 신에게 도움을 받기 위해 준비한 글이나 물건을 수북하게 넣어놓은 모습

* 돋우다: 공간적으로 위로 높아지게 하다=수북하게 하다

讓 사양할 양: 말(言)을 수북하게(襄襄) 해서 사양하다

> 음 讓步 양보　讓渡 양도　分讓 분양　割讓 할양＝물건을 쪼개서 양도함

壤 흙덩이 양: 흙(土)이 수북하게(襄) 쌓인 흙덩어리

> 음 土壤 토양

孃 아가씨 양: 가슴이 불룩한(襄) 여자(女)＝아가씨

> 음 お孃さん 아가씨　令孃 영애＝따님

釀 술빚을 양: 효모로 부풀려서(襄) 빚은 술(酉)

> 음 釀造 양조　釀成 양성

番 차례 번: 밭(田 밭 전)에 짐승이 몇 마리가 몇 차례나 지나갔는지 남아 있는 발자국을 보고 분별하다(釆)

> *釆(분별할 변): 짐승의 발자국 모습
> 음 番号 번호　番組 프로그램　番地 번지　一番 제일＝맨 처음　順番 순번

翻 번역할 번: 새가 차례(番)로 날개(羽 깃 우)를 뒤집다

> 음 翻訳 번역　翻訳家 번역가　翻弄 농락

藩 울타리 번: 물(氵＝水)에 풀(艹)을 섞어 차례(番)로 둘러싼 울타리

> 음 藩 에도(江戸)시대 행정 구분

釋 풀 석: 짐승(釆)이 어느 쪽으로 갔는지 엿보다(睪)＝찾다＝풀다

> *睪(엿볼 역): 눈(罒＝目)으로 어느 것이 좋을지(幸 다행 행) 찾다＝엿보다

釈 풀 석: 짐승(釆)이 어느 쪽으로 갔는지 가늠하다(尺 자 척)＝풀다

음　釈明 해명　釈放 석방　注釈 주석 = 주해　釈迦 석가

審 살필 심: 경기장(宀 집 면)에서 하나하나 차례(番)로 살피다

음　審判 심판　審査 심사　主審 주심　副審 부심　塁審 누심

能 능할 능: 곰의 그린 모습. 재주가 많은 곰은 여러 가지로 능하다

*能는 熊(곰 웅)의 원래 글자

음　能力 능력　能率 능률　有能 유능　才能 재능

熊 곰 웅: 불꽃(灬=火)처럼 강력한 힘을 발휘하는 곰(能) = 불곰

훈　熊 곰　熊本県 구마모토현　熊手 갈퀴

態 모습 태: 능히(能) 할 수 있다는 마음(心)을 밖으로 드러내다 = 모습

음　態度 태도　態勢 태세　状態 상태　実態 실태

罷 마칠 파: 곰(能)에게 거물(罒 거물 망)을 씌우니 그 능력도 끝이다 = 마치다

음　罷免 파면　罷業 파업

派 갈래 파: 물(氵=水)이 여러 방향으로 갈라져서(𠂢) 흐르다

*𠂢(물 갈라져 흐를 파): 냇물(巛=川 내 천)이 굽이굽이 흘러내리면서 여러 갈래로 갈라진 모습

음　派生 파생　派遣 파견　党派 당파　立派 훌륭함

脈 줄기 맥: 몸(月 육달 월)에서 냇물(巛=𠂢)처럼 굽이굽이 흐르는 피 줄기 = 혈관

음　脈拍 맥박　脈絡 맥　文脈 문맥　動脈 동맥

臼 **절구 구**: 절구통(臼)에 찧을 곡식(二) 따위를 넣어놓은 모습

* 절구: 곡식을 찧기 좋도록 안쪽에 돌기를 만든 절구

음 臼歯 ^{きゅうし} 어금니

搜 **찾을 수**: 늙은이(叟)처럼 손(扌)으로 더듬어 찾다

* 叟(늙은이 수): 절구(臼)의 절굿대(丨)를 손(又)에 들고 늙은이처럼 허리를 굽히고 절구질하는 모습

搜 **찾을 수**: 두 손(扌+又)을 거듭=길게(申 거듭 신) 뻗어서 찾다

음 捜査 ^{そうさ} 수사　捜索 ^{そうさく} 수색　特捜 ^{とくそう} 특수=특별수사

痩 **여윌 수**: 늙은이(叟)가 병(疒)이 들어 여위다

* 疒(병들 역): 병자가 나무(片) 침대에 머리(亠)를 눕히고 누워있는 모습

痩 **여윌 수**: 병(疒)이 거듭(申 거듭 신) 거듭(又 또 우) 재발하니 몸이 여위다

음 痩身 ^{そうしん} 야윈 몸

毀 **헐 훼**: 절구(臼)를 만들기 위해 장인(工 장인 공)이 창(殳 창 수)으로 돌을 파내다=헐다

毀 **헐 훼**: 적군을 절구(臼)처럼 움푹한 흙(土) 웅덩이로 몰아 창(殳)으로 신체를 헐다=훼손하다

음 毀損 ^{きそん} 훼손

興 **일 흥**: 절구(臼)를 함께(同 한가지 동) 손으로 들어(廾 두 손으로 받들 공) 일으켜 세우다

* 일다: 희미하거나 약하던 것이 왕성해지거나 솟아오르다

음 興奮 ^{こうふん} 흥분　興行 ^{こうぎょう} 흥행　復興 ^{ふっこう} 부흥　興味 ^{きょうみ} 흥미　即興 ^{そっきょう} 즉흥　余興 ^{よきょう} 여흥

旧 **예 구**: 긴 절굿공이(丨)+절구(日)에 찧을 곡식이 반쯤 담겨있는 모습. 나아가 날(日)이 길게(丨) 지났으니 옛날

稲 **벼 도**: 벼(禾 벼 화)를 손(爫=爪)으로 절구(臼)에 넣어 찧다

훈 稲作 도작＝벼농사　稲刈り 벼 베기　稲妻 번개

児 **아이 아**: 몸체에 비해서 머리가 절구(臼)처럼 큰 사람(儿=人)＝어린아이

음 児童 아동　育児 육아　幼児 유아　小児科 소아과

陥 **빠질 함**: 언덕(阝)의 진지에서 적군 병사(人)를 절구(臼)처럼 움푹 파인 함정에 빠뜨리다

음 陥落 함락　陥没 함몰　欠陥 결함

私 **사사 사**: 벼(禾)를 사사롭게(厶) 자신의 것으로 만들다

＊禾(벼 화): 벼 줄기(木)에 달린 낟알(丿)이 익어서 고개를 숙이고 있는 모습

＊厶(사사 사): 팔을 몸 안으로 굽힌 모습. 사사롭게 자신의 것으로 만들다

음 私立 사립　私費 사비　私利 사리　公私 공사＝공과 사

季 **계절/끝 계**: 벼(禾) 씨앗(子)을 심어 거두는 주기＝계절

음 季節 절　四季 사계　夏季 하계　冬季 동계

香 **향기 향**: 햅쌀(禾)로 만든 술을 입(口)에 넣으니(一) 향기롭다

＊日: 입(口)에 음식(一)을 머금고 있는 모습

음 香水 향수　香辛料 향신료　芳香 방향＝꽃다운 향기

和 **화할 화**: 쌀밥(禾)을 입(口)으로 먹을 수 있으니 화하다

＊화하다: 따뜻하고 부드럽다

을 和平 화평＝평화　和解 화해　平和 평화　和尚 화상＝스님　大和 일본의 다른 이름

委 맡길 위: 벼농사(禾)를 여자(女)에게 맡기다. 여자는 논밭에서 일하고 남자는 집안 일을 하는 모계사회 모습

　　　을 委員 위원　委任 위임　委託 위탁　委嘱 위촉

萎 시들 위: 여자에게 맡긴(委) 벼농사에 잡초(艹)가 많으면 벼가 시들어버린다

　　　을 萎縮 위축

秋 가을 추: 벼(禾)가 불(火)같은 태양 아래서 익어가는 가을

　　　을 秋季 추계　立秋 입추

愁 근심 수: 가을(秋)에 느끼는 마음(心)＝우수＝근심

　　　을 哀愁 애수　郷愁 향수　旅愁 여수＝객지에서 느끼는 쓸쓸함

利 이로울 리: 벼(禾)는 칼(刂)로 베는 것이 손으로 벨 때보다 이롭다. 또는 벼(禾)를 벨 수 있을 정도로 칼(刂)이 예리하다

　　　을 利用 이용　利益 이익　便利 편리　有利 유리

梨 배나무 리: 이로운(利) 과실이 열리는 나무(木)＝배나무

　　　훈 梨 배　山梨県 야마나시현

痢 설사 리: 몸에 이로운(利) 병(疒 질병 역)＝설사

　　　＊설사 자체는 질병이 아니라 다양한 원인에 의한 증상. 설사의 주된 효능은 장내 유해 물질이나 세균 등을 체외로 배출하여 몸을 정화하는 역할

　　　을 下痢 설사

秀 빼어날 수: 빨리(乃 이에 내) 패는 벼(禾 벼 화)가 빼어나다=우수하다

* 이에: 이러하여서 곧. 이에 ○○할 것이다=곧 ○○할 것이다

음 秀才 수재 秀作 수작 優秀 우수

誘 꾈 유: 말(言)을 빼어나게(秀) 해서 꾀다

* 꾀다: 그럴듯한 말이나 행동으로 남을 속이거나 부추겨서 자기 생각대로 끄는 것

음 誘導 유도 誘惑 유혹 誘拐 유괴 勧誘 권유

透 사무칠 투: 빼어나게(秀) 통과하다(辶 갈 착)=스며들다=사무치다

* 사무치다: 깊은 곳까지 이르러 미치다

음 透明 투명 透過 투과 浸透 침투

及 미칠 급: 사람(ク=人 사람 인)의 손(又)이 뭔가에 미치다=닿다=잇다

음 及第 급제 追及 추급 普及 보급 言及 언급

級 등급 급: 실(糸)을 이어서(及) 수북하게 쌓아 올리다=등급

음 学級 학급 上級 상급 等級 등급 同級生 동급생

扱 미칠 급: 손(扌=手)이 뭔가에 미치다(及)=취급하다

훈 扱う 취급하다 取り扱い 취급

吸 마실 흡: 입(口)에 미쳐서=닿아서(及) 마시다

음 吸収 흡수 吸入 흡입 吸引 흡인 深呼吸 심호흡

己 몸 기: 사람이 무릎을 꿇고 앉아 있는 모습

음 自己 자기 利己主義 이기주의 克己 극기 知己 지기=지인

改 고칠 개: 몸(己)을 회초리로 때려서(攵 칠 복) 고치다. 또는 자기(己)를 회초리로 때려서(攵 칠 복) 고치다

음 <ruby>改革<rt>かいかく</rt></ruby> 개혁 <ruby>改札<rt>かいさつ</rt></ruby> 개찰 <ruby>改良<rt>かいりょう</rt></ruby> 개량 <ruby>改正<rt>かいせい</rt></ruby> 개정

忌 꺼릴 기: 몸(己)을 자기 마음(心)대로 움직이는 사람은 모두가 꺼린다

음 <ruby>忌日<rt>きじつ</rt></ruby> 기일＝제삿날 <ruby>忌憚<rt>きたん</rt></ruby> 기탄 <ruby>禁忌<rt>きんき</rt></ruby> 금기

紀 벼리 기: 실(糸)을 몸통(己)처럼 굵게 엮은 벼리

＊ 벼리: 그물의 위쪽 코를 꿰어 오므렸다 폈다 하는 굵은 밧줄. 나아가 일이나 글에서 뼈대가 되는 줄거리

음 <ruby>紀行<rt>きこう</rt></ruby> 기행 <ruby>紀元<rt>きげん</rt></ruby> 기원 <ruby>世紀<rt>せいき</rt></ruby> 세기 <ruby>風紀<rt>ふうき</rt></ruby> 풍기

記 기록할 기: 말(言) 중에서 몸통(己)이 되는 중요한 부분을 글로 기록하다

음 <ruby>記事<rt>きじ</rt></ruby> 기사 <ruby>記録<rt>きろく</rt></ruby> 기록 <ruby>記入<rt>きにゅう</rt></ruby> 기입 <ruby>日記<rt>にっき</rt></ruby> 일기 <ruby>記念日<rt>きねんび</rt></ruby> 기념일 <ruby>伝記<rt>でんき</rt></ruby> 전기

起 일어날 기: 달려가기(走 달릴 주) 위해 몸(己)을 일으키다

음 <ruby>起床<rt>きしょう</rt></ruby> 기상 <ruby>起因<rt>きいん</rt></ruby> 기인 <ruby>起立<rt>きりつ</rt></ruby> 기립 <ruby>決起<rt>けっき</rt></ruby> 궐기

包 쌀 포: 몸(己 몸 기)을 감싸다(勹 쌀 포)

음 <ruby>包装<rt>ほうそう</rt></ruby> 포장 <ruby>包囲<rt>ほうい</rt></ruby> 포위 <ruby>包丁<rt>ほうちょう</rt></ruby> 부엌칼 <ruby>内包<rt>ないほう</rt></ruby> 내포

抱 안을 포: 손(扌＝手)으로 둘러싸서(包) 안다

음 <ruby>抱擁<rt>ほうよう</rt></ruby> 포옹 <ruby>介抱<rt>かいほう</rt></ruby> 간호＝병구완 <ruby>辛抱<rt>しんぼう</rt></ruby> 참음

泡 거품 포: 물(氵＝水)이 점막에 둘러싸여(包) 동그랗게 된 거품

음 <ruby>水泡<rt>すいほう</rt></ruby> 수포 <ruby>気泡<rt>きほう</rt></ruby> 기포 <ruby>発泡<rt>はっぽう</rt></ruby> 발포＝거품

胞 세포 포: 몸(月 육달 월)을 둘러싸고(包) 있는 세포

음 胞子 포자 細胞 세포 同胞 동포

砲 대포 포: 돌(石)을 싸서(包) 멀리 던지는 대포

음 砲丸 포환 砲擊 포격 大砲 대포 発砲 발포

飽 배부를 포: 밥(食)이 위장에 싸여(包) 있으니 배가 부르다

음 飽食 포식 飽和 포화 飽満 포만

午 낮 오: : 12지지 일곱째인 말(午 말 오). 시간적으로는 낮 11시~13시. 하루의 전반과 후반이 교차하는 정오

음 午前 오전 午後 오후 正午 정오

卸 풀 사: 마차(午)에 무릎을 꿇고(卩) 앉아 있던 마부가 말을 멈춰서(止 그칠 지) 멍에를 풀다=내리다

* 멍에: 마소의 목에 얹어 수레나 쟁기를 끌게 하는 둥그렇게 구부러진 막대. 쉽게 벗어날 수 없는 구속이나 억압을 비유하여 일컫는 말

훈 卸す 도매하다 卸し 도매 棚卸し 재고정리

御 거느릴 어: 길(彳 걸을 척)에서 멍에가 풀려(卸) 날뛰는 말을 거느리다=다스리다=길들이다. 나라에서 그런 역할을 하는 임금

음 御璽 옥새 崩御 붕어=승하 制御 제어 御用 볼일=용건

許 허락할 허: 말(言)을 낮(午)처럼 밝고 명쾌하게 들어주다=허락하다

음 許可 허가 許諾 허락 免許 면허 特許 특허

貴 귀할 귀: 돈(貝)을 끈으로(一) 묶어서(中) 쌓아놓은 부자는 귀하다=드물다

* 中: 물건을 끈으로 묶어놓은 모습

음 貴重 きちょう 귀중 貴金属 ききんぞく 귀금속 兄貴 あにき 형님 高貴 こうき 고귀

潰 무너질 궤: 귀한(貴) 것이 물(氵=水)에 휩쓸려서 부서지다=무너지다

* 궤양: 피부나 점막의 상피 조직이 결손되거나 함몰된 상태

음 潰瘍 かいよう 궤양 胃潰瘍 いかいよう 위궤양

遺 남길 유: 귀한(貴) 것을 남기고 가다(辶 갈 착)

음 遺品 いひん 유품 遺跡 いせき 유적 遺伝 いでん 유전 遺族 いぞく 유족 遺言 ゆいごん 유언

遣 보낼 견: 언덕(㠯=㠯 언덕 강)의 진지에 있는 병사들에게 끈(一)으로 묶은(中) 하사품을 보내다(辶)

음 派遣 はけん 파견 先遣 せんけん 선견＝먼저 파견함

両 두 량: 천칭에 올려놓은 양쪽의 물건 따위가 균형을 유지하고 있는 모습

* 兩에서 入+入은 천칭의 그릇에 뭔가를 올려서 넣은 모습. 나머지 부분은 천칭 자체의 모습을 그대로 그린 것

両 두 량: 천칭 양쪽에 그릇 따위의 용기(凵)를 얹어 무게의 균형을 맞춘 모습

* 천칭: 양팔 저울, 정의, 공평, 균형의 상징

음 両方 りょうほう 양방 両手 りょうて 양손 両親 りょうしん 양친 両替 りょうがえ 환전

満 찰 만: 물(氵=水)을 양손(廾 두 손으로 받들 공)으로, 천칭(両)으로 물건을 들어 올리듯이 용기에 꽉 채우다=차다

음 満足 まんぞく 만족 満員 まんいん 만원 不満 ふまん 불만 未満 みまん 미만

厄 **액 액**: 벼랑(厂 기슭 엄/벼랑 한) 아래로 굴러서(㔾) 떨어지다=재앙

＊㔾(병부 절): 절을 하듯이 무릎을 꿇고 있는 모습

음 厄年 ^{やくどし} 액년=운수가 나쁜 나이 厄除け ^{やくよ} 액막이 厄介 ^{やっかい} 귀찮음 災厄 ^{さいやく} 재난

危 **위태할 위**: 사람(𠂊=人)이 재앙(厄)을 피하지 못하면 위태하다

음 危険 ^{きけん} 위험 危機 ^{きき} 위기 危害 ^{きがい} 위해 危篤 ^{きとく} 위독

歷 **지낼 력**: 산기슭(厂)에 심은 벼(禾)를 가꾸기 위해 농부의 발걸음(止 발 지)이 수없이 지나다=지내다

歴 **지낼 력**: 산기슭(厂)에 심은 나무(木)를 가꾸기 위해 농부의 발걸음(止 발 지)이 수없이 지나다=지내다

음 歴史 ^{れきし} 역사 歴代 ^{れきだい} 역대 学歴 ^{がくれき} 학력 履歴 ^{りれき} 이력

暦 **책력 력**: 산기슭(厂)에 나무(林)를 심어놓고 가꾸어온 나날(日 날 일)의 과정을 책으로 적은 책력

＊책력: 천체를 관측하여 해와 달의 운행 및 절기 따위를 적은 책

음 陰暦 ^{いんれき} 음력 陽暦 ^{ようれき} 양력 西暦 ^{せいれき} 서력 旧暦 ^{きゅうれき} 구력 還暦 ^{かんれき} 환갑

厚 **두터울 후**: 산기슭의 산골 집(厂)에서 날마다(日) 자식(子)을 돌보는 부모의 사랑이 두텁다

＊厂(기슭 엄): 언덕의 바위가 앞으로 튀어나와 그 아래에 사람이 거주하는 공간이 있는 모습으로, 广(집 엄)과 같은 역할

음 厚意 ^{こうい} 후의 厚生 ^{こうせい} 후생 濃厚 ^{のうこう} 농후 温厚 ^{おんこう} 온후함

子 **아들 자**: 갓 태어난(了 마칠 료) 아기가 팔(一)을 벌리고 있는 모습

음 男子 ^{だんし} 남자 女子 ^{じょし} 여자 弟子 ^{でし} 제자 様子 ^{ようす} 모양=모습

字 글자 자: 집(宀 집 면)에서 아이(子)에게 글자를 가르치다

음　漢字 한자　文字 문자　赤字 적자　数字 숫자

勃 우쩍 일어날 발: 남자(子)의 바지(市 슬갑 불)가 갑자기 힘차게(力) 부풀어 오르다=
발기하다

* 우쩍: 단번에 거침없이 나아가거나, 갑자기 늘거나 줄어드는 모습

* 슬갑(膝甲): 추위를 막기 위해 무릎까지 내려오게 입는 옷. 사람(十)이 앞치마(冂)
를 두르고 있는 모습

* 고대에는 남자도 여자처럼 치마를 입었다

음　勃起 발기　勃発 발발=갑자기 일어남　勃興 발흥=갑자기 세력이 강해짐

了 마칠 료: 아이(子)가 포대기에 싸여 양팔(一)이 보이지 않는 모습, 즉 이미 출산을 마
치다

음　了解 양해=잘 이해함　了承 승낙　修了 수료　完了 완료

承 이을 승: 산모의 양수(水)를 뒤집어쓴 아이(子)를 두 손(廾 두 손으로 받들 공)으로
받다. 나아가 가계를 잇다

음　承認 승인　承諾 승낙　伝承 전승

蒸 찔 증: 태어난 아이(子)를 목욕시키기 위해 풀(艹)로 불(灬=火)을 지펴 물(水)을 데
우다=찌다

음　蒸気 증기　蒸発 증발　蒸留 증류　水蒸気 수증기

六 여섯 육: 원래는 지붕과 기둥이 있는 오두막을 의미했는데, 정확한 어원은 분명하
지 않음

음　六月 6월　六本 여섯 병　六人 여섯 명　六時 6시

冥 **어두울 명**: 구름이 해(日)를 덮어서(冖 덮을 멱) 오두막(六) 안이 어둡다

- 음 冥福 ^{めいふく} 명복

五 **다섯 오**: 하늘(一)과 땅(一), 그리고 그 사이에서 작용하는 5개의 원소가 교차하는(×) 모습

  * 5개의 원소(5행): 火, 水, 木, 金, 土

- 음 五年 5년 五人 다섯 명 五時 다섯 시

語 **말씀 어**: 나(吾)의 말(言)=내가 하고자 하는 말

  * 吾(나 오): 나를 지키기 위해 말(口)로써 외치고 다섯(五) 손가락을 펴서 막다

- 음 言語 언어 語学 어학 語彙 어휘 日本語 일본어

悟 **깨달을 오**: 마음속(忄=心)의 나(吾)를 깨닫다

- 음 覚悟 각오

山 **뫼 산**: 산이 솟아있는 모습

- 음 富士山 후지산 山水 산수 火山 화산 登山 등산 山積 산적

仙 **신선 선**: 산(山)에서 도를 닦은 사람(人)=신선

- 음 仙人 선인 仙女 선녀 水仙 수선화

出 **날 출**: 초목의 싹이 흙을 뚫고 나오는 모습

- 음 出現 출현 出席 출석 出発 출발 支出 지출 出納 출납

拙 옹졸할 졸: 손재주(扌=手)가 나가버려(出) 없으니 하는 일이 남보다 뒤지다=옹졸하다

* 옹졸하다: 성품이 너그럽지 못하고 생각이 좁다

음 拙論 졸론 拙著 졸저 稚拙 치졸

糾 얽힐 규: 실(糸)을 얽다(丩)=꼬다

* 丩(얽힐 구): 밧줄이나 실이 엉켜있는 모습

음 糾弾 규탄 糾明 규명 糾合 규합 紛糾 분규

叫 부르짖을 규: 줄에 묶인(丩) 사람이 도와달라고 입(口)으로 부르짖다

음 叫喚 규환=큰 소리로 부르짖음 絶叫 절규 阿鼻叫喚 아비규환

收 거둘 수: 다발로 묶어서(丩) 손(又)으로 거두다

음 収納 수납 収拾 수습 回収 회수 領収証 영수증

年 해 년: 사람(人)이 볏단(一)을 묶어서(丩) 등에 지고 있는 모습. 벼농사는 1년 중 가장 중요한 일

음 新年 신년 四年生 4학년 来年 내년 学年 학년

具 갖출 구: 두 손(廾 두 손으로 받들 공)에 물건을 잔뜩 쌓아놓은 모습=갖추다

具 갖출 구: 두 손(廾 두 손으로 받들 공)에 물건을 잔뜩 쌓아놓은 모습=갖추다

음 具合 상태=형편 具体的 구체적 家具 가구 道具 도구

惧 두려워할 구: 갖춘(具) 것이 없어 마음(忄)이 두렵다

음 危惧 위구 = 걱정하고 두려워함

算 셈 산: 대나무(竹)로 눈알(目)처럼 작게 깎아 만든 주판을 두 손(廾 두 손으로 받들 공)으로 받쳐 들고 있는 모습=셈하다

음 予算 예산 算数 산수 精算 정산 算出 산출

弟 아우 제: 머리를 Y형으로 땋아(弓) 넘겨서 끝부분을 댕기(ノ)로 묶은 총각=결혼을 해서 상투를 튼 형의 아우

* 弓: 머리카락을 교차시켜서 땋는 모습

* 댕기: 길게 땋은 머리의 끝에 장식용으로 드리우는 헝겊이나 끈

음 師弟 사제 兄弟 형제 弟子 제자

第 차례 제: 대나무(竹) 마디가 형과 아우(弟)처럼 차례로 생기다

* 弔는 弟의 획 줄임

음 落第 낙제 次第 차제=순서 及第 급제

懷 품을 회: 눈(目)에서 눈물(水)이 수의(衣)에 떨어지는 장례 때 품은 심정(忄)=회한

懷 품을 회: 장례에서 많(十)은 사람들이 상복(衣)을 입고 눈물(目)을 흘리면서 품은 심정(忄)=회한

* 회한: 뉘우치고 한탄하다

음 懷妊 회임=임신 述懷 술회=속에 품은 생각이나 추억을 말함

壞 무너질 괴: 장례에서 많(十)은 사람들이 상복(衣)을 입고 눈물(目)을 흘리면서 묘를 만들기 위해 흙(土)을 파다=무너뜨리다

음 壞滅 괴멸 破壞 파괴 崩壞 붕괴

黃 누를 황: 황제를 상징하는 짚은 노란색=누른색

黄 누를 황: 황제를 상징하는 짙은 노란색=누른색

음 黄金 황금　硫黄 유황　黄砂 황사　黄河 황하

横 가로 횡: 황제(黄)가 가는 길에 나무(木)로 빗장을 질러 통행을 가로막다

음 横断 횡단　横領 횡령　縦横 종횡　専横 전횡

廣 넓을 광: 황제가 사는 누른(黄) 궁전(广 집 엄)은 규모가 크고 넓다

広 넓을 광: 집(广)을 사사로이(厶) 혼자 사용하면 넓다

음 広告 광고　広野 광야　広大 광대　広報 광보=홍보

鉱 쇳돌 광: 쇠(金) 성분이 넓게(広) 퍼져있는 쇳돌=광석

* 쇳돌: 쇠붙이 성분이 들어 있는 광석

음 鉱山 광산　鉱脈 광맥　炭鉱 탄광　鉄鉱 철광

拡 넓힐 확: 손(扌=手)으로 펴서 넓히다(広)

음 拡大 확대　拡張 확장　拡散 확산　拡充 확충

演 펼 연: 재빠른 호랑이(寅 범 인)가 물을 차고 나가면 물(水)이 사방으로 넓게 펼쳐진다

음 演説 연설　演技 연기　公演 공연　演じる 연기하다

應 응할 응: 집(广 집 엄)에서 사람(人)이 키운 새(隹 새 추)는 주인과 마음(心)이 서로 응하다=통하다

応 응할 응: 집(广)에서 가족들의 마음(心)이 서로 응하다=통하다

음 応援 응원　応用 응용　呼応 호응　反応 반응　応じる 응하다

廳 관청 청: 임무를 맡아(壬) 민심에 귀(耳) 기울이면서 정직한(直) 마음(心)으로 일하는 집(广)=관청

  * 壬(짊어질 임): 사람이 허리를 굽히고 등에 뭔가를 짊어지고 있는 모습

  * 直에서 一은 ㄴ의 획 줄임

庁 관청 청: 고무래(丁)처럼 높이 지은 집(广)=관청

  음 庁舍 청사   官庁 관청   警察庁 경찰청   県庁 현청

粧 단장할 장: 흙(土)으로 지은 집(广)을 쌀가루(米)처럼 흰 백분으로 단장하다=화장하다

  음 化粧 화장   化粧品 화장품   化粧室 화장실

告 고할 고: 소(牛)를 잡아 차려놓고 입(口)으로 축문을 읊어 신에게 고하다

  음 告白 고백   告知 고지   広告 광고   報告 보고

造 지을 조: 신에게 가서(辶 갈 착) 고한(告) 후에 뭔가를 짓다=만들다

  음 造船 조선   造形 조형   構造 구조   木造 목조

酷 심할 혹: 제사 때 신에게 고하고(告) 올리는 술(酉)은 독하다=심하다

  * 酉: 뚜껑이 있는 술병에 술이 들어있는 모습

  음 酷暑 혹서   苛酷 가혹   残酷 잔혹

託 부탁할 탁: 말(言)로 부탁하다(乇)=의지하다

  * 乇(부탁할 탁): 사람이 방바닥에 의지해서 편히 쉬는 모습

  음 託児所 탁아소   委託 위탁   受託 수탁=위탁   信託 신탁

宅 집 택/댁 댁: 사람이 의지하고(乇) 사는 집(宀)

음 宅配 택배　住宅 주택　帰宅 귀가　自宅 자택

芝 지초 지: 뿌리가 이리저리 엉켜서 퍼져나가는(之 갈 지) 풀(艹)=잔디

* 지초: 담자균류 식물의 일종인 영지버섯. 일본에서는 '잔디'를 지칭

훈 芝 잔디　芝生 잔디밭　芝居 연극

乏 모자랄 핍: 이리저리 전전하면서 삐뚤게(丿) 살아가니(之) 여러 가지로 모자라다

음 貧乏 가난＝빈궁　欠乏 결핍　窮乏 궁핍

中 가운데 중: 진지(囗) 가운데에 펄럭이는 깃발(丨) 모습

음 中学生 중학생　中心 중심　食事中 식사 중　一日中 하루 종일

仲 버금 중: 사람(人)이 어떤 일의 가운데(中)에 서서 중개하다

* 버금: 으뜸의 바로 아래=가운데

음 仲介 중개　仲裁 중재

忠 충성 충: 마음(心)의 중심(中)을 잡다=충성

음 忠告 충고　忠誠 충성　忠実 충실　忠臣 충신

沖 화할 충: 물(氵=水) 속(中)이 화한 앞바다

* 화하다: 따뜻하고 부드럽다

훈 沖 앞바다　沖合い 앞바다 부근　沖釣り 앞바다 낚시　沖縄 오키나와

衷 속마음 충: 속(中)에 입는 옷(衣)처럼 깊숙이 있는 마음=속마음

음 衷心 충심＝진심　折衷 절충

蟲 벌레 충: 벌레가 많이 모여 있는 모습

虫 벌레 충: 벌레

음 昆虫 곤충 害虫 해충

蛇 뱀 사: 대가리(宀 집 면)가 큰 살모사가 몸을 웅크리고(匕) 벌레(虫)를 잡아먹는 모습

* 匕(비수 비): 사람(匕)이 비수(丿)를 맞고 몸을 웅크리고 있는 모습

음 蛇口 수도꼭지 蛇行 = じゃこう 사행 = 뱀처럼 휘어서 감 蛇足 사족 = 군더더기

獨 홀로 독: 개(犭)는 애벌레(蜀)처럼 여러 마리가 모이면 싸우기 때문에 한 마리씩 홀로 떼어놓는다

* 蜀(애벌레 촉): 망(罒 그물 망)에 싸인(勹 쌀 포) 벌레(虫). 또는 눈(罒=目)이 크고 껍질에 쌓인(勹 쌀 포) 벌레(虫)

独 홀로 독: 개(犭)는 벌레(虫)가 달라붙어도 홀로 집을 지킨다

음 独特 독특함 独立 독립 単独 단독 孤独 고독

屬 무리 속: 짐승의 몸(尸 몸 시)에서 피(氺=水)를 빨아먹는 애벌레(蜀) 무리

属 무리 속: 짐승의 몸(尸)에 붙어있는 벌레(禹) 무리

* 禹: 용과 비슷한 모양의 전설적 벌레

음 属性 속성 付属 부속 所属 소속 金属 금속

嘱 부탁할 촉: 같은 무리(属)에 속한 사람에게 입(口)으로 부탁하다

음 嘱託 촉탁 = 위탁 嘱望 촉망 委嘱 위촉

濁 흐릴 탁: 애벌레(蜀)가 사는 물(氵=水)은 흐리다 = 탁하다

음 濁音 탁음 汚濁 오탁 = 오염 混濁 혼탁

宿 잘 숙: 집(宀 집 면)에서 많은(百) 사람(人)이 잠을 자다

음 宿題 숙제　宿泊 숙박　下宿 하숙　野宿 노숙

縮 줄일 축: 실(糸)을 잠재우면(宿) 부피가 줄어든다

음 縮図 축도＝줄인 그림　縮小 축소　短縮 단축　圧縮 압축

漆 옻 칠: 옻나무(桼)에서 채취한 검은 물(氵＝水)로 칠하다

* 桼(옻 칠): 나무(木)의 껍질을 자르면(八) 검은 진액(氺＝氵＝水)이 나오는 옻나무

* 八: 어떤 물체가 두 쪽으로 대칭되게 나누어진 모습

음 漆器 칠기　漆黒 칠흑

膝 무릎 슬: (자식을 키우기 위해) 몸(月 육달 월)에 옻칠(桼)을 한 것처럼 검게 멍이 든 무릎

음 膝蓋骨 슬개골＝무릎뼈

垂 드리울 수: 수많은(千) 풀(卄)이 흙바닥(土)에 드리우다

* 垂: 수많은(千) 풀(卄)이 땅(土)에 드리우다

* 드리우다: 아래로 처지게 늘어뜨리다

음 垂直 수직

睡 졸음 수: 졸음이 몰려와서 눈꺼풀(目)이 아래로 드리우다(垂)

음 睡眠 수면　熟睡 숙면　昏睡 혼수＝정신없이 잠이 듬

郵 우편 우: 가방을 드리우고(垂) 고을(阝) 사람들에게 편지나 공문 따위를 전달하는 우편

음 郵便 우편　郵送 우송　郵政 우정＝우편에 관한 행정

遞 **갈릴 체**: 두(二) 사람(人)이 머리에 수건(巾)을 두르고 교대로 번갈아 왔다 갔다
(辶 갈 착) 하는 모습

- 음 遞信 ^{ていしん} 체신＝우편　遞增 ^{ていぞう} 체증＝점점 증가함　遞減 ^{ていげん} 체감＝점점 감소함

唾 **침 타**: 입(口)에서 아래로 늘어뜨리는(垂) 침

- 음 唾液 ^{だえき} 타액＝침

華 **빛날 화**: 풀(艹)에서 빛나게 드리워진(垂) 부분＝꽃＝화려하고 빛나다

- 음 華麗 ^{かれい} 화려함　中華 ^{ちゅうか} 중화　豪華 ^{ごうか} 호화　華奢 ^{きゃしゃ} 가냘프고 맵시 있음

乘 **탈 승**: 벼(禾 벼 화)를 등(北)에 태워서 가다＝싣다

- ＊北(북녘 북/달아날 배): 사람이 서로 등을 지고 달아나는 모습. 적군에게 등을 모
이면 패배[달아날 배]. 패배를 하고 간 곳은 추운 북쪽[북녘 북]

乗 **탈 승**: 벼(禾 벼 화)를 등(北)에 태워서 가다＝싣다

- 음 乗車 ^{じょうしゃ} 승차　乗務員 ^{じょうむいん} 승무원　乗馬 ^{じょうば} 승마　搭乗 ^{とうじょう} 탑승

剩 **남을 잉**: 싣고(乘) 남은 벼(禾)는 약탈당하지 않게 칼(刂＝刀)을 들고 지키다

- 음 過剰 ^{かじょう} 과잉　余剰 ^{よじょう} 잉여＝쓰고 난 나머지

巧 **공교할 교**: 장인(工)이 물건을 공교하게(丂) 만들다

- ＊丂＝丂＝丂: 于(어조사 우)의 변형으로, 의미는 굽다＝공교하다
- ＊공교하다: 재치가 있고 교묘하다
- 음 巧妙 ^{こうみょう} 교묘　技巧 ^{ぎこう} 기교　精巧 ^{せいこう} 정교

考 **생각할 고**: 연륜이 많은 노인(耂)이 공교한(丂) 생각을 하다

- ＊耂: 老(늙을 로)의 획 줄임. 흙(土)에 지팡이(丿)를 짚고 다니는 노인

拷 **칠 고**: 생각(考)이 다른 사람을 손(扌=手)으로 치다=때리다

음 拷問 고문

號 **이름 호**: 호랑이(虎)처럼 입(口)을 크게 벌리고(丂) 이름을 부르다

号 **이름 호**: 입(口)을 크게 벌리고(丂) 이름을 부르다

음 号外 호외 信号 신호 番号 번호 記号 기호

朽 **썩을 후**: 굽은(丂) 나무(木)는 썩는다

음 不朽 불후 老朽 노후

汚 **더러울 오**: 물이 움푹 파인(丂) 웅덩이에 고이면 더러워진다

음 汚染 오염 汚水 오수 汚点 오점 汚名 오명

誇 **자랑할 과**: 입을 크게(大) 벌리고(丂) 말하다(言)=자랑하다=과시하다

음 誇大 과대 誇張 과장 誇示 과시

顎 **턱 악**: 머리(頁 머리 혈)에서 콧구멍(口口) 아래에 있는 움푹 파인(丂) 부분=턱

음 上顎 상악=위턱 下顎 하악=아래턱

晶 **맑을 정**: 해(日)가 3개나 떠 있으니 맑다=밝다

음 水晶 수정 結晶 결정

唱 **부를 창**: 입(口)으로 해(日)처럼 맑고 밝은 말소리(曰 가로 왈)로 노래를 부르다

＊가로다: '말하다'를 예스럽게 이르는 말

301

* 曰에서 중간에 있는 一은 입안(口)에 있는 혀를 그린 모습

🔲 음 合唱 _{がっしょう} 합창   暗唱 _{あんしょう} 암송   独唱 _{どくしょう} 독창

兄 형 형: 제사에서 입(口)으로 축원하는 사람(儿 어진 사람 인)=장자=형

🔲 음 兄弟 _{きょうだい} 형제   父兄 _{ふけい} 부형   義兄 _{ぎけい} 형부=매형

競 다툴 경: 두 사람(儿)이 마주 서서(立 설 립) 입(口)으로 다투다

🔲 음 競馬 _{けいば} 경마   競輪 _{けいりん} 경륜   競争 _{きょうそう} 경쟁   競売 _{きょうばい} 경매

呪 빌 주: 입(口)으로 장남(兄)이 신에게 빌다

🔲 음 呪術 _{じゅじゅつ} 주술   呪文 _{じゅもん} 주문   呪詛 _{じゅそ} 저주

祝 빌 축: 신이 나타나는 제단(礻=示) 앞에서 장남(兄)이 축문을 읽어 행운을 빌다

🔲 음 祝日 _{しゅくじつ} 축일   祝辞 _{しゅくじ} 축사   祝福 _{しゅくふく} 축복   祝言 _{しゅうげん} 축사

況 상황 황: 장남(兄)이 기우제를 지내서 가뭄(氵=水) 상황을 신에게 알리다

🔲 음 状況 _{じょうきょう} 상황   不況 _{ふきょう} 불황   近況 _{きんきょう} 근황

説 말씀 설/달랠 세: 말(言)을 바꾸어(兌) 가면서 설명하고 설득하다

* 兌(바꿀/기쁠 태): 형=장남(兄)이 두 손(八)을 벌리고 신에게 축문을 올리는 모습.
신이 축문을 읽고 기뻐서[기쁠 태] 생각을 바꾸다[바꿀 태]

🔲 음 説明 _{せつめい} 설명   説得 _{せっとく} 설득   解説 _{かいせつ} 해설   小説 _{しょうせつ} 소설   遊説 _{ゆうぜい} 유세

税 세금 세: 다른 곡식을 수확하면 벼(禾 벼 화)로 바꾸어(兌 바꿀 태) 세금을 내다

* 税는 국가에 내는 세금, 租(세금 조)는 땅에 대한 임대료

음 税金 세금　税関 세관　納税 납세　消費税 소비세

悦 **기쁠 열**: 슬픈 마음(忄=心)을 바꾸면(兑) 기쁨으로 변한다

음 法悦 법열 ＝ 설법을 듣고 진리를 깨달아 마음속에 일어나는 기쁨

鋭 **날카로울 예**: 무딘 쇠(金)를 바꾸어(兑) 날카롭게 만들다

음 鋭角 예각　鋭利 예리　新鋭 신예　精鋭 정예

脱 **벗을 탈**: 벌레가 몸(月 육달 월)을 바꾸기(兑) 위해 허물을 벗다

음 脱帽 탈모　脱字 탈자　離脱 이탈　逸脱 일탈

境 **지경 경**: 땅(土)의 끝자락(竟)=지경

* 竟(다할 경): 사람(儿)의 기도 소리(音)에 신이 응답함으로써 마침내 제사가 끝나다

음 境界 경계　境地 경지　環境 환경　国境 국경　境内 경내 ＝ 신사나 사찰의 구내

鏡 **거울 경**: 쇠(金)를 힘을 다해(竟) 갈아 만든 거울

음 顕微鏡 현미경

燒 **불사를 소**: 불(火)이 높이(堯) 올라가다=불사르다

* 堯(높을 요): 사람이 흙덩이(土)를 높이 받들고(廾 두 손으로 받들 공) 있는 모습

焼 **불사를 소**: 불(火)이 높이(尭) 올라가다=불사르다

* 尭: 많은(十) 풀(艹)을 높이 쌓아 올린 모습(廾=兀)

음 焼酎 소주　焼却 소각　燃焼 연소　全焼 전소

曉 새벽 효: 해(日)가 높이(堯) 솟아오르니 새벽

음 曉鐘 ^{ぎょうしょう} 새벽종

喚 부를 환: 입(口)을 크게(奐) 벌려서 부르다

* 奐(클 환): 사람(⺊=人)이 낮은 곳에 덮인(冖 덮을 멱) 다른 사람(儿)을 딛고서니 더 크다(大)

음 喚起 환기 喚声 환성 召喚 소환 阿鼻叫喚 아비규환

換 바꿀 환: 손(扌=手)을 크게(奐) 벌려서 서로 바꾸다=교환하다

음 換金 환전=돈으로 바꿈 換算 환산 交換 교환 転換 전환

還 돌아올 환: 길(辶)을 둥글게(睘) 돌아 원래 자리로 되돌아오다

* 睘(놀라서 볼 경): 수의(衣=衣) 옷깃(一)에 둥근(口=○) 옥을 넣어 사자가 눈(罒=目)을 동그랗게 뜨고 회생하기를 빌다

음 還付 환급 還元 환원 帰還 귀환 返還 반환

環 고리 환: 옥(王)으로 둥글게(睘) 만든 고리

* 王은 玉의 획 줄임

음 環境 환경 一環 일환 循環 순환

更 고칠 경/다시 갱: 원래 글자는 㪅. 책상(丙) 앞에서 회초리(攴=攵 칠 복)를 들고 거듭 [다시 경] 가르쳐서 고치다[고칠 경]

* 丙: 들것(冂) 위에 사람(人)을 눕혀서(一) 옮기는 모습

음 更迭 경질 変更 변경 更新 갱신 更生 갱생=거의 죽을 지경에서 다시 살아남

梗 **줄기 경**: 나무줄기(木)처럼 단단하게 변하다(更)

> 음 脳硬塞 뇌경색 の うこうそく　桔梗 도라지 ききょう

硬 **굳을 경**: 돌(石)처럼 단단하게 변하다(更)

> 음 硬貨 경화=동전 こうか　硬直 경직 こうちょく　硬式 경식=딱딱한 공으로 경기하는 방식 こうしき

便 **편할 편/똥오줌 변**: 사람(人)이 불편한 것을 고쳐서(更 고칠 경) 편하게 하다

> 음 便利 편리 べんり　便宜 편의 べんぎ　不便 불편 ふべん　便乗 편승 びんじょう　郵便 우편 ゆうびん

史 **사기 사**: 중립(中)을 지키면서 붓(丿)으로 역사를 기록하다

> 음 史学 사학 しがく　史料 사료 しりょう　歴史 역사 れきし　世界史 세계사 せかいし

吏 **관리 리**: 오로지 한결같이(一) 역사(史)를 기록하는 관리

> 음 官吏 관리 かんり

使 **하여금 사**: 관리(吏)가 아랫사람(人)으로 하여금 일을 하게 하다

> 음 使用 사용 しよう　使者 사자=심부름하는 사람 ししゃ　天使 천사 てんし　大使 대사 たいし

事 **일 사**: 손(彐)에 장식(一)이 달린 붓(丨)을 들고 입(口)으로 전하는 역사적 사건을 기록하는 일

> * 彐=彐=彑(돼지머리 계): 돼지의 뾰족한 코가 위로 드러나 있는 모습. 돼지의 주둥이는 사람의 손 역할
>
> 음 事件 사건 じけん　事故 사고 じこ　行事 행사 ぎょうじ　無事 무사 ぶじ　好事家 호사가 こうずか

龜 **거북 귀/터질 균**: 거북이 등짝 밖으로 머리와 꼬리를 내밀고 네 발로 움직여서 기어가는 모습[거북 귀]. 거북의 등은 점을 치기 위해 불로 태워서 균열이 생긴다[터질 균]

龜 거북 귀/터질 균: 거북의 등이 터지다

음 亀鑑^{きかん} 귀감=본보기 亀裂^{きれつ} 균열

繩 노끈 승: 실(糸)로 꼰 부분이 맹꽁이(黽 맹꽁이 맹)의 배처럼 볼록하다=노끈=밧줄

縄 노끈 승: 실(糸)로 꼰 부분이 맹꽁이의 배처럼 볼록하다=노끈=밧줄

음 自縄自縛^{じじょうじばく} 자승자박 縄文時代^{じょうもんじだい} 조몬시대=신석기 시대

凹 오목할 요: 오목하다

음 凹凸^{おうとつ} 요철=울퉁불퉁 凸凹^{でこぼこ} 요철=울퉁불퉁 凹レンズ^{おう} 오목렌즈

凸 볼록할 철: 볼록하다

음 凹凸^{おうとつ} 요철=울퉁불퉁 凸レンズ^{とつ} 볼록렌즈

以 써 이: 어원 불명. 조사 ～로써, ～에 따라, ～때문에

음 以外^{いがい} 이외 以上^{いじょう} 이상 以来^{いらい} 이래 以前^{いぜん} 이전

似 닮을 사: 사람(人)이 ～로써, ～에 따라, ～때문에(以) 닮다

음 近似^{きんじ} 근사=유사 類似^{るいじ} 유사=닮음 酷似^{こくじ} 혹사=많이 닮음

宇 집 우: 지붕(宀 집 면)+들보(二)+기둥(丨)=집

* 들보: 기둥 사이에 가로질러 걸쳐서 지붕이나 건물의 하중을 지탱하는 굵고 큰 나무 구조물

음 宇宙^{うちゅう} 우주 宇宙人^{うちゅうじん} 우주인 宇宙船^{うちゅうせん} 우주선

宙 집 주: 집(宀)으로 말미암은(由) 우주

* 우주는 하늘의 집(宀)과 같은 것으로, 그 안에 수많은 별이 살고 있다는 관념

음 宇宙 우주

芋 토란 우: 들보(二)+기둥(丨)처럼 생긴 풀(艹)=토란

음 芋 감자, 고구마, 토란 등의 총칭   里芋 토란   薩摩芋 고구마   ジャガ芋 감자

久 오랠 구: 사람(ク=人)이 지팡이(丿)를 짚고 있으니 오래 살다

음 永久 영구   耐久 내구=오래 버팀   持久 지구=오래 버팀   恒久 항구=영구

畝 이랑 묘: 밭(田)의 이랑(亠)은 길다(久)

* 이랑: 밭에서 작물을 심기 위해 흙을 쌓아 올려 만든 두둑한(亠) 부분

* 논밭의 넓이 단위로도 사용하며, 한 이랑은 30평=약 99.174㎡

훈 畝 두렁＝논이나 밭 사이의 작은 둑

氣 기운 기: 쌀밥(米)을 먹고 기운(气)을 내다

* 气(기운 기): 하늘에 감도는 공기의 흐름이나 구름을 표현한 것

気 기운 기: 기운(气)이 사방(乂)으로 퍼지다

음 人気 인기   電気 전기   気持ち 기분   気温 기온   気配 기미＝낌새

汽 물끓는 김 기: 물(氵=水)의 기운(气)=김

음 汽車 기차   汽船 기선   汽笛 기적

入 들 입: 사람(人)이 머리를 숙이고(一) 들어가는 입구 모습

음 入学 입학   入試 입시   入場 입장   入院 입원   収入 수입

內 **안 내**: 사람(人)이 머리를 숙이고(一) 건물冂) 안으로 들어가다

内 **안 내**: 사람(人)이 건물(冂) 안으로 들어가다

> 음 _{ないか}内科 내과 _{あんない}案内 안내 _{しゃない}社内 사내 _{かない}家内 아내 _{こくない}国内 국내

納 **들일 납**: 비단실(糸)을 건물 안(內)으로 받아들이다

> 음 _{のうぜい}納税 납세 _{しゅうのう}収納 수납 _{なっとく}納得 납득 _{なっとう}納豆 낫토 _{すいとう}出納 출납＝내주거나 받아들임

全 **온전할 전**: 가지고 들어온(入) 옥(王)이 온전하다

全 **온전할 전**: 사람(人)이 옥(王)을 온전하게 보관하다

＊王(임금 왕): 玉(구슬 옥)의 획 줄임

> 음 _{ぜんぶ}全部 전부 _{ぜんこく}全国 전국 _{かんぜん}完全 완전 _{あんぜん}安全 안전

栓 **마개 전**: 나무(木)로 내용물이 온전하게(全) 만든 마개

> 음 _{せん}栓 마개 _{せんぬ}栓抜き 병따개 _{しょうかせん}消火栓 소화전

詮 **설명할 전**: 말(言)을 온전하게(全) 풀어서 해야 설명이 가능하다

> 음 _{せんさく}詮索 탐색＝세세한 점까지 파고듦 _{しょせん}所詮 어차피＝필경

口 **입 구**: 입(口＝○)을 그린 모습

> 음 _{じんこう}人口 인구 _{こうざ}口座 구좌＝계좌 _{こうじつ}口実 구실

器 **그릇 기**: 개(犬)가 먹이를 담아서 먹는 그릇(口)

器 **그릇 기**: 사람(大)이 음식을 담아서 먹는 그릇(口)

> 음 _{きぐ}器具 기구 _{しょっき}食器 식기 _{がっき}楽器 악기

叱 꾸짖을 질: 입(口)으로 비수(匕 비수 비)처럼 날카롭게 꾸짖다

음 叱責 질책 叱咤 질타

呼 부를 호: 입(口)으로 숨을 내쉬면서(乎) 뭔가를 부르다

＊ 乎는 사람이 콧구멍으로 숨을 쉬고 있는 모습

음 呼吸 호흡 呼応 호응 点呼 점호 連呼 연호 = 같은 말을 되풀이해서 외침

言 말씀 언: 言은 辛+口의 조합. 입(口)으로 말을 함부로 하면 낭패(辛)를 당한다

＊ 辛(매울 신): 죄인에게 형벌을 가하고, 노예에게 노예 표시를 새기는 도구

음 言語 언어 発言 발언 方言 방언 伝言 전언 遺言 유언

信 믿을 신: 사람(人)의 말(言)은 믿을 수 있어야 한다

음 信号 신호 信仰 신앙 自信 자신 通信 통신

心 마음 심: 고대인들이 마음(心)이 머리가 아닌 심장에 있다고 생각하여, 심장을 그린 모습

음 心配 걱정 心身 심신 中心 중심 安心 안심 本心 본심

芯 등심초 심: 등심초(艹) 줄기를 쪼개서 만든 심=심지

＊ 心은 '심'이라는 소리 역할만 함

＊ 등심초: 골풀이라고도 하며, 줄기를 쪼개서 방석, 돗자리, 등잔불의 심지 등을 만드는 데 사용

음 芯 심=심지

人 **사람 인**: 사람이 다리를 벌리고(人) 서 있는 모습

　音　人生 인생　外国人 외국인　人気 인기　人形 인형　病人 병자

仁 **어질 인**: 두(二 두 이) 사람(人) 사이에 가장 중요한 것은 어진 마음이다. 또는 서로 배려해 주니 어질다

　音　仁義 인의＝의리　仁愛 인애＝어진 마음으로 남을 사랑함

千 **일천 천**: 사람(人)이 가로(一)로 수없이 늘어선 모습＝천

　音　千円 천 엔　千人 천 명　千年 천년

又 **또 우**: 오른손으로 물건을 들고 있는 옆 모습. 오른손은 자주 사용하니 '또'

　訓　又 또＝거듭　又貸し 전대＝남에게 빌린 것을 다른 사람에게 빌려줌

插 **꽂을 삽**: 손(扌＝手)으로 가래(臿)를 꽂다

＊臿(가래 삽): 가래(千)를 두 손(臼＝𦥑+𦥑 손톱 조)으로 들고 흙을 고르게 펴서 씨앗을 꽂다＝심다

＊가래: 흙을 파헤치거나 떠서 던져서 평평하게 고르는 농기구. 千은 가래를 그린 모습

插 **꽂을 삽**: 손으로 꽂다

　音　挿入 삽입　挿画 삽화　挿話 에피소드

傘 **우산 산**: 우산(个) 아래에 사람(人)들이 모여 있는 모습

　音　傘下 산하　落下傘 낙하산

拜 **절 배**: 손(扌)으로 신전에 재물이나 음식(一)을 잔뜩(丰) 올려놓고 절하다

＊丰: 풀이 무성하게 자란 모습[풀 무성할 개]. 그 모습이 예쁘다[예쁠 봉]

<ruby>拝<rt>はい</rt></ruby><ruby>見<rt>けん</rt></ruby> 삼가 봄　<ruby>拝<rt>はい</rt></ruby><ruby>借<rt>しゃく</rt></ruby> 빌려 씀　<ruby>礼<rt>れい</rt></ruby><ruby>拝<rt>はい</rt></ruby> 예배　<ruby>崇<rt>すう</rt></ruby><ruby>拝<rt>はい</rt></ruby> 숭배

極 다할 극: 집을 지을 때는 최상부[다할 극]에 있는 마룻대(木)에 연결하는 작업을 빨리(亟) 마쳐야 한다

* 亟(빠를 극): 상하(二)의 틈이 작은 공간에 사람(人)이 손(又)으로 홈(口)을 파서, 거기에 마룻대를 연결한다

* 마룻대: 지붕의 가장 중요한 뼈가 되는 구조물이자 건물의 최상부를 이루는 큰 재목을 의미하기도 하며, 집의 힘을 가장 크게 지탱하는 역할을 함

<ruby>極<rt>きょく</rt></ruby><ruby>限<rt>げん</rt></ruby> 극한　<ruby>極<rt>きょく</rt></ruby><ruby>東<rt>とう</rt></ruby> 극동　<ruby>北<rt>ほっ</rt></ruby><ruby>極<rt>きょく</rt></ruby> 북극　<ruby>極<rt>ごく</rt></ruby><ruby>秘<rt>ひ</rt></ruby> 극비　<ruby>至<rt>し</rt></ruby><ruby>極<rt>ごく</rt></ruby> 지극함

丈 어른 장: 손(ナ)에 지팡이(丿)를 들고 있는 모습=어른=노인

<ruby>丈<rt>じょう</rt></ruby><ruby>夫<rt>ぶ</rt></ruby> 건강함＝튼튼함　<ruby>大<rt>だい</rt></ruby><ruby>丈<rt>じょう</rt></ruby><ruby>夫<rt>ぶ</rt></ruby> 괜찮음＝대장부

込む (일본한자): 가서(辶 갈 착) 집어넣다(入)=담다

<ruby>込<rt>こ</rt></ruby>む 몰리다＝붐비다　<ruby>込<rt>こ</rt></ruby>める 채우다＝담다

畑 (일본한자): 화전(火田)

<ruby>畑<rt>はたけ</rt></ruby> 밭　<ruby>畑<rt>はた</rt></ruby><ruby>作<rt>さく</rt></ruby> 밭농사　<ruby>田<rt>た</rt></ruby><ruby>畑<rt>はた</rt></ruby> 논＋밭　<ruby>畑<rt>はけ</rt></ruby><ruby>仕<rt>し</rt></ruby><ruby>事<rt>ごと</rt></ruby> 밭일　<ruby>麦<rt>むぎ</rt></ruby><ruby>畑<rt>ばたけ</rt></ruby> 보리밭

枠 (일본한자): 나무(木)를 아홉(九) 개 열(十) 개 많이(卆) 둘려서 만든 틀=테두리

<ruby>枠<rt>わく</rt></ruby> 틀　<ruby>窓<rt>まど</rt></ruby><ruby>枠<rt>わく</rt></ruby> 창틀　<ruby>木<rt>き</rt></ruby><ruby>枠<rt>わく</rt></ruby> 나무틀

峠 (일본한자): 산(山)을 오르고(上) 내리고(下) 하는 곳=고개

<ruby>峠<rt>とうげ</rt></ruby> 고개＝산꼭대기

325

327

331

일본어 상용한자 2136 부수별 어원 풀이
한자가 그린 세상의 천태만상

초판 1쇄 인쇄   2026년 02월 20일
초판 1쇄 발행   2026년 02월 27일

저   자   서영식
발 행 인   윤석현
발 행 처   제이앤씨
책임편집   최인노
등록번호   제7-220호

우편주소   서울시 도봉구 우이천로 353
대표전화   02) 992 / 3253
전   송   02) 991 / 1285
전자우편   jncbook@hanmail.net

ⓒ 서영식 2026 Printed in KOREA.

ISBN 979-11-5917-265-6   13730   정가 29,000원